知成一体书系

论中国经济的发展

著 林毅夫 王勇 赵秋运

中信出版集团｜北京

图书在版编目（CIP）数据

论中国经济的发展 / 林毅夫，王勇，赵秋运著 . -- 北京：中信出版社，2022.1（2022.6 重印）
ISBN 978-7-5217-3699-1

I. ①论… II. ①林… ②王… ③赵… III. ①中国经济－经济发展－研究 IV. ① F124

中国版本图书馆 CIP 数据核字（2021）第 235255 号

论中国经济的发展
著者：　林毅夫　王　勇　赵秋运
出版发行：中信出版集团股份有限公司
　　　　（北京市朝阳区惠新东街甲 4 号富盛大厦 2 座　邮编　100029）
承印者：　中国电影出版社印刷厂

开本：787mm×1092mm 1/16　　印张：27.25　　字数：280 千字
版次：2022 年 1 月第 1 版　　　　印次：2022 年 6 月第 3 次印刷
书号：ISBN 978-7-5217-3699-1
定价：79.00 元

版权所有·侵权必究
如有印刷、装订问题，本公司负责调换。
服务热线：400-600-8099
投稿邮箱：author@citicpub.com

/ 目录

序　言　**论中国经济的发展**　/V
前　言　**中国经济的世界意义与世界表述**　/XIII

第一章　新结构经济学自主理论创新　/001
　　从"西天取经"走向自主创新：中国经济学科发展方向探索　/003
　　现代经济学的引进与自主创新　/016
　　中国经济学理论发展与创新的思考　/021
　　新结构经济学在新中国的创立及其理论创新　/032
　　现代经济学的结构革命　/049
　　坚持实事求是的理论创新　/061
　　新结构经济学的机遇和责任　/069
　　引领未来世界经济学理论新思潮　/074
　　以"常无"心态研究新结构经济学　/082

第二章　新结构经济学引领高质量发展　/093

新结构经济学视角下的高质量发展　/095

在历史的大视野中寻求解决"三农"问题的中国方案　/104

从新结构经济学角度看我国当前的财政政策调整　/111

GDP 增长目标与中国经济发展　/125

新结构经济学与 GDP 增长目标　/136

浦东开发开放将在新发展格局中发挥关键引领作用　/145

第三章　新结构经济学视角下的产业转型与升级　/153

有效市场与有为政府在贵州及全国经济发展中的重要性　/155

农业是经济转型、食物安全和营养的关键　/159

战胜命运与定西马铃薯产业发展经验　/162

"十四五"时期中国产业升级的新机遇与新挑战　/167

从产业发展路径来看"十四五"规划　/197

助力中小微企业，共渡疫情难关　/233

解读《吉林报告》　/238

有为政府与定西马铃薯产业发展经验：新结构经济学的解读　/246

第四章　关于产业政策的讨论　/251

新结构经济学视角下的产业政策　/253

我们需要继续研究产业政策　/262

产业政策与我国经济的发展：新结构经济学的视角　/267

评"竞争政策还是产业政策"　/281

第五章　中国如何跨越中等收入陷阱　/285

产业结构升级与共同富裕　/287

中国的目标不应只是跨越中等收入陷阱　/297

走出"中等收入陷阱"　/307

"十四五"时期面临的"中等收入陷阱"及解决思路　/314

第六章　中国经济学家世纪的到来　/321

关于中国经济学理论体系建设的思考与建议　/323

吾道不孤　/344

21世纪，世界经济学研究中心在中国　/349

21世纪是中国经济学家的世纪　/357

迎接世界级经济学大师在中国辈出时代的到来　/365

中国经济学家一样能够获得诺贝尔奖　/385

代后记　中华民族的伟大复兴与中国经济学家世纪的到来　/397

/ 序言

论中国经济的发展

2021年是中国共产党建党100周年。100年前的中国是世界上最贫穷落后的国家之一。中国共产党的成立，是为了实现民富国强与中华民族的伟大复兴。在中国共产党的领导下，经过28年艰苦奋斗，中华人民共和国于1949年成立，中国人民从此站了起来。改革开放40多年来，中国经济发展保持着平均每年9.2%的增长速度，以这么快的速度持续如此长的时间，这在人类经济史上是不曾有过的奇迹，中国人民富起来了。2010年，中国经济规模超过日本，成为世界第二大经济体。2013年，中国贸易总量跃居世界第一，成为世界第一大贸易国。2014年，中国经济规模（按照购买力平价计算）超过美国，成为全球第一大经济体。2019年，中国人均GDP首次超过10 000美元。改革开放40多年来，中国减少了8亿贫困人口，对世界减贫的贡献率超过70%。这些成绩，都是在中国共产党的领导下取得的。从2021年开始，我们迈向第二个百年奋斗目标的新征程。新征程里有两个阶段性目标：其一是到 2035 年基本实现社会主义现代化，GDP 总量或城乡居民收入在 2020 年的基础上翻一番；其二是到 2049 年即新中国成立 100 周年时，中国成为富强民主文明和谐美丽的社会主义现代化强国。习近平总书记在谈到这两个目标时强调，我们要胸怀两个大局：一个是中华民族伟大复兴的战略全局，另一个是世界百年未有之大变局。身处两个百年奋斗目标承上启下的关键阶段，我们希望出版本书能够更好地诠释如下几个问题。

第一章是关于经济学自主理论创新。自 1901 年严复翻译《国富论》以来，经济学在中国一直是社会科学的显学，尤其是 1978 年改革开放以后，更是大量引进并普及西方经济学的知识。经济学理论来自对经济现象的总结或是为解决某个经济问题而提出，作为一个简单的因果逻辑，必然内嵌于理论产生地的经济、社会、制度等条件之中，随着这些条件的变化，盛行一时的理论也会被新的理论所取代，引进的西方经济学理论并非"百世以俟圣人而不惑"，由于发展中国家和发达国家的经济、社会、制度等条件存在许多差异，发达国家的理论更非"放诸四海而皆准"的真理。我国作为发展中、转型中国家，经济学理论要实现"认识世界、改造世界"目标的统一，必须立足马克思主义的精神实质，根据我国发展阶段的特性，分析总结我国的经验和问题，进行自主创新。其他发展中国家的发展阶段及条件和我国相近，对它们来说，来自我国的经济学理论会比来自发达国家的理论更有参考借鉴的价值。新结构经济学是中国第一个社会科学的自主理论创新，是在中国乃至发展中国家或地区成功的经验和失败的教训的基础上总结出来的，新结构经济把不同发展程度的国家存在内生的结构差异引进现代经济学的分析之中，实质上是在推动一场对新古典经济学的"结构"革命。

第二章是从新结构经济学的视角理解高质量发展。习近平总书记指出"高质量发展不只是一个经济要求，而是对经济社会发展方方面面的总要求"。我自己的体会是，最重要的是必须按照新发展理念来推动我们的发展。新发展理念有五个主要内涵：创新、协调、绿色、开放、共享。创新发展与过去最大的差异在于，过去的发展主要依赖于要素投入的增长，而创新发展则必须靠效率、质量的不断提高。这要求在技术、生产、营销等各方面不断创新。在发展过程中，我们也必须解决城乡之间的差距、地区之间的差距，同时，实体经济和虚拟经济之间也必须有所协调。发展必须做到使环境变得更好，也要具有可持续性，这就需要走绿色的道路。这样的发展一方面需要利用国内、国际两个市场、两种资源，另一方面也可以把中国发展带来的好处、经验与世界上其他国家共享。最后，发展的成果、"收益"必须让全体人民共享，要缩小城乡差距、贫富差距。高质量发展必须同时达到上述五个维度，如何做才能避免顾此失彼呢？从新结构经济学角度来看，最重要的是，一方面要在推动技术创新和产业升级时遵循各地的要素禀赋结构所决定的比较优势，另一方面要发挥有效市场和有为政府这两只手的作用。首先，在有效市场和有为政府的共同作用下，按照各地的比较优势来进行技术创新和产业升级，可以将比较优势转化为竞争优势，经济会发展得更好，因为有效率，整个社会的资源也会增加得更快，政府在经济发展过程中也就有更多的税收，进而有更多的能力来解决区域之间、城乡之间的差距，协调区域、城乡的发展，企业也会有能力采用节能减排的技术来实现绿色发展；对于我们具有比较优势的产业，我们可以多发展，并且将产品出口到国外，对于我们没有比较优势的产业，可以利用国际资源（包括自然资源、技术资源等），实现开放发展；最后，发挥比较优势的发展效率会更高，而且具有可持续性，也可以创造更多就业，使更多的人共享发展成果。

第三章是关于新结构经济学视角中的产业结构转型与升级。党的十九届五中全会审议通过的《中共中央关于制定国民经济和社会发展第十四个五年规划和二〇三五年远景目标的建议》提出"坚持和完善社会主义基本经济制度，充分发挥市场在资源配置中的决定性作用，更好发挥政府作用，推动有效市场和有为政府更好结合"。"推动有效市场和有为政府更好结合"这一新论述的提出，将市场这只"看不见的手"与政府这只"看得见的手"之间关系的认识提升到一个新的高度。政府与企业家的关系，就像冰山露出水面那一部分与在海平面下那一部分的关系，政府要做的是在水面之下那一大块进行"铺垫"，使具有企业家精神的人得以开发新产品、新技术，变成露出水面那一块。两者是相辅相成的，不可偏废。所以，既需要有效市场，也需要有为的政府。政府有为以市场有效为依归，如果政府超过这个度就是乱为,如果出现了市场失灵,政府不去克服,就是不作为。必须有一个理论来评判,哪些做了属于政府有为,哪些做了就变成乱为,哪些不做就是政府不作为,需要有理论创新。我们要研究什么样的政府的作为是真正帮助提高市场效率的。但不能因为政府有可能做错事,就建议政府什么事都不要做,那是因噎废食。

第四章是关于产业政策的讨论。虽然许多国家的产业政策不成功,但是尚没有不用产业政策而成功追赶上发达国家的发展中国家以及继续保持领先的发达国家。因此,作为经济学家的责任不是因为害怕产业政策失败就对产业政策一概反对,或是因为产业政策是经济发展成功的必要条件就无条件地支持一切产业政策,而应该研究清楚产业政策成功和失败的道理,以帮助政府在使用产业政策时,减少失败,提高成功的概率。新结构经济学根据我国的产业和世界技术前沿的差距、新产品新技术研发周期的长短和是否符合比较优势,将我国的产业分为追赶型、领先型、转进型、换道超车型、战略型等五种,根据各种产业的特征,有针对性地发挥好"有效市场"和"有为政府"两只手的作用,以推动我国的产业转型升级,实现高质量发展。

第五章是探讨中国能否跨越中等收入陷阱的问题。2006年世界银行发布的《东亚经济发展报告》,首次以"中等收入陷阱"刻画这样一种现象:一些经济体进入中等收入阶段后,人均国民总收入水平未能持续提高甚至倒退,因而无法顺利而稳固地进入高收入经济体行列。由中等收入迈向高收入,从直观上看是经济增长问题，但实际上涉及一系列结构性问题。只有解决好这一系列结构性问题，实现高质量发展，才能顺利而稳固地进入高收入国家行列。这涉及三方面的重要任务。首先，持续推动技术和产业升级。我国人口规模堪比一个大洲，这样的巨型经济体可以容纳非常宽广的技术和产业谱系。在这个宽广的技术和产业谱系中，我国目前只有少数领域处于全球比较领先的位置，还有很多领域与技术前沿国家尚有较大差距。其次，缩小收入差距和财富差距，提高社会流动性，实现更加包容的发展。从国际经验看，缩小收入差距和财富差距是成功跨入高收入国家行列的必要条件。未来我们需要不断改善宏观经济政策，使商品和要素的相对价格趋于合理，将使收入差距和财富差距处于比较合理的水平。最后，改善生态环境质量，提高发展的环境可持续性。随着经济发展，人民群众对良好生态环境的需求日益增长。为改善生态环境而采取的措施，如改善大气、水和土壤质量的措施等，固然会增加经济社会运行成本，抑制高污染高排放行业的投资活动和产出增长，但同时也会对经济增长产生带动作用，因为生态环境监管措施会促进绿色环保技术研发和扩散，带动相关投资活动。综合起来看，解决这些结构性问题，不仅不会拖累经济增长，而且将为经济持续增长创造良好的技术、环境和社会条件。更重要的是，这些结构性目标并不仅仅是促进经济增长的手段，它们本身就是经济发展的题中应有之义。中国迈入高收入国家行列，意味着全球生活在高收入经济体中的人口比重将由现在的16%增加到35%左右。届时，不仅14亿中国人的生活水平将极大改善，而且将为其他 50 多亿中低收入国家和地区人民的发展提供更大的市场空间和更丰富的技术来源，也将提供更多的中国经验，以帮助这些国家管理自己的发展进程。这将是中国对人类发展做出的巨大贡献。

最后一章是关于我们如何迎接中国经济学家的世纪到来的探讨。现代经济学自 1776 年亚当·斯密出版《国富论》后才从哲学当中独立出来而成为一门社会学科。从 1776 年到二战，世界经济学的研究中心在英国，引领世界经济思潮的大师不是英国人，就是在英国工作的外国人，其他地方的经济学大师数量非常稀少。从第二次世界大战以后到现在，世界经济学的研究中心在美国，引领世界经济学思潮的大师不是美国人，就是在美国工作的外国人，其他地方的经济学大师数量非常稀少。为什么世界经济学的研究中心和大师产生的中心，会呈现出这么一个时空的相对集中性？这是由经济学理论的本质决定的，任何理论都是一个非常简单的因果逻辑，那么，如何决定一个理论的重要性？理论的重要性决定于其所解释的现象的重要性，发生在世界经济中心的现象就是重要的现象，这个地方的经济学家在解释经济现象时有近水楼台先得月之便，因此，当英国是世界经济中心时，世界经济学的研究中心在英国，大师级的经济学家多出于英国，当世界经济中心转移到美国时，世界经济学的研究中心和大师辈出的中心也转移到美国。

经济学是社会科学之冠，中国特别需要好的经济学研究。中国的经济学研究，现在已经从原来的跟随国际主流，逐渐走向自主理论创新。从经济理论的本质和历史的经验看，随着我国经济的不断发展，世界经济的中心不断从西方向中国转移，世界经济学的研究中心和大师辈出的中心也必然转移到中国来。我非常期盼中国的经济学家们能够抓住这个时代的机遇，不辜负这个时刻的到来！

林毅夫

2021年12月7日于北京大学朗润园

/ 前言

中国经济的世界意义与世界表述 ①

今年是中国共产党建党 100 周年。100 年前的中国是世界上最贫困落后的国家之一。中国共产党成立，是为了实现民富国强与中华民族的伟大复兴。在共产党的领导下，经过 28 年艰苦奋斗，中华人民共和国于 1949 年成立，中国人民从此站了起来。改革开放之后，中国经济发展保持着平均每年 9.2% 的增长速度，以这么高的速度持续了如此长的时间，这在人类经济史上是不曾有过的奇迹，中国人民也因此富了起来。2010 年，中国的经济规模超过日本，成为世界第二大经济体。2013 年，中国贸易总量跃居世界第一，成为世界第一大贸易国。2014 年，中国的经济规模（按照购买力平价计算）超过美国，成为世界第一大经济体。2019 年，中国人均 GDP（国内生产总值）超过 10 000 美元。过去 40 年，中国减少了 8 亿贫困人口，对世界减贫的贡献率超过 70%。这些成绩，都是在中国共产党的领导下取得的。

---

① 本文根据林毅夫 2021 年 5 月 27 日在中国企业未来发展论坛上发表的主旨演讲整理。

今年，我们开始迈向第二个百年目标的新征程。新征程里有两个阶段性目标：一个是到2035年基本实现社会主义现代化，GDP总量或城乡居民收入在2020年的基础上翻一番；另一个是到2049年建国100周年时，中国成为富强民主文明和谐美丽的社会主义现代化强国。

习近平总书记在谈到这两个目标时强调，我们要胸怀两个大局，一个是中华民族伟大复兴的战略全局，一个是世界百年未有之大变局。今天我从经济学的角度谈一谈为什么会出现百年未有之大变局，以及中国经济发展对世界的意义是什么。

为什么出现百年未有之大变局

"百年未有之大变局"这一判断，最早由总书记在2018年6月份召开的中央外事工作会议上提出。什么是百年未有之大变局？根据马克思历史唯物主义，我认为最好的解释要从经济基础的角度来说。1900年八国联军攻打北京，当时的"八国"是指英国、美国、法国、德国、意大利、俄国、日本和奥匈帝国。这八个国家是当时世界上最强盛的工业化国家，其GDP总量（按购买力平价计算）占世界总量的50.4%。

现在国际上也有八国集团，"八国"是指美国、英国、德国、法国、意大利、俄罗斯、日本和加拿大。相较八国联军时期，奥匈帝国在一战后解体，取而代之的是在二战后崛起的新工业强国加拿大。2000年，八国集团的GDP总量（按购买力平价计算）

占世界总量的47%，其中实力最强的美国占21.9%。因为经济是基础，所以整个20世纪全世界的政治、经济、文化、社会格局都由这八个工业化国家所主导。但是到了2018年，八国集团GDP总量占世界总量的比重下降至34.7%，只比1/3稍微高一点儿，八国集团由此失掉了主导世界格局的能力。最明显的变化是，当2008年发生国际金融危机时，八国集团已无力应对，并被二十国集团所取代。

八国集团在世界经济比重的下滑，主要原因是中国在改革开放后迅速崛起。2000年以前，中国GDP占世界总量的比重还较低，所以尽管当时中国的发展速度很快，但对世界的影响并不大；2000年之后，依靠较好的经济基础加上较快的发展速度，中国的经济规模上升得非常快，到2014年（按购买力平价计算）已经超过美国成为世界第一大经济体，同时中国在国际上的影响力也越来越大。中国现在是全球120多个国家最大的贸易伙伴，是70多个国家的第二大贸易伙伴，这意味着对全世界95%的国家而言，中国不是第一大贸易伙伴就是第二大贸易伙伴。

这些变化引起了美国的强烈不安。于是美国在奥巴马时代提出了"重返亚太"，计划把美国在地中海的舰队和航空母舰调配到亚洲。此举是"项庄舞剑，意在沛公"，目的是围堵中国。到了特朗普时代，美国刻意针对中国的行为变本加厉，发动贸易战和科技战，对华为、中兴等中国企业的指责也是"欲加之罪，何患无辞"。这些"司马昭之心，路人皆知"的举动，目的就是要遏制中国的发展。拜登上台以后，美国因中国崛起而产生的不安情绪不会改变，最多是对中国发展的遏制方式有所不同。作为全球最大的两个经济体，美国与中国之间的矛盾冲突必将给世界发展带来不确定性甚至挑战，这就是"百年未有之大变局"产生的主要原因。

何时迎来稳定的世界新格局

既然百年未有之大变局的产生是因为中国崛起，要走出这一变局也只能通过中国的继续发展直到中美关系达到新的平衡。我认为，当中国人均GDP达到美国的一半时，稳定的世界新格局将会出现。由于中国人口是美国的4倍，那时中国的经济规模将是美国的两倍。当然，中国不同地区的发展存在差异。中国经济发达的"三市五省"（北京、天津、上海这三个大城市和东部的山东、江苏、浙江、福建、广东五省）有四亿多人口，到那时它们的人均GDP和经济规模都将与美国相当。如果这八个地区的人均GDP与美国相当，就意味着人均劳动生产率水平与美国相当，劳动生产率水平又意味着科技和产业的先进程度。所以到那时，美国将失去卡中国脖子的技术优势。

同时不要忽略的是，中国还有十亿人口在中西部地区，当中国人均GDP达到美国的一半时，该地区的经济规模也将与美国相当，而人均GDP只有美国的1/3。到那时，中西部地区仍旧处于经济追赶阶段，仍具备后来者优势，有希望保持更高的发展速度。

当中国的人均 GDP 达到美国的一半时，中美关系会步入一个相互接受、和平共处的新阶段。理由如下：首先，美国失去了卡中国脖子的技术优势；其次，当中国的经济规模已经达到美国的两倍，美国再不高兴也改变不了这个事实；最后，中国是世界上最大的市场，美国的国内就业和经济发展离不开中国市场。

中日关系的变化就是一个值得观察的先例。作为八国联军和八国集团的成员国，日本在整个 20 世纪都是亚洲的领头羊。2010 年，中国超越日本成为亚洲第一大经济体，日本右派感到失落，试图制造钓鱼岛事件激怒中国，以打乱中国的发展节奏。但中国不为所动，保持快速发展，如今经济规模已经达到日本的 2.8 倍，日本再不高兴也改变不了这个事实，而且日本的国内就业与经济发展也离不开中国市场，中日关系又开始走向缓和。

因此，面对百年未有之大变局，中国只能通过进一步发展来走出困局。

中国未来发展的两大优势

问题是，中国进一步发展还有多大的潜力？还能不能再保持较高的经济增长速度？对此，新结构经济学做了很多研究。

我们要判断一个国家的经济能不能增长，首先要了解增长是怎么产生的。增长是指国民收入水平不断提高，前提条件是技术不断创新、产业不断升级。从这个角度看，中国未来的经济增长具有两个优势。

一个是后来者优势。我们现在的人均GDP刚超过1万美元，而美国是6.5万美元，德国是4.8万美元，日本是4.1万美元，韩国是3万多美元，中国与它们的差距还很大。人均GDP的差距代表了人均劳动生产率水平的差距，而人均劳动生产率水平的差距又代表了技术和产业先进程度的差距，这意味着我们在发展过程中可以利用后来者优势追赶。从19世纪中叶到现在，发达国家的经济增长相当稳定，平均每年维持在3%~3.5%的增长速度。其中，2%来自劳动生产率水平的提高，1%~1.5%来自人口的增加。改革开放后中国的增长速度之所以是发达国家的2~3倍，就是因为我们在进行技术创新、产业升级时发挥了后来者优势，利用与发达国家的差距引进先进技术后消化创新。由于创新成本比发达国家低，我们的发展速度也比发达国家快。

另一个是换道超车优势。以新技术为基础的新经济出现后，产品的研发周期变短，主要依靠人力资本投入。在人力资本方面，中国与发达国家的差距并不大，甚至还有优势。人力资本由两部分组成，一部分是天才，另一部分是后天受过良好教育的普通人。天才的数量在任何国家都大约占总人口的1%。作为人口大国，中国拥有天才的数量当然也应该是世界第一。后天教育方面，这些年我国在幼儿园、小学、初中、高中、本科、研究生各个阶段的教育水平都提升很快，和发达国家的差距已经很小。因此，对于以人力资本投入为主的大数据、互联网行业等新经济，中国比其他国家更有优势。

两大优势对中国未来的经济增长意义重大。

从后来者优势来看，我们与发达国家的差距代表了我们经济增长的潜力。中国 2019 年的人均 GDP（按购买力平价计算）只有美国的 22.6%，相当于德国在 1946 年、日本在 1956 年、韩国在 1985 年时相对于美国的发展水平。由于利用了后来者优势，德国从 1946 年到 1962 年实现了连续 16 年平均每年 9.4% 的增长；日本从 1956 年到 1972 年实现了连续 16 年平均每年 9.6% 的增长；韩国从 1985 年到 2001 年实现了连续 16 年平均每年 9% 的增长，且韩国在 1998 年还因遭遇东亚经济危机而出现过负增长。参考德国、日本和韩国的经验，如果我们也利用好后来者优势，那么中国也有连续 16 年平均每年 9% 的增长潜力，照此发展速度，我们到 2035 年翻一番的发展目标完全可以实现。

再看换道超车优势，当时还未出现大数据和互联网行业的德国、日本和韩国都不具备这一优势。换道超车以发展新经济为基础，新经济的一个很重要特征就是出现独角兽企业。一家创业公司成立不到十年，尚未上市，但市场估值已经超过 10 亿美元，就是独角兽企业。2019 年全世界拥有 484 家独角兽企业，中国有 206 家、美国有 203 家；2020 年全世界有 586 家独角兽，美国有 233 家，中国有 227 家。我们通过这些数据可以看到，发展这些研发周期短、以人力资本投入为主的新经济，中国有条件和发达国家直接竞争。如果以生产软件产品为主，那么中国具备身为世界上最大的软件产品应用市场的优势；如果以硬件生产为主，那么中国拥有全世界最好的产业配套。

人口老龄化对经济增长潜力影响有限

尽管具备上述发展优势，我们也必须正视人口老龄化等问题带来的挑战。最新人口普查结果显示，中国已经出现了老龄化问题，我们会不会也像其他老龄化国家一样面临经济增长速度急剧下降的风险？对此，我们必须有以下两点正确认识：

第一，世界上其他人口老龄化国家都是发达国家，除了中国，到目前为止还没有一个发展中国家出现老龄化问题。

第二，为什么发达国家人口老龄化后经济增长速度会急剧下降？老龄化最重要的含义，是人口和劳动力停止增长。在过去一百多年，发达国家保持着平均3%左右的经济增长率，其中由平均劳动生产率增长带来的经济增长为2%，由人口增长带来的经济增长为1%。像美国这样能吸引大量外国移民的国家，其人口增长带来的经济增长会超过1%，所以它过去的经济增长保持在3.5%左右。如果一个国家出现人口老龄化，经济增长中由人口增长带来的贡献就没有了，只能全部依靠劳动生产率增长，这意味着该国经济增长的能力会降低30%~40%，所以老龄化的发达国家的经济增长率一般会从3%下降至2%。

最新的人口普查结果显示，中国的人口增长将于2030年停滞。然而，即便失去了人口和劳动力增长对经济增长的贡献，中国未来发展也可以通过劳动生产率提高而保持较高的经济增长。发达国家要提高劳动生产率水平，只能依靠自己发明新技术、升级新产业，劳动力减少对发达国家的经济发展影响很大。中国处于追赶阶段，可以利用后来者优势，引进、消化、吸收先进技术并完成产业升级，经济增长对劳动力的依赖程度相对较小。

同样以德国、日本和韩国为例，德国从1946年到1962年的16年里，平均每年的经济增长率为9.4%，其中人口增长率为0.8%，劳动生产率增长为8.6%；日本从1956年到1972年的16年里，平均每年的经济增长为9.6%，其中人口增长率为1%，劳动生产率增长为8.6%；韩国从1985年到2001年的16年里，平均每年的经济增长率为9%，其中人口增长率为0.9%，劳动生产率增长为8.1%。人口老龄化对中国的未来发展的确会有影响，但就中国的经济增长潜力而言，这一影响不过是使增长率从9%降至8%。这也是我常说到2035年之前中国每年仍然具有8%的经济增长潜力的原因。

面对美国"卡脖子"不用太悲观

利用后来者优势是中国经济保持快速增长的重要原因。有人可能会问，现在我们被美国"卡脖子"了，如果不能从美国引进先进技术，我们的增长潜力会不会大大降低？

我们知道，世界上拥有先进技术的发达国家并不是只有美国。如果其他发达国家的高科技企业不把产品卖给中国，那么它们也会付出巨大的代价，甚至是在"自杀"。因为高科技企业的研发成本非常高，市场越大，产品盈利才能越多，才能保持高额的研发投入。像芯片这样的高科技产品，30%的市场都在中国，如果企业无视中国市场，该行业的收益就有可能从暴利变为低利甚至亏损。

而且高科技产品的特性是迭代特别快，企业必须保证大量的研发投入，以维持产品的先进优势，而大量的研发投入要以企业盈利为保障。因此，美国卡中国脖子的行为实际上是"杀敌一千，自损八百"。如果单纯从企业利润的角度考虑，我相信没有一家美国企业不愿意把产品卖给中国，主要是美国政府不让它们卖。

同样拥有高科技的德国企业不会面临美国企业的困境。德国总理默克尔与特朗普见面或者与拜登通电话时一直在表示，德国既希望维持与美国的友好关系，也希望维持与中国的友好关系。同理，英国、法国、日本、韩国的高科技企业也是如此，因为它们并不想为了维护美国的世界霸主地位而失去庞大的中国市场。

如果美国拥有某些在全世界独一无二的先进技术，又强制不卖给中国，怎么办？我的观点是，这样的技术可能有，但不会太多。既然不多，那我们可以用新型的举国体制集中力量去完成技术攻坚。以我们现在的经济、科技和产业实力，短则一两年、长则三五年，就有希望取得突破。

我和大家分享一个故事。20世纪80年代，民营企业被允许进入一些关系国计民生的行业，河北廊坊新奥集团的创始人王玉锁抓住机会进入了卖煤气的行业。居民烧煤气后需要买煤气罐来储存煤气，当时缺少生产煤气罐的钢材以及钢瓶收口的技术。刚开始中国不能造钢铁，天津钢管厂成立后解决了钢材问题，但是钢瓶收口技术仍然没解决，国外也只有美国和加拿大少数几家企业能生产煤气罐。王玉锁找到美国的一家企业，希望对方技术入股，由他来投资生产，共同抓住中国市场的机遇。这个美国老板当即表示，"跟你合资生产后我是有饭吃了，但是我儿子可能以后就没饭吃了，为了我儿子有饭吃，我不能跟你合作"。遭拒后，王玉锁只能自己组织研发力量来攻关。他找来7个硕士和博士参与技术研发，结果短短7个月就攻克了钢瓶收口技术。那位当初拒绝王玉锁的美国老板非常后悔，他对王玉锁说："我要是跟你合资生产，我儿子以后可能没饭吃，但至少我有饭吃，而你自己能生产后连我都没饭吃了。"

回到当下，我们生产芯片的关键技术——光刻机技术掌握在荷兰ASML（阿斯麦）这家半导体设备制造巨头的手里。就在一个多月前，ASML的CEO（首席执行官）表示，如果现在不把光刻机技术卖给中国，那么大概三年以后中国也能攻克这个技术难关，一旦中国掌握了这个技术，其生产成本就会比国际上低，那时候ASML有可能因此退出世界光刻机市场。

综上所述，百年未有之大变局所引发的中美摩擦会持续很长时间，但我相信，中国经济在2035年之前仍然具有每年8%的增长潜力。即便我们要应对人口老龄化、碳达峰、碳中和、乡村振兴、高质量发展等一系列问题，中国也至少还有6%的增长速度，可以保证实现总书记提出的2035年GDP总量在2020年的基础上翻一番的目标。到2025年，中国就可以跨过14 535美元的门槛成为一个高收入国家，届时全世界生活在高收入国家的人口比重将从现在的18%增至36%。到2030年，中国经济规模即使按市场汇率计算，也可以超过美国成为世界第一大经济体。

从2036年到2050年，按照我前面分析的中国拥有的后来者优势和换道超车优势，在每年6%的增长潜力下实现4%的实际增长游刃有余。到2049年，中国人均GDP可以达到美国的一半，中国经济发达地区"三市五省"的人均GDP将与美国水平相当，中国将成为富强民主文明和谐美丽的社会主义现代化强国，实现中华民族伟大复兴的目标，中美关系也会因此达到新的平衡。

用中国经验帮助发展中国家发展

中国持续发展对世界经济的意义是什么？

第一，对各国企业而言，最大的发展机遇还是在中国。自2008年起，中国每年对世界的增长贡献达到30%，未来的中国也一定会继续保持世界第一大市场的地位并冲刺世界第一大经济体，对世界增长的贡献也一定会保持在30%甚至更高。

第二，中国经验可以形成新的理论，更有效地帮助发展中国家追赶发达国家。前面我讲到，1900年组成八国联军的八国GDP总量占全世界的50.4%，到2000年八国集团GDP在全世界的占比仍然维持在47%。这说明，发展中国家在这100年里经过几代人的不懈努力，GDP总量仅仅提高了3.4%，而且，发展中国家人口增长率比发达国家高，这意味着发展中国家的人均收入水平和生活质量与发达国家的差距越来越大。

发展中国家的知识分子、政治领袖和企业家无不希望追赶上发达国家，但为什么经过 100 年的努力最后还是基本失败了？我认为主要原因是发展思路不对。长期以来，发展中国家大都照搬发达国家的理论，但迄今为止没有一个国家因此发展成功，少数几个取得成功的国家或经济体都是由于在发展过程中坚持了自己的特色道路。

我讲新结构经济学时谈到，发达国家的理论由发达国家的经验总结而来，以发达国家理论产生时的社会经济发展阶段为前提条件，发展中国家并不具备那些前提条件，因此照搬理论就出现了"淮南为橘，淮北为枳"的后果。如果中国最后成功实现了中华民族的伟大复兴，我们应该把其作为发展中国家一路走来的经验总结出来，形成新的理论。对其他发展中国家而言，来自中国的理论会比来自发达国家的理论更具参考价值，可以更有效地帮助自己抓住机遇，实现追赶上发达国家的目标。

我相信，以中国经验和中国智慧为参照，总书记提出的构建人类命运共同体的目标是可以实现的。那时，世界市场会更大，企业家们的机会也会更多。

第一章

新结构经济学自主理论创新

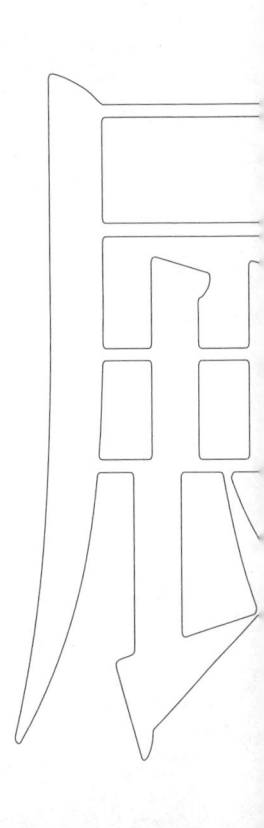

从"西天取经"走向自主创新：
中国经济学科发展方向探索①

一、中国经济学科的现状

中国知识分子历来以天下为己任。自从中国在1840年鸦片战争中被英国打败以后，推动民族复兴就成了中国知识分子锲而不舍的追求。在曾国藩、李鸿章、左宗棠、张之洞等同治中兴名臣的领导下，推行了三十多年主张"中学为体，西学为用"，"师夷长技以制夷"的洋务运动，引进了西方的坚船利炮。1894年中日爆发甲午战争，我国败于日本，中国知识分子开始有了"西天取经"的心态。他们认为西方之所以强大，不仅在枪炮，背后一定有道理，日本明治维新学习了这个道理付诸实践获得了立竿见影的成效，中国要富强，同样必须"西天取经"，了解西方成功的道理，用这个道理来改造中国社会，从而实现民族复兴、并列世界强国之林的愿望。

① 本文根据林毅夫2020年9月21—22日在第257期"双清论坛"研讨会上的发言整理。

经济是基础，从 1901 年严复翻译《国富论》（以《原富》为名出版）以后，经济学在中国一直是社会科学中的显学，尤其是 1978 年改革开放以来，我国大量地引进西方经济学理论。大学里经济学科的课程设置和内容与西方各大学基本没有差异，所用的教科书，不是直接翻译自西方流行的教科书就是根据西方流行的教科书编写而成，教的内容基本上都是西方的主流理论，以及西方发达国家的社会怎么组织，经济怎么运行。中国经济学家在这段时间也做了大量的研究，出版的论著和在国内或国外学术期刊发表的论文绝大多数是以西方主流的理论来解释中国发展与改革中的现象和出现的问题，或用中国的资料来检验西方现行的主流理论，很少有根据中国的现象或经验提出新的不同于西方主流的理论的。

二、从"西天取经"走向经济学科自主理论创新的必要性

我国从 1978 年底开始的改革开放，并没有按照西方当时盛行的主流理论，即新自由主义所倡导的"华盛顿共识"，以"休克疗法"推行"市场化、私有化、宏观稳定化"，一次性消除计划经济中政府对经济的各种干预扭曲，而是以一种解放思想、实事求是、摸着石头过河的方式，以老人老办法、新人新办法来逐渐从计划经济转向市场经济[1]。

---

[1] 林毅夫. 解读中国经济 [M]. 北京：北京大学出版社，2012.

在20世纪八九十年代,西方主流学界认为中国这种渐进的、双轨的、保留了政府的干预又放开一部分市场的制度是最糟糕的经济制度,认为这种经济制度会比计划经济更糟,因为政府干预会带来各种扭曲,滋生寻租、腐败,导致收入分配差距的扩大[1]。这些问题在我国确实存在,但是中国在转型期取得了稳定和快速发展,堪称人类经济史上的奇迹。在这段时间里,其他遵循了西方新自由主义"华盛顿共识"的国家,遭遇了经济崩溃、停滞,危机不断,存在于我国的腐败和收入分配差距扩大的问题它们也有,而且比我国还严重。其他少数几个成功的转型国家如越南、柬埔寨也和我国一样,推行的是被西方主流经济学界认为最糟糕的渐进的改革[2]。然而,即使在这样强烈的对比下,由于中国没有按照西方盛行的理论消除所有的扭曲,西方学界和舆论界总是认为,中国存在体制机制问题,这些问题不解决,即使经济发展再好,也一定会崩溃。麻省理工学院著名经济学家阿西莫格鲁前几年出版的《国家为什么会失败》就持这种观点[3]。只要我国经济增长速度放慢一点儿,中国崩溃论就会重新抬头。

同样的情形,二战以后,亚、非、拉的发展中国家纷纷摆脱殖民统治,取得政治独立,开始追求自己国家的工业化、现代化。为了指导发展中国家的发展实践,从西方主流经济学中衍生

---

[1] MURPHY K, SCHLEIFER A, VISHNY R. The tradition to a market economy: Pitfall of partial reform[J]. Quarterly Journal of Economics, 1992, 107 (3): 889–906.
[2] LIN Y F. The Washington Consensus revisited: a new structural economics perspective[J]. Journal of Economic Policy Reform, 2014, 18(2): 96–113.
[3] ACCEMOGLU D, ROBINSON J. Why nations fail: the origins of power, prosperity and poverty[M]. New York: Crown Business, 2012.

出了发展经济学的子学科。20世纪五六十年代西方主流的发展经济学理论主张，发展中国家应该在政府主导下推行进口替代战略，来发展资本密集型的现代化大规模制造业。亚洲四小龙推行的则是以小规模劳动密集型产业优先发展的出口导向战略，按当时西方主流的发展经济学理论，这是完全错误的政策选择。然而，根据西方主流发展理论制定政策的发展中国家普遍陷入了低收入或中等收入陷阱，亚洲四小龙则成了新兴工业化经济体，现在已经发展成为高收入经济体[1][2]。

在这样的事实面前，中国自己的经济学家应该有所反思，要了解为什么根据西方理论制定政策的国家基本都走向了失败，没有实现理论所承诺的效果，而中国和其他东亚地区在发展和转型经济时并没有遵循西方主流理论制定政策却赶上了发达国家，实现了工业化、现代化，实现了中国知识分子孜孜以求的民富国强以及与发达国家并列于世界之林的夙愿[3]。

为什么会出现这样的结果？我想最主要的原因是，西方的主流理论发源于西方的土壤，必然是以西方国家的发展阶段、社会、政治、文化等条件作为理论的暗含前提。西方的主流理论不是凭空出现的，它有两个来源。一是对过去成功经验的总结，《国富论》实际上总结于英国和欧洲16世纪到18世纪上半叶的经济发展经验。该书认为生产率的提高有赖于分工，分工的程度

---

[1] LIN Y F. Economic development and transition: thought, strategy and viability[M]. Cambridge: Cambridge University Press, 2009.
[2] 林毅夫. 经济发展与转型[M]. 北京: 北京大学出版社, 2007.
[3] LIN Y F. New structural economics: a framework for rethinking development[J]. World Bank Research Observer, 2011, 26 (2): 193−221.

则取决于市场的规模,因此倡导实行自由市场,参加国际贸易以扩大市场范围,深化分工以提高生产力,推动国家发展。二是为解决西方某个时代的问题而提出,在20世纪30年代西方遭遇了经济大萧条,用自由市场的理论解决不了,才出现了政府的积极财政政策,以及通过政府的干预来推动经济复苏、走向繁荣的凯恩斯主义。

任何理论都是一个简单的因果逻辑,用一个或几个因变量来解释观察到的真实世界的现象。不过,在现实世界中,各种社会经济变量成千上万,通常是从这些社会经济变量中抽象出几个变量作为理论模型里的因变量来解释所观察的现象,用哲学的语言来讲其他社会经济变量则被"舍像"。"舍像"的含义是承认这些变量的存在,但因为它们对要解释的现象或要解决的问题没有直接的或重要的影响,就暂时存而不论。就像在控制论模型里的状态变量,如果某系列状态变量不动不变,在写模型的时候,为了简化,就不把那些变量写出来,但那些状态变量若发生变化,模型的结果也会变化。现在我们所引进的任何西方盛行的主流理论,必然是内嵌于产生这些理论的西方国家当时的发展阶段、产业、社会、政治、文化价值理念等被马克思定义为"结构"的变量之中的,并且以这些结构变量为暗含前提。这些被存而不论的变量发生重要变化时西方盛行的理论就会被新的理论所取代。

前面提到,《国富论》出版以后,自由市场成了西方经济学家的主流思想,这一思想认为市场有一种自动平衡的机制。如果市场中某个产品的需求减少,它的价格就会降低,厂家就会减少生产，消费需求就会增加，经济就会恢复平衡，不用政府来干预。这个理论在20世纪30年代被凯恩斯主义取代的原因是，当时出现了经济大萧条，大量人口失业，许多家庭没有工作没有收入，即使价格降低，也不能增加需求，有工作有收入的家庭则担心未来会失业，也不敢增加需求，市场自动平衡机制就失灵了。我们由此可以看到，原来的自由市场理论是以经济大致平衡为暗含前提的，经济大萧条，那么多人失业，单单靠市场的平衡机制走不出萧条，所以就必须用政府的积极财政政策、货币政策，来直接创造需求，让经济恢复平衡。但为什么凯恩斯主义现在又不流行了呢？在我国现在谈凯恩斯主义很多经济学家都会反对，因为在西方国家不流行，在西方学术界至少2008年之前绝大多数的经济学家都反对凯恩斯主义，这是由于在20世纪60年代末、70年代初，实施凯恩斯主义积极的货币政策、财政政策，并没有像凯恩斯主义所预期的那样创造更多的就业，让经济发展得更快，而是出现了滞胀。原因在于，到了20世纪60年代，经济基本已经恢复均衡，再用刺激政策，不能增加就业，也不能提高经济增长率，而只能带来通货膨胀，因此凯恩斯主义就被芝加哥大学的理性预期学派以及主张自由放任的新自由主义所取代[①]。

现在西方主流理论是对西方经验的总结或者是为了解决西方某个时代的问题而提出，这些理论必然是以理论产生当时西方国家的社会经济结构作为暗含前提，它们并非"百世以俟圣人而不惑"的真理，当暗含前提变了，西方盛行的理论也会跟着改变。

---

① LUCAS RE. Studies in business cycle theory[M]. Cambridge: MIT Press, 1981.

把这样的理论运用于发展中国家，因为前提条件不一样，出现"南橘北枳"的结果也就不足为奇。

现在的西方经济学理论看起来很科学，有严谨的数学模型和经验实证。现在我们在谈创新的重要性，西方经济学文献里谈的创新指的其实都是发明，都是在探讨发明的重要性和条件等。我们作为一个发展中国家，经济发展要创新，是否和发达国家一样必须靠发明？创新的定义是在已有的产业使用比现有技术更好的技术来生产，或进入比现有产业附加值更高的产业。发达国家的技术已经处在世界前沿，产业的附加值已经处于世界最高水平，要创新就只能发明新技术、新产业。我们作为发展中国家，除了自己发明，还有一种可能性，就是利用与发达国家的技术差距和产业附加值差距，引进、借鉴发达国家的成熟的技术和产业。到底哪种创新方式比较好，取决于哪一个成本更低、风险更小、发展速度更快。如果采用西方的创新理论，我们就容易被误导，以为只有发明这一种创新方式。

关于积极的财政政策也是如此。20世纪七八十年代凯恩斯主义在西方被认为过时了，当时人们认为用凯恩斯主义的积极财政政策，花政府的钱去创造就业，会增加政府的财政赤字，将来政府需要通过增加税收来还债。即使是现在有工作的人，考虑到将来要增加税收，为了平滑消费，也只能增加储蓄。结果政府支持的需求增加，家庭的需求减少，总需求并不增加，导致了就业和经济发展并没有增加而政府财政赤字增加的"李嘉图等价"现象。在中国这样的发展中国家是不是一定也是这样的？发达国家的产业处在世界最前沿，技术变迁速度非常慢，所以，在讨论积极财政政策的周期理论里一般假设技术不变，周期理论和增长理论是分开的，基础设施也一般完备，积极财政政策所做的是挖个洞、补个洞，对生产率的增长贡献有限。但是，我国作为发展中国家，有很多进行产业升级、技术创新的机会，也有许多消除基础设施瓶颈的机会，如果积极财政政策和货币政策是用来给技术创新、产业升级创造条件，消除基础设施的瓶颈，发展中国家就可以打破出现于发达国家的"李嘉图等价"现象，在发展中国家考虑积极财政政策时需要把周期理论和增长理论结合在一起[1][2]。

理论的作用在于帮助人们认识世界、指导实践，要帮助我们认识世界并改造好世界则要求理论以我们自己国家的经济、社会、政治、文化等结构条件作为暗含前提，这样的理论仅能来自对自己国家的经验总结，或是为解决自己国家当前的问题而提出，通过了解它是怎么产生的，背后的因果逻辑是什么，把这些机制理解清楚，形成理论。只有以这样自主创新产生的理论来指导政策实践，才能使理论的"认识世界、改造世界"功能统一起来，以这样的理论来教育学生，才能使培养出来的学生成为一位建设者，而不仅仅是一位批评家。

---

[1] LIN Y F. Beyond Keynes[J]. World Policy Journal, 2011, 28(1): 35–40.
[2] LIN Y F. Beyond keynesianism: the necessity of a globally coordinated solution[J]. Harvard International Review, 2009, 31(2):14–17.

三、怎么进行经济学的自主理论创新

我国的经济学理论怎么进行自主创新？我认为有两种方式。一是以马克思主义政治经济学的方法，参考借鉴西方经济学理论的精华，来总结我国的经验和解决我国的现实问题。就像儒家哲学自汉武帝独尊儒术、罢黜百家以后成为我国官方的正统学说，孔孟倡导的儒家入世哲学不谈人生终极道理，汉朝以后佛学趁虚而入，如唐朝韩愈所描述的，当时士人为了科考必须学习儒学，但是现实中信仰的则是"非佛即道"。到了宋朝，儒学吸收了佛学的一些精华，形成了理学，才恢复了生命力。另一种是以马克思主义的基本原理，即辩证唯物主义和历史唯物主义为指导，借鉴西方经济学的方法，来总结我国的经验和解决我国存在的问题，了解这些现象和问题背后的道理、学理、哲理，形成有中国特色、中国风格、中国气派的经济学理论。这有点儿像汉朝传入中国的印度佛学是出世的，唐朝时六祖慧能吸收了儒家的入世哲学和普世关怀，创立了禅宗，形成了中国本土的佛学理论体系，使佛学成为中国文化不可分割的一个组成部分。

第一种方式的好处是可以丰富马克思主义，同时可以与时俱进，结合我国自己的经验和实际条件来解决问题，形成一个中国化的马克思主义，有利于统一思想，也有利于推动我国改革发展的进程。第二种方式反映了马克思主义的精神实质，其分析和论述方式和西方主流经济学界相同，这样的理论在国内可以和西方主流经济学的理论用同一种分析方式在同一平台竞争，有利于让学生和知识界了解西方主流理论的局限性。国外学界和知识界也可以看懂这样的理论，有利于我们与国外学界、知识界、舆论界进行交流，分享中国经验、中国智慧，提升我国在世界上的话语权、软实力。

这些年来我致力推动的新结构经济学是沿着第二种方式进行的。新结构经济学的核心思想是，处于不同发展阶段的国家，其产业、技术、制度、文化、价值等结构是不同的，各个国家的结构内生、决定于该国在每一时点上给定的、可随时间变动的要素禀赋和其结构。不同发展程度的国家由于结构不同，经济运行的一些规律也会有所差异，同时，发展中国家存在的许多扭曲是由于主观的愿望或调整滞后导致实际的各种结构和要素禀赋结构与所内生决定的最优结构之间的背离。这是新结构经济学的总体概貌。

辩证唯物主义认为社会的万事万物是相互关联的，物质是第一性，社会的变化是由物质的变动来推动的，新结构经济学以要素禀赋及其结构作为构建理论体系的基点，这反映了辩证唯物主义的宇宙观、认识论和方法论。

同时，不同发展阶段的国家有不同的结构，反映了历史唯物主义经济基础决定上层建筑，上层建筑反作用于经济基础的思想。经济基础是由生产力和生产力所决定的生产关系组成的。什么是生产力？从新结构经济学的视角来看，生产力决定于当前发展阶段的产业和技术，当前的产业和技术则取决于要素禀赋所决定的比较优势。如果一个社会使用的劳动力相对较多、资本相对较少，具有比较优势的产业和技术就是劳动密集型，生产力水平相对较低；如果使用的资本相对较多、劳动力相对较少，具有比较优势的产业和技术就是资本密集型，生产力水平相对较高。不同的生产力水平对应着不同的生产关系，生产力水平低的时候，工资水平低，贫困者以劳动力谋生，有工作就能生存，没有工作就不能生存，资本家有财富，工作或不工作都能生存，在谈判时工人处于不利地位，容易被剥削。当资本相对丰富以后，采用资本密集的技术，劳动生产率和工资水平提高，工人也会有积蓄，半年、一年不工作也能生存，资本家如果不雇用工人来生产，资本就无法增值，所以，当资本经由积累变得相对丰富以后，工人在与资本家谈判时地位就提高了，福利和待遇也会随之改善。同时，不同的产业规模经济、风险特性、市场交易范围、交易方式不一样，需要的各种硬的基础设施和软的制度安排，包括金融、法律等上层建筑也会不一样。在经济发展中由竞争的市场决定的价格才能反映各种要素的相对稀缺性，提供激励并引导企业家按要素禀赋结构所决定的比较优势来选择产业和技术，要素生产成本才能降到最低；同时，必须由政府来提供或协调完善各种适合具有比较优势的产业所需要的硬的基础设施和软的制度安排，这样交易费用才能降到最低，经济才能在国内和国际市场具有最大的竞争力。所以，经济要发展好必须有有效的市场，也必须有有为的政府。市场和政府的关系可以总结为：市场有效以政府有为为前提，政府有为以市场有效为依归。这些是新结构经济学的一些基本的思路[1][2]。

四、结语

2016年习近平总书记主持召开哲学社会科学工作会议，发表重要讲话，提出"这是一个需要理论而且一定能够产生理论的时代，这是一个需要思想而且一定能够产生思想的时代"的论断，号召社会科学工作者"不能辜负了这个时代"，努力推进来自我国的社会科学自主理论创新。2020年8月24日，习近平总书记就"十四五"规划和2035年远景目标开门问策，在和经济学家、社会科学家进行座谈时又特地指出中国的实践是一个经济学理论创新的富矿，这是总书记对我国经济学家的召唤。

现在的主流经济学理论的最大局限性在于忽视了马克思历史唯物主义经济基础决定上层建筑的基本原理，误认为在西方发达国家的经济基础和相应的上层建筑上形成的各种理论和制度是放诸四海而皆准的，但在发展中国家按这种"西天取经"的理论去践行，经常是用心很好，结果却事与愿违。

新的理论来自新的现象和问题，如果我国的经济学理论工作者能够秉持马克思主义的精神实质，立足于中国的现实，把中国和发达国家因为发展阶段不同所必然存在的禀赋、产业、技术、制度等各种结构的差异性和差异产生的原因及影响思考清楚，就

---

[1] 林毅夫. 新结构经济学[M]. 北京：北京大学出版社，2012.
[2] 林毅夫、付才辉. 新结构经济学导论[M]. 北京：高等教育出版社，2019.

会明白放弃"西天取经"心态的必要性,并有能力想清楚中国这块土壤上丰富的经验和现实问题背后的道理、学理、哲理,提出具有中国特色、中国风格、中国气派的经济学理论。这个理论能够更好地帮助我们认识世界,改造世界,为中华民族伟大复兴做出贡献。

实现民富国强是所有发展中国家的共同愿望,自二战以来众多发展中国家尚未有过根据发达国家的理论来制定政策成功追赶上发达国家的例子。同为发展中国家,前提条件较为相似,对于其他发展中国家解决它们的问题,实现它们和我们相同的发展愿望,来自中国的理论会比来自发达国家的理论更有帮助。思路决定出路,来自我国的经济学理论自主创新不仅是实现民族伟大复兴的必要,也必将贡献于共享繁荣的人类命运共同体目标的最终实现。

现代经济学的引进与自主创新[①]

北京大学中国经济研究中心创立时，目标非常明确，希望引进西方先进的经济学理论，为中国的改革开放、国家现代化、民族复兴做贡献。

从 1994 年中心创立至今的 27 年，中国经济创造了人类发展史上的奇迹。如果仔细看这 27 年，包括再往前看 1978 年以来 43 年的改革开放，中国采取的转型方式并不是按照我们学到的西方主流新自由主义经济学所讲的——转型要成功，就必须市场化，价格全部放开，国有产权必须私有化，政府必须是有限，国家的责任是保持宏观经济稳定，同时推动自由化。经济转型要成功，这几项改革必须同时到位，这一转型思路被认为是当时所有经济学家的共识。

中国从 1978 年至今，推行的是一个渐进的、双轨的、"老人老办法，新人新办法"的方式，既保留了国家干预，也放开了市

[①] 本文根据林毅夫 2021 年 9 月 19 日在以"中国经济学的使命与传承"为主题的庆典论坛上的发言整理。

场准入。在20世纪八九十年代，也就是中国经济研究中心刚成立时，学界认为中国这种转型方式是最糟糕的，会使中国经济发展得比计划经济时期还要差。

现在回头来看，中国通过这种转型方式取得了稳定快速的发展。而且，其他在转型中取得稳定和较快发展的国家，如越南、柬埔寨，以及更早的毛里求斯，采取的也都是被当时整个理论界认为是最糟糕的渐进转型方式。而遵循当时被认为最好的转型方式的苏联、东欧国家、非洲国家、拉丁美洲国家，经济则崩溃、停滞、危机不断，跟发达国家的差距越来越大。

我们作为知识分子，需要思考为什么当时的认识跟后来的实际发展有那么大的差距。

引进的经济学理论会出现"淮南为橘、淮北为枳"的现象是必然的，我们引进的理论来自发达国家，发达国家的理论又是如何得来的呢？有两种来源：一种是对发达国家成功经验的总结，例如亚当·斯密的理论是对16~18世纪英国和欧洲经验的总结，李嘉图、熊彼特等经济学家的理论也是对他们所处时代的欧美经济现象的总结；另一种是对旧理论解决不了的新问题的原因探索和解决方案，例如20世纪30年代的经济大萧条无法用亚当·斯密的自由主义来解释和解决，所以凯恩斯提出了积极的财政政策、货币政策来应对，形成了凯恩斯主义。

任何理论都是很简单的因果逻辑体系，揭示成功或问题的决定因素是什么。可是，任何国家、任何社会、任何经济体的经济、社会、制度变量都非常多，所以理论的构建必然经历"抽象"和"舍象"的过程，找出这个经验或问题最主要的决定因素是什么，把它抽象出来保留到理论模型中，其他的社会经济变量则被舍象，存而不论，成了这个理论的暗含前提。那些被舍弃的变量如果发生了关键性变化，原来的理论就不起作用了，就会被新的理论取代。

例如，从亚当·斯密以来形成的自由主义，认为市场供需如果发生波动，自己会恢复均衡。其实它有个暗含前提，即经济中供给和需求大致平衡。在这种状况下，如果经济受到一点冲击，需求减少了，价格就会下降，价格下降后需求就会增加，供给需求就会恢复均衡，根本就不需要政府干预。但是在20世纪30年代，美国经济发生大萧条，30%的人失业，经济存在严重不均衡。失业的人没有收入，即使价格下降，需求也不会增加。有就业、有收入的人，面对价格下降，会多消费吗？也不会，因为他们不知道自己明年会不会失业。原来认为的市场自动均衡的力量不存在了，所以就出现了凯恩斯主义，需要政府实施积极的财政政策、货币政策，直接创造需求，来使经济恢复平衡。到了20世纪60年代，大部分的失业问题已经解决，过剩产能已经被消化，如果再继续执行凯恩斯主义的政策，就会出现滞胀的问题，凯恩斯主义就被新的理性预期理论所取代了。

既然发达国家的理论是有暗含前提的，在发达国家理论的暗含前提变化时，原来的理论会被新的理论取代，那么，拿发达国家的理论到发展中国家来，尽管对于我们开阔眼界和开拓思路有帮助，但是因为发展中国家的发展阶段、制度、社会等各种结构与发达国家不同，前提条件存在差异，简单照搬发达国家理论，出现"淮南为橘、淮北为枳"的情况就会是十分可能的事情。

如果发展中国家的经济学家希望以理论来为国家社会的发展做贡献，就必须像发达国家的经济学大师一样，首先看我们处于什么样的时代，在这个时代有哪些成功经验可以总结，形成可以解释这些成功经验的理论；或者看我们这个时代存在什么样的问题，这些问题到底是怎么产生的，解决这些问题有什么可用的条件和办法，提出新的理论，来指导我们的实践。只有这样，才能够真正以理论贡献于我们国家的发展。

通过上述方式形成的理论不仅有助于中国，也有助于其他发展中国家。因为，二战以后，所有的发展中国家都跟中国有同样的愿望，希望能够实现工业化、现代化，赶上发达国家。但实际上从二战到现在的70多年，三代人的时间过去了，我们可以看到两个事实：第一，成功实现追赶发达国家愿望的发展中国家或经济体数量非常少；第二，那些少数成功的经济体，它推行的政策在当时的主流理论看来是错误的。

比如，中国的渐进双轨制转型很成功，和中国一样成功的少数几个国家，采用的也都是渐进双轨制，那些按照西方主流理论实施休克疗法的国家则都失败了。20世纪五六十年代，在追赶发达国家的过程中，当时的主流理论主张用进口替代战略，以政府主导发展现代化工业，但都没有成功。少数成功的"东亚四小龙"则都是从传统的劳动密集型小规模产业做起，这种模式起初也被认为是错误的。

从亚当·斯密出版《国富论》，经济学成为一门独立的社会科学以来，世界经济的中心也同时是世界经济学的研究中心和大师辈出的中心，这是因为理论都是简单的逻辑体系。如何判断一个理论贡献的大小呢？不在于它的逻辑，而在于它所解释的现象的重要性。什么是重要的现象？发生在重要国家的现象就是重要的现象。

实现中华民族伟大复兴后，中国必然会成为世界最大、最重要的经济体，世界的经济中心必然在中国，根据中国现象提出的理论，就会是最重要的理论。在了解中国的现象方面，中国的经济学者有"近水楼台先得月"的优势。

因此，根据中国的现象形成中国自己的经济学理论，不仅可以贡献于经济学理论的发展，而且可以贡献于民族复兴的需要。同时，发展中国家之间条件接近，对其他发展中国家追求现代化也会有帮助，因此，也可以贡献于共享繁荣的人类命运共同体的建设。

中国经济学理论发展与创新的思考[1]

虽然不常来参加《经济研究》编辑部的活动,但我一直很关心《经济研究》。《经济研究》是国内最有影响力的经济学期刊,发表的文章代表着国内经济学研究的水平。《经济研究》发表的文章也反映着中国经济学界关注的问题并引领着中国经济学研究的方向。

一、中国经济学科发展的前景

1995 年张卓元老师任所长与主编时,为庆祝《经济研究》创刊 40 周年,我应邀写了一篇《本土化、规范化、国际化》的文章。当时我认为研究中国本土问题所形成的理论能够更好地帮助我们"认识世界、改造世界"。理论要揭示现象背后的因果关系,为保证这种因果关系成立,我国经济学理论的研究者必须遵

---

[1] 本文根据林毅夫 2017 年 4 月在《经济研究》编辑部座谈会上的发言整理,曾发表于 2017 年第 5 期《经济研究》。

循现代经济学的研究规范,不仅提出的理论需要做到内部逻辑自洽,而且,理论的推论也必须和经验事实一致。数学模型和计量分析是国际经济学界保证逻辑严谨和检验理论模型的各种推论是否和经验事实一致的通用方法,一个理论只有通过这两者的检验才能说是解释了现象背后的因果逻辑,才能与国际经济学界交流、沟通并被接受。同时,我认为任何经济学的理论都是根据某个特定地方的经济现象而得来的,不管研究哪个地方的经济现象所得到的理论都是对人类知识增量的贡献,中国经济学界以国际通用的规范方法来研究本土的经济现象和问题所得到的成果,自然也是对现代经济学的发展的贡献,属于有国际意义的成果。

在那篇文章中,我还做了一个预测:21世纪会是中国经济学家的世纪,会是经济学大师在中国辈出的世纪。当时提出这个预测,被许多人认为过度乐观。不过,这个预测并非拍脑袋得出的,而是根据自1776年亚当·斯密出版《国富论》,经济学从哲学分离出来成为一门独立的社会科学,一直到20世纪40年代,世界上绝大多数大师级的经济学家不是英国人就是在英国工作的外国人,20世纪40年代之后,世界上大师级的经济学家不是美国人就是在美国工作的外国人,其他地方出现的大师级经济学家很少的观察而得出的。

为什么会有大师级的经济学家在某段时间里集中出现在某个地方的现象?经济学理论本身只是一个解释社会经济现象背后因果关系的逻辑体系,越简单越好。那么,如何来判断一个经济学理论贡献的大小?其实,在于该理论解释的现象是否重要。现象越重要，解释这个现象的理论就越重要。何为重要的现象？发生在世界经济中心的现象会对世界上的其他国家产生较大的影响，因此会被认为是重要的现象。18世纪中叶工业革命之后，世界经济中心在英国，英国的经济现象就是重要的经济现象。在英国工作的经济学家对观察和解释现象有近水楼台先得月之便，世界级的经济学大师就大多集中在英国。一战之后，世界经济中心转移到美国，随后，世界经济学的研究中心和经济学大师出现的集中地也跟着转移到美国。

根据1994年我和蔡昉、李周合作出版的《中国的奇迹：发展战略与经济改革》一书中的判断，中国的GDP按购买力平价计算会在2015年超过美国，按市场汇率计算会在2030年超过美国，成为世界第一大经济体。而且，即使我国的GDP超过美国，我国的人口规模是美国的4倍，人均收入水平也就只有美国的1/4，我国追赶的潜力还很大，发展速度还会相对快于美国和其他发达国家，发生在中国的经济现象会对世界上其他国家产生越来越大的影响，世界经济中心和经济学的研究中心也将转移到中国。中国经济学家在研究中国的现象时同样会有近水楼台先得月之便，因此，我判断21世纪将会是世界级的经济学大师在中国辈出的世纪。

二、中国经济学科发展的现状

现在20年过去了，回过头来看，《经济研究》发表的文章以本土问题为主，这是《经济研究》的传统。现在的文章跟 20 年前的文章相比，在规范化方面也已经做得很好，尤其是吸收了西方经济学界通用的以构建数学模型来表述因果逻辑和用计量方法来进行经验检验的做法，和国际主流的经济学期刊发表的文章已经没有多大的差异。从国际上来看，20 年来国际经济学界对中国经济现象的关注度也越来越高，国际上发表的跟中国经济有关的文章越来越多。但是，当时提出的"21 世纪是中国经济学家的世纪，21 世纪是经济学大师在中国辈出的世纪"，现在还言之过早，在理论上做出贡献的，能够在国际经济学界引领新概念、新思潮的中国经济学家，基本上还未出现。之所以这样，最主要的原因在于，虽然中国经济学家在《经济研究》或国内、国际其他学术期刊发表的文章研究的问题是本土的，方法是规范的，但是，发表的文章主要是以现有的西方主流理论来解释中国的现象，或是以中国的资料来检验西方现有的理论，尚少有从研究中国经济现象中总结出新理论、新概念、新思想的，因此，也就难以出现有国际影响力，能够开宗立派的大师。

　　西方现有的理论基本上总结于西方发达国家的经验，而且很多是理想条件下的理论。发展中国家与发达国家比难免有落后性，并且多数发展中国家还处于从政府主导的发展模式向市场经济转型的过程中，许多制度有扭曲。落后和扭曲都有代价，发展中国家确实也存在许多问题。用发达国家的理论来看发展中国家的问题，很容易对号入座，让人相信按照这些理论来进行改革就能够把问题解决好。但是，二战以后的 200 多个发展中经济体尚未有按照发达国家的主流理论制定政策而发展或转型成功的，两个从低收入进入高收入的经济体（中国台湾地区和韩国，大陆地区到 2025 年可能成为第三个），以及 1960 年的 101 个中等收入经济体中到 2008 年步入高收入的 13 个经济体，除了 8 个原本和西欧国家差距就不大的经济体或是石油生产国，其余 5 个中等经济体（日本和亚洲四小龙），推行的发展或转型政策从西方主流理论来看都是不正确的。其原因是发展中国家的落后和其发展阶段相关，许多扭曲是内生的。理论是否适用由前提条件决定，发展中国家和发达国家的前提条件不一样，在发展中国家套用总结于发达国家经验的理论难免会造成"淮南为橘，淮北为枳"的困境。以西方的主流理论来解释中国的现象或是以中国的资料来检验西方现有的理论的研究方式，实际上是"坐在金矿上挖煤矿"，就研究者而言，以这样的研究方式所写的文章或许较容易在国内和国际期刊上发表，但是，这样的研究不仅难以产生引领世界经济学思潮的大师，而且，这样的研究成果也很难发挥帮助中国社会各界"认识世界、改造世界"的作用。

三、中国经济学理论创新的三个来源

中国经济学的研究该如何进行？我有幸参加了"5·17"座谈会（即 2016 年 5 月 17 日召开的哲学社会科学工作座谈会），代表经济学界做了发言，发表了我对中国经济学科发展和理论创新的看法。我认为，中国经济学的理论创新要有三个来源：中国的实践经验、马克思历史唯物主义的基本原理和现代经济学的研究范式。

第一，新的理论来自新的现象，中国改革开放取得的成绩是人类经济史上不曾有过的奇迹，这些成绩用现有的理论难以解释，它们是理论创新的金矿。

第二，马克思历史唯物主义揭示了人类社会发展的规律，提出了"经济基础决定上层建筑，上层建筑反作用于经济基础"的基本原理。发展中国家的经济基础不同于发达国家，因此上层建筑的各种制度安排和政策措施应该不完全一样。但是，在西方主流理论里基本没有这一认识，其理论经常把西方的制度和条件作为暗含的前提。20世纪60年代道格拉斯·诺斯提出新制度经济学时，吸收了马克思主义的思想认识，认为制度是内生的，也就是经济基础决定上层建筑，同时认为制度对经济绩效是有影响的，也就是上层建筑会反作用于经济基础。但是，到了20世纪80年代以后，诺斯本人及后来的新制度经济学家则只强调制度对经济运行的影响，忽略了制度是内生的这一重要理论视角，并且把西方现行的制度视为各国都应该采用的制度。例如，阿西莫格鲁在《国家为什么会失败》一书中，认为其他发展中国家经济不能发展好就是因为不具备西方发达国家的制度安排。现代经济学中的宏观、金融、财政等领域的理论也直接把发达国家的相关经济制度作为暗含的前提，在运用于发展中国家时，通常认为发达国家与发展中国家只有量的差异，没有质的不同。但是，实际上并非如此。中国经济学家在研究中国经济现象和问题时以马克思历史唯物主义为指导，才能更好地把握中国作为一个发展中、转型中国家的许多经济现象和问题的本质，提出来的理论才能够比较好地实现"认识世界、改造世界"的目标。而且，其他发展中国家的条件和我国较为相似，和总结于发达国家现象的理论相比，总结于我国社会经济现象的理论也会对世界上其他发展中国家有较大的参考借鉴价值。对此，我做了一些尝试，在非洲的一些国家进行试点，证明了用中国的经验、中国的理论为指导，可以在推动工业化、创造出口、增加就业上取得立竿见影的效果。

第三，中国经济学家提出来的理论要有国际的影响，除了语言的问题，研究方法和表述的方式也需要采用现代国际经济学界通用的范式，这样其他国家的学者才能看得懂，才能接受。如果是用纯粹的马克思主义的语言和范式，其他国家的经济学者没有接受过马克思主义的训练，我们无法与他们进行沟通和交流，也就难有国际的影响。

四、马克思历史唯物主义和现代经济学研究范式如何有机结合

但是，马克思主义和西方主流理论是两个不同的体系，如何把马克思历史唯物主义和西方主流经济学的研究范式结合起来推动中国的经济学理论创新呢？我认为结合点是一个经济体在每个时点的要素禀赋和其结构。

马克思历史唯物主义认为经济基础决定上层建筑，什么是经

济基础？经济基础是生产力和由生产力决定的生产关系。生产力由什么决定？实际上跟一个经济体的主要产业有关，如果这个经济体的主要产业是土地和劳动力都密集的传统农业，或者是劳动力很密集的轻加工业，这样的产业生产力水平就比较低。不仅生产力水平低，而且，其产业特性也决定了资本与劳动的关系。首先，这样的产业使用的资本非常少，雇用的劳动力非常多，劳动者的收入水平非常低，在温饱线上挣扎；资本拥有者比较富有，其在资本和劳动力的关系中有比较大的影响力。如果一个经济体的主要产业是资本密集型的，这样的产业生产力水平比较高，而且，资本密集型的产业中使用的资本非常多，雇用的劳动力相对较少，使用的劳动力通常需要较高的人力资本，其收入水平高，自我保障能力强，资本家对劳动者的控制是比较小的。

决定一个国家以劳动密集的产业还是以资本密集的产业为其主要产业的，是它的发展程度以及相应的要素禀赋和其结构。在一个落后的国家通常是自然资源或劳动力相对较多、资本相对短缺，具有比较优势的产业，不是资源相对密集的就是劳动力相对密集的产业，生产力水平较低，劳动力跟资本的关系就像前面讨论的那样。到了比较高的发展阶段，资本积累多了，劳动力变得相对短缺，具有比较优势的产业是资本密集型的产业，生产力水平较高，劳动力和资本的关系也如前所述。

为何一个经济体的要素禀赋结构会决定该经济体具有比较优势的产业？这是因为只有一个经济体中的产业所使用的资本和劳动的多寡与其要素禀赋结构的特性相一致，才能把这个产业中正常管理的企业要素的生产成本降到最低，才能在开放竞争的市场中具有自生能力，才能在设有政府的保护补贴的情况下获得社会可以接受的正常利润率的能力。我在1994年和蔡昉、李周合作出版的《中国的奇迹》中开始使用自生能力的概念，并在1999年和谭国富合作发表于《美国经济评论》上的《政策负担、责任归属和预算软约束》一文中正式对其进行定义。2012年我从世界银行工作回来后倡导的新结构经济学就是以一个经济体在每个时点给定的要素禀赋结构作为分析的切入点，来研究不同发展阶段的国家作为经济基础决定生产力水平的产业和技术的决定因素，以及作为上层建筑影响交易费用的各种制度安排如何决定于作为经济基础的产业和技术。

现在主流的新古典经济学分析的范式是马歇尔1890年在《经济学原理》中搭建起来的，当时为了搭建这个框架，他做了很多简单化的暗含假设。这些简单化的暗含假设包括没有交易费用，决策者的信息是充分的，决策者之间的信息都是对称的，等等。在马歇尔之后现代西方经济学的发展有相当一大部分是通过将这些暗含假设放松实现的，例如，科斯在经济分析中引入了交易费用，而发展出新制度经济学；斯蒂格勒引入了信息不充分，信息的收集需要费用，斯蒂格利茨、斯宾塞和阿克尔洛夫等引进了信息不对称而发展出信息经济学。马歇尔还做了一个暗含的假设，就是一个经济体中存在的企业都有自生能力，只要管理正常，在开放竞争的市场中就能够获得社会可以接受的正常利润率。这样的假设在发达国家，在政府对产业的发展不进行直接干预的市场经济中是合适的。但是，在发展中国家，政府经常会有意无意地推行一些违反比较优势的产业政策，或在国家转型的过程中遗留一些不具有比较优势的产业，存在的产业就不一定都具有自生能力，因此，我们在分析发展和转型问题时有必要把自生能力的概念正式引入进来。同时，具有自生能力的企业所在的产业因为发展阶段不同而有所变化，适用于不同发展程度国家的制度安排和政策措施也会有所不同，这是对新古典经济学分析范式的一个拓展。马克思在其著作中分析了经济基础如何影响上层建筑，以及上层建筑如何反作用于经济基础，但是马克思没有讨论作为经济基础的生产力和生产关系在现代经济中是由何因素决定的。所以，提出要素禀赋结构决定具有比较优势的产业，进而决定生产力水平和生产关系的观点也是对马克思历史唯物主义在分析现代经济问题上的一个拓展。

五、结语

总结一下，我期盼《经济研究》能够多发表一些以马克思历史唯物主义的基本原理为指导，以现代经济学的规范方式研究中国经济现象的论文，如果能够引导中国经济学界往这个方向努力，那么我相信21世纪会是中国经济学家的世纪，会是经济学大师在中国辈出的世纪。

我国经济学界现在面临的挑战有点儿类似于儒学在历史上曾经面临的挑战。汉武帝独尊儒术、罢黜百家，儒学在中国取得了正统的地位。到了魏晋南北朝，社会纷乱，儒学不能解决当时大家碰到的现实问题，玄学和佛学从而兴起。到了唐朝，按照韩愈所讲的，学者"非佛即道"，虽然儒学仍是法定的正统，但在社会上更有影响力的是佛家和道家的思想。后来，儒学是如何复兴的呢？是宋朝的朱熹、程颐、程颢、陆九渊和明朝的王阳明和他的众多弟子等儒家学者吸收了佛学的精华，将儒学发展成理学和心学，恢复了儒学的生命力。佛学则在唐朝时吸收了儒学以"仁"为核心伦理的思想，创造性地发展成为中国本土的禅宗，从而与儒学一样成为中国传统文化的重要有机组成部分。经济学在中国的发展也有两种可能的路径：其一，以马克思主义的理论和范式研究中国现实的经济问题，并吸收西方现代经济学的优秀成果，尤其是在经济运行方面适合中国发展阶段和国情的有用成果，推动马克思主义在中国的创新和发展；其二，在吸收马克思主义的基本原理后，以西方经济学的范式来研究中国的经济现象，推动现代经济学在中国的理论创新与发展。二者你中有我，我中有你。我相信中国经济学家以这两种方式来进行经济学的理论创新，其成果都会成为中国特色社会主义经济学理论的有机组成部分，都会贡献于中国经济学科的繁荣和发展，迎来中国经济学家引领世界经济学思潮的时代。而且，来自中国经济学的理论创新将能够更好地帮助占世界人口总数85%的发展中国家"认识世界、改造世界"，实现其工业化、现代化。

新结构经济学在新中国的创立及其理论创新[①]

我认为，中国经济学的理论创新要立足中国的实践经验，运用好马克思历史唯物主义的基本原理和现代经济学的研究范式。

首先，新的理论来自新的现象，中国改革开放取得的成绩是人类经济史上不曾有过的奇迹，这是理论创新的金矿。

其次，马克思历史唯物主义揭示了人类社会发展的规律，提出了经济基础决定上层建筑，上层建筑反作用于经济基础的基本原理。发展中国家的经济基础不同于发达国家，因此作为上层建筑的各种制度安排和政策措施应该也不一样。

在经济学研究上，以揭示人类社会发展规律的马克思主义为指导，运用现代经济学通用的范式来研究中国现实的问题是推动中国经济学理论创新，提升中国话语权的关键。

以马克思历史唯物主义为指导，并使用西方现代经济学的范式来研究中国目前在发展和转型阶段所遇到的问题是推动马克思

[①] 本文根据林毅夫围绕"新中国成立70年的历史反思和经济学理论创新"所发表的演讲整理。

主义在中国创新和发展的重要方法。

马克思在其著作中分析了经济基础如何影响上层建筑,以及上层建筑如何反作用于经济基础,但是马克思没有进一步讨论作为经济基础的生产力和生产关系在现代经济中是由何种因素决定的。所以,我提出了要素禀赋结构决定具有比较优势的产业,进而决定生产力水平和生产关系的观点。可以说,这是对马克思历史唯物主义在分析现代经济问题上的一个拓展和创新。

根据新自由主义后来形成的"华盛顿共识",发展中国家改革的主要内容有三点。

第一,要市场化,由市场来配置资源。怎样才能由市场来配置资源呢?必须由市场的供给和需求的竞争来形成价格,然后由价格来引导资源的配置。如果某种产品供不应求,价格就应该提高。出现供不应求代表某个地方的资源配置效率比较高,如果价格高,资源就会往那个产业去配置,供给就会增加,然后价格就能够平衡。反过来讲,如果某种产品的价格下降了,就意味着供大于求,在这种情况下,资源应该退出那个产业,把退出来的资源配置到价格上涨的产业。20世纪八九十年代,发展中国家大部分的价格是政府决定的。所以改革的第一个目标是市场化,价格由市场的供给与需求决定,政府不应该干预价格的形成。从市场配置资源的必要制度安排来讲,这一点看起来好像很清晰,也很有说服力。

第二,要私有化。因为在发展中国家,不管实行的是社会主义还是非社会主义,在结构主义的进口替代时期,在计划经济时期，大部分的产业，尤其是关键性的产业都是国有的，不仅在中国是这样，在非洲、南亚、拉丁美洲国家也是这样。当时的看法是，如果一个企业是国有企业，那它对价格信号就不敏感。因为国有企业亏损了可以享受政府的补贴，赚钱了都交给国家，投入品价格高了，企业没有积极性去节约成本，生产的产品价格高了，企业也没有积极性去多生产、多赚钱。所以，在这种情况下，引导资源配置需要制度前提，除了由市场供给和需求的市场化来决定价格，还必须推行私有化，否则市场无法对资源进行有效配置。

第三，要稳定化。因为如果市场经济中出现高通货膨胀，那么这将会扭曲企业和消费者的行为。价格上涨过快，出现通货膨胀，消费者就去抢购，突然间需求会增加非常多。同时，企业看到生产的产品价格不断提高，就会囤积居奇，所以，在有通货膨胀预期时，需求会增加很多，供给会减少很多，导致价格进一步上涨。价格进一步上涨，就会强化这样的行为。在这种状况下，价格也会失掉配置资源的功能。要稳定物价财政就必须平衡，否则财政赤字增加后必然要靠增发货币来弥补财政的不足，导致物价上涨，通货膨胀。过去财政为什么不平衡，因为老是要给国有企业补贴，所以为了财政平衡，就不应该给予企业补贴。这就是要进行私有化的原因。

总之，这套理论逻辑上非常严谨，很有说服力。在20世纪八九十年代，整个经济学界有一个共识，就是经济转型要成功必须通过同时推行价格由市场来决定的市场化、产权明晰的私有化,以及政府停止补贴、平衡预算的稳定化来实现,而且必须用"休克疗法"一次性解决。持这种观点的既包括一般经济学的学者,也包括一些大家,诺贝尔奖获得者。

我国1978年年底开始的改革,并没有按照这个共识来进行,我们推行的是一种"老人老办法,新人新办法"的渐进式双轨做法。对原来的国有企业,我们没有把它们全部私有化,而是只把小型的国有企业私有化,大型的国有企业基本上都保持国有性质。不仅保持国有性质,还继续给予保护补贴。同时,新人新办法。对于传统上受到抑制的一些劳动密集型加工业等,放开准入,而且还积极因势利导,招商引资,建立了工业园、开发区以改善基础设施,设立一站式服务等以降低交易费用。

我们当时走的是渐进双轨的道路。按照当时主流学界的看法,这是最糟糕的转型方式。当时的看法是计划经济不如市场经济,所以国家才会从计划经济、政府主导的经济向市场经济转型。他们认为如果真要转型,国家就必须把市场经济最起码的三个制度安排同时做到位。如果中国既保留政府干预,又放开市场,就是最糟糕的方式,而且会比原来的计划经济更糟糕。因为这样会出现由于政府干预所形成的低价,它跟市场价格之间有一个价差,经济上叫租,就有人去寻租套利,把计划经济中的东西倒出来转手可以获得巨大的利润,从而造成腐败和收入分配差距大的问题。

虽然我们当时推行的是这种被认为最糟糕的渐进双轨转型方式,但在实践中,中国在这个过程中取得了稳定和快速发展。中国的发展速度可以说是人类经济史上不曾有过的,过去40年平均每年增长9.4%,持续了40年,中国从一个贫困落后的国家,发展为中等偏上收入的国家,2018年人均GDP达到9 780美元。按照市场汇率计算,中国现在是世界第二大经济体。1978年我们出口的产品75%是农产品或农产品加工品,现在出口的产品95%以上是制造业产品,这是一个巨大的变化。

与此同时,其他发展中国家和社会主义国家普遍按照国际主流的新自由主义的"休克疗法"来发展经济,经济普遍出现了崩溃、停滞,危机不断。它们的平均增长率比转型之前的20世纪六七十年代还低,危机发生的频率比20世纪六七十年代还高。所以,有些经济学家把20世纪八九十年代称为发展中国家"迷失的20年"。这些国家没有实现我国这样的稳定和快速发展,而且,我们在渐进双轨改革中出现的腐败和收入分配的问题,在它们那里也普遍存在,而且更严重。

在我看来,发展中国家先进的产业发展不起来并不是由于市场失灵,而是由于这些产业不符合这些国家的比较优势。我们知道发达国家在工业革命以后,经过两三百年的发展,积累了大量资本,在发达国家,资本是相对丰富的,劳动力是相对短缺的。劳动力价格相对较高,资本相对便宜,发达国家在生产中必然要多用资本替代劳动力,发展资本密集型产业。发达国家如果不这样做,而去发展劳动密集型产业,成本太高,没有竞争力,肯定发展不起来。所以,发达国家只在资本很密集,技术很先进的产业有比较优势和竞争优势。

发展中国家普遍的情形正好相反，通常是自然资源和劳动力相对丰富，资本极端短缺，资本的价格高。在资本密集型产业，最重要的成本是资本的成本，在发展中国家，如果资本的成本按照市场来决定会非常高，生产成本太高，这种产业在开放市场的竞争中活不了，就不能发展起来。

所以说，发展中国家的资本密集型产业发展不起来实际上并不是市场失灵，而是由其禀赋条件决定的。在这种状况下，把原因归结为市场失灵，然后用国家强制的资源动员来发展资本密集型的产业，就是拔苗助长。政府强力动员资源、配置资源，把这个产业建立起来，产业、技术水平看起来很高，但是，这样的产业在市场经济中，在国际竞争中，成本太高，没有保护补贴就活不了。一个国家能动员的资源总是有限的，靠政府强力动员可以把这些产业建立起来，但是要不断地给予保护补贴，保护补贴总是有走到尽头的时候，逐渐地，经济就开始停滞了，危机就来了。

许多发展中国家推行"休克疗法"效果不好的主要原因在于，"休克疗法"忽视了当时各种扭曲的存在是有其内在道理的。用经济学家的话讲，它是内生的。

这是因为转型前建立的产业是资本密集型的，是违反比较优势的，这就需要保护补贴。如果把存在的保护补贴一次性取消会有什么结果？这些企业会大量破产，破产以后有两个结果是不可接受的。其一是，大量破产会危害社会稳定、政治稳定，影响经济发展。其二是，当中有很多产业跟国防安全有关，没有这些产业就无法保障国防安全。乌克兰当时完全按照"休克疗法"进行改革，本来它可以生产航空母舰、大飞机、原子弹等。但在转型的时候推行"休克疗法"，政府不能给予补贴，这些国防产业经营不下去，导致国防安全得不到保障。

我在20世纪90年代的时候提出了一个概念，叫"政策性负担"，这些国有企业的政策性负担分为两种类型：一种是"社会性政策性负担"，就是指在计划经济时期，投资很多，但都是在资本很密集的产业，能够创造的就业机会非常少。但是政府要承担城里年轻人的就业，因此，本应该一个萝卜放一个坑，结果三个萝卜放一个坑，出现了大量的冗员，我称这种负担为"社会性政策性负担"。另一种是所发展的行业资本非常密集，不符合比较优势，企业没有自生能力，在市场经济中本来是建立不起来的。但是，出于国防安全的需要，把它建了起来，这是战略上的需要，所以我把它称为"战略性政策性负担"。

有政策性负担，就会有政策性亏损，政策性亏损该由谁负责？当然是该由政府负责，所以要给企业保护补贴。当然，政策性负担到底是多少，在没有市场竞争的状况下政府很难弄清楚，有信息不对称的问题，企业可以用政策性负担作为借口，有亏损时，就说政府的保护补贴不够，政府难以拒绝，就给更多的保护补贴，这就形成了预算软约束。

还有一个值得研究的问题是，是在企业国有的时候给的保护补贴更多，还是私有的时候给的保护补贴更多？按照产权理论，私有化了就不用给保护补贴了。可是按照我前面讲的政策性负担的理论推断，私有化以后，企业索要保护补贴的积极性会更大，而且会比在国有的时候多。因为私有化以后，保护补贴越多，私人老板越把得到的保护补贴看作个人收入，从而有更大的积极性去跟政府要钱。这种现象在苏联、东欧、拉丁美洲和非洲国家的转型中已大量出现，结果导致效率更低，腐败现象、收入分配差距大的问题更严重。

虽然按照当时的理论来看，渐进双轨的转型是最糟糕的模式，但这种发展方式认识到了这种扭曲是内生的，有其存在的合理性。一方面，通过继续给这些老的国有企业保护补贴以维持稳定；另一方面，通过新人新办法，在稳定的前提下，让符合比较优势的产业快速发展起来。而且，随着经济快速发展和资本的积累，原来不符合比较优势的产业变得符合比较优势，保护补贴从"雪中送炭"变成"锦上添花"，失去了存在的必要性，这种转型方式也给消除转型中的扭曲创造了条件。所以，渐进双轨是符合实际、比较好的转型方式，不管从理论上还是经验上来看都是这样。

总的来讲，现代经济学在认识发展中、转型中国家的问题上看起来好像很有力量，但是在改造发展中、转型中国家方面苍白无力。最主要的原因是现代经济学的理论总结自发达国家的经验，自觉不自觉地把发达国家的发展阶段作为前提，把发达国家的产业和制度看作最优的。只要与它不一样，就认为是扭曲的，需要改造的。这一点值得反思。从发展程度来讲，我们看到发达国家的产业非常先进，生产力水平非常高，发展中国家的产业通常是传统农业，或者资源型产业，生产力水平比较低。但是，我们没有认识到产业结构的内生性，没有认识到产业结构的差异是由于不同发展阶段及其禀赋结构所决定的比较优势不一样造成的。如果没有认识到这种结构的内生性，简单地认为发达国家当时的生产方式、生产力就是我们应该直接学习、发展的目标，在转型上没有认识到各种扭曲的内生性，就会导致很多好心干坏事的情形。

不仅在发展和转型上是这样，在经济运行上，这种对发展阶段结构差异的内生性没有足够认识的理论也经常会好心干坏事。举个例子，在经济中金融至关重要，金融就像血液，应该服务于实体经济。但是，现代金融经济学讨论的现代金融，指的大多是股票市场、风险投资、大银行、公司债、金融工程、金融创新，这些金融安排适合发达国家但未必符合发展中国家实体经济的需要。这是因为发达国家的产业和技术处在世界的最前沿，资本投入大，如果要继续发展，必须自己发明新的技术、新的产业，发明的投入和风险都非常大，为这样的实体经济服务的金融安排要能够动员大量的资本和分散风险。股票市场、风险资本、大银行、公司债，很适合这样的发展阶段的实体经济的需要。但是，发展中国家70%、80%甚至90%的生产活动是传统农业里的小农户，微型、小型、中型的制造业和服务业所需要的资本普遍不大，所用的技术一般是成熟的技术，生产的产品一般是成熟的产品，风险主要是这些经营者、企业家是否有经营能力、是否可靠，风险资本、股票市场、公司债放在这里是不合适的，是不能满足实体经济的需要的。简单照搬西方那套理论会导致我们无法应对发展和转型中的机遇和挑战。

这些年我从对中国改革和发展经验,以及其他发展中、转型中国家成功和失败经验的反思中认识到,西方主流经济学基本上都是总结自发达国家的经验,把发达国家的阶段作为暗含的前提,忽视了发展中国家和发达国家发展阶段和结构的差异性,这些理论在认识发展中国家的问题上似乎很有力量,但是,在改造发展中国家,帮助发展中国家发展和转型上则苍白无力,发展中国家需要有总结自发展中国家自己成败经验的理论,我提倡的新结构经济学就是基于这个认识的一个努力。

新结构经济学是以马克思历史唯物主义为指导,运用现代经济学的方法,研究在经济发展过程中的结构和结构变迁的决定因素及由此造成的影响。新结构经济学的研究内容包含发展问题,即从一个生产力水平比较低的结构转型到一个生产力水平比较高的结构;也包含转型问题,即从一个有很多扭曲的结构转变为一个没有扭曲的结构;同时也包含经济运行问题,即不同发展阶段经济有效运行的规律和方式。比如说,经济发展有赖于生产力水平不断提高,技术不断创新,产业不断升级,对发达国家来讲,它的技术、产业处在世界最前沿,它的技术创新、产业升级必须自己发明。所以,对发达国家而言,创新等于发明。发展中国家有些产业可能已经处于世界最前沿,对这些产业进行创新也需要发明,但是更多的产业是在世界前沿之内,对这些产业技术进行创新可以靠引进、消化、吸收。产业升级也是一样,可以靠进入附加价值比现在高的成熟产业来实现。所以，对不同发展程度的国家而言，创新可以有不同的方式。

按现代经济学的命名原则，用现代经济学的方法来研究结构和结构变迁的决定因素及其影响，应该取名为"结构经济学"。因为用现代经济学的方式来研究金融的理论叫金融经济学，研究农业的理论叫农业经济学，研究劳动力市场的理论叫劳动经济学，所以用现代经济学的方法来研究结构和结构变迁的理论，应该叫"结构经济学"。那为什么叫"新结构经济学"？因为发展经济学的第一代是结构主义，为了区别于结构主义，所以叫"新结构经济学"。这在现代经济学上也是一个惯例，例如"新制度经济学"是用现代经济学的方法来研究制度和制度变迁的理论，为了区别于19世纪末、20世纪初的制度学派而加了一个"新"字。新结构经济学的"新"是为了区别于原来的结构主义。

新结构经济学是马克思历史唯物主义基本思想在研究现代经济问题上的体现。历史唯物主义的基本原理是经济基础决定上层建筑，上层建筑反作用于经济基础。经济基础是由生产力和生产力所决定的生产关系共同构成的。生产力到底由什么决定？从新结构经济学的角度来看，实际上跟一个经济体的主要产业有关，如果这个经济体的主要产业是土地和劳动力都密集的传统农业，或者是劳动力很密集的轻加工业，那么这样的产业生产力水平就比较低。不仅生产力水平低，而且，这样的产业特性也决定了资本跟劳动力的关系。首先，这样的产业使用的资本非常少，雇用的劳动力非常多，劳动者的收入水平非常低，在温饱线上挣扎；

资本拥有者比较富有，在资本和劳动力的关系中就有比较大的影响力。如果一个经济体的主要产业是资本密集型的，这样的产业生产力水平比较高，而且，资本密集型的产业中使用的资本非常多、劳动力相对较少，使用的劳动力通常需要较高的人力资本，其收入水平高，自我保障能力强，资本家对劳动者的控制是比较小的。

决定一个国家以劳动密集的产业还是以资本密集的产业为其主要产业的，是它的发展程度以及相应的要素禀赋和其结构。一个落后的国家通常是自然资源或劳动力相对较多、资本相对短缺，具有比较优势的产业，不是资源相对密集的就是劳动力相对密集的产业，生产力水平较低，劳动力跟资本的关系就像前面讨论的。到了比较高的发展阶段，资本积累多了，劳动力变得相对短缺，具有比较优势的产业是资本密集型的产业，生产力水平较高，劳动力和资本的关系也如前所述。

新结构经济学就是以一个经济体在每个时点给定的要素禀赋结构作为分析的切入点，来研究不同发展阶段的国家作为经济基础决定生产力水平的产业和技术的决定因素，以及作为上层建筑影响交易费用的各种制度安排如何决定于作为经济基础的产业和技术。

现代主流经济学一般是从发达国家有什么来看发展中国家缺什么，以及从发达国家什么东西能做好来看发展中国家什么东西做不好，于是给出的政策就建议发展中国家去拥有发达国家拥有的，做发达国家能做好的。虽然出发点很好，但是忽视了我前面讲的内生性问题，结果经常是好心干坏事。新结构经济学正好相反，它是看发展中国家自己有什么，根据自己有的能把什么东西做好，然后在市场经济中靠政府的因势利导，把能做好的做大做强，这样可以一步一脚印，积小胜为大胜，小步快跑，赶上发达国家。

为了抓住机遇、克服挑战、创新发展，积极适应新时代的要求，我们必须不断总结我们的经验，提出能够指导我们发展的理论。实际上，中国改革开放以后的发展可以说是人类经济史上的奇迹。所谓奇迹就是不能用现有的理论来解释的现象。但是，任何成功背后一定有道理，把这个道理讲清楚，就是一个理论创新。正如习近平总书记所讲的，这是一个需要理论，也必然产生理论的时代；这是一个需要思想，也必然产生思想的时代。中国这70年的发展经验，可以说是一个理论创新的金矿。如果我们能把这些经验总结成新的理论，不仅有助于我们自己在未来把握机遇，克服挑战，也可以帮助其他发展中国家实现现代化的梦想。

二战以后，发展中国家普遍摆脱了殖民地半殖民地的地位，这些新的发展中国家跟我们有共同的追求，都希望实现民富国强，也普遍有我们原来有的拿来主义的想法，认为发达国家之所以强大一定有道理，把发达国家的道理拿来改造自己，就可以和发达国家比肩齐进。但是，理论都有前提条件，这样的认识在自然科学理论方面没有问题，因为自然科学的前提条件在任何地方都是一样的。但是，社会科学的理论必然会以产生该理论的国家的发展阶段和社会、经济制度安排为明的或暗的前提，无法做到放诸四海而皆准。

我们要总结自己的经验，提出新的理论，这样才能更好地实现"认识世界、改造世界"的目的。发展中国家的条件、机遇和挑战比较相似，我们提出的理论，对其他发展中国家会有比较大的参考借鉴价值。来自中国的理论不仅能够比较好地指导我们自己的实践，对其他发展中国家的实践也有比较好的参考借鉴价值，这有利于分享中国智慧、中国方案，增强中国话语权，提高中国的软实力，有助于人类命运共同体所追求的百花齐放春满园目标的实现。

我把中国目前的产业分成几个类型：第一类是追赶型产业，我们国家有，发达国家也有。但是，我们的产品技术水平比较低。比如，同样一部机器设备，发达国家卖500万美元，我们卖100万美元，我们还在追赶。第二类是领先型产业，发达国家基本已经退出，我们这个产业在国际上已经处于领先地位。比如家电产业，华为的手机，这些基本上在国际上是领先的。第三类是转进型产业，过去我们有比较优势，比如劳动密集型的加工业，但是随着资本积累，工资水平上升，我国已经失掉了比较优势。第四类是换道超车型产业，这个产业有个特性，它是新的，产品研发周期特别短，可能一年、一年半就是一个新产品周期。这种产业以人力资本的投入为主，我们跟发达国家相比没有什么劣势，可以直接竞争。第五类是战略型产业，它的特性跟第四类产业正好相反，产品的研发周期特别长，需要投入高人力、高金融和物质资本。比如,有些核心芯片的研发周期就特别长。这类产业包含两类,一类是战略性新兴产业,技术很先进,研发周期长,但是方向很明确,如果我们现在不研发,将来主要技术都被国外占领了,我们要进入就会有各种障碍,甚至会影响到我们的经济安全;另一类是和国防安全有关的产业,比如新型导弹、新型飞机、航空母舰,研发周期一般是二三十年或更长时间,但是不研发就无法保障国防安全。

上述几类产业的特性不一样,市场失灵的地方不一样,需要政府因势利导的地方也不一样。

追赶型产业需要克服引进新技术、吸收新技术的障碍,这类产业通常不需要政府给予补贴,但是政府应该在职工的技能教育、金融上面为产业创造条件。

领先型产业的技术已经处在世界的前沿,市场的发展前景还很大,必须自己研发新技术、新产品。研发包含两部分,一个是基础研究,一个是开发新产品、新技术,后者成功了可以申请专利,企业会有积极性,国家不需要怎么帮助。但是,开发是建立在基础科研上的突破,基础科研投入大、风险高,企业不愿意做。可是如果不做基础科研,开发就是无源之水。所以政府必须在基础科研上给予帮助,发达国家都是这么做的。政府可以用在基础科研上的资金有限,必须战略性地使用可以用来支持基础科研的资金,瞄准对国家的发展有最大贡献的产业。

转进型产业已经失掉比较优势,有一部分企业可以升级到附加值比较高的建立品牌、产品研发和市场管理等微笑曲线的两端，另一部分企业可以将生产转移到其他工资水平比较低的地方去。对于前者，政府要做的主要是设计人才、市场管理人才的教育培养；对于后者，政府要做的是帮助企业解决投资保护的问题，例如抱团出海。

对于换道超车型产业，我们在人力资本上和发达国家相比有比较优势，而且我们有巨大的国内市场。我们可以跟发达国家直接竞争，政府要做的是设立孵化基地、鼓励风险投资等。

对于战略型产业，没有它就无法保障经济安全或国防安全，这类产业需要政府给予补贴和保护。但是，跟过去不同，现在战略型产业在我们整个经济中所占的比重不高，可以用政府财政资金直接进行补贴，不需要靠价格扭曲的方式来实现。

所以，财政政策在助推产业发展上，不能一概而论。新结构经济学的一个很大的特性是，在谈各种问题的时候一定要把它的结构特性搞清楚，产业的特性是什么，在这种产业中，对于企业家自己能做的，政府就要放手让企业家去做，对于企业家不愿意或不能做的，政府就要给予支持。

我觉得经济学家要多研究现实问题，在遇到现实问题时不能简单地照搬国外理论，而要直接去了解问题的本质是什么，它的决定因素是什么，解决问题的有利条件是什么，限制条件是什么。这样的研究可以对解决当前的问题做出贡献，也可以对理论的发展做贡献。

在研究这些问题的时候，要摆脱现在西方的主流理论，我并不是说这种理论不好，它总结自发达国家的经验，在解决发达国家的问题时有一定的价值。但是，如果直接照搬发达国家的理论，经常会有很大的局限性。比如，2018年罗默获得诺贝尔奖的原因是提出了内生增长理论，他认为发达国家的经济不断发展，需要靠技术不断创新，发达国家的技术创新必须靠自己进行发明，发明需要资本和人力资本的投入，发达国家不缺资本，因此，限制其技术创新的主要是人力资本，人力资本的积累主要来自教育，因此，罗默的理论认为决定一个国家发展程度的是教育水平的高低。这些年来发展中国家的教育投入增加了许多，但是，增长率普遍没有提高，原因是发展中国家的发展不仅受到人力资本的制约也受到物质资本的制约。如果物质资本的积累没有跟上，人力资本的积累经由教育单兵突进，就会导致具备较高教育水平的人才在国内找不到工作，人才外流，甚至会因为一部分人找不到工作而引发社会动荡等。

所以，我们首先需要了解自己的发展阶段，自己有什么，根据自己有的能把什么做好，创造条件把能做好的做大做强。

现代经济学的结构革命[①]

习近平总书记在2016年5月17日召开的哲学社会科学工作座谈会上的重要讲话中指出:"哲学社会科学的特色、风格、气派,是发展到一定阶段的产物,是成熟的标志,是实力的象征,也是自信的体现……要按照立足中国、借鉴国外,挖掘历史、把握当代,关怀人类、面向未来的思路,着力构建中国特色哲学社会科学,在指导思想、学科体系、学术体系、话语体系等方面充分体现中国特色、中国风格、中国气派。"在同一讲话中,习近平总书记指出:"我国是哲学社会科学大国,研究队伍、论文数量、政府投入等在世界上都是排在前面的,但目前在学术命题、学术思想、学术观点、学术标准、学术话语上的能力和水平同我国综合国力和国际地位还不太相称。"

习近平总书记所指出的这一现象在我国经济学科上尤为突出,自1978年改革开放以来,经济学成为我国哲学社会科学中

---
① 本文根据林毅夫在长安街读书会活动中的发言整理。

的显学，每年大学招收的经济学专业本科生和研究生人数在哲学社会科学门类中占比较大，2018年一年招收的本科生就达23.95万人、硕士生3.2万人、博士生0.3万人，各大学在经济学科上的师资、研究力量和经费的投入也最大。不过我国目前经济学科的指导思想、学科体系、学术体系、话语体系等方面仍以盛行于西方的主流经济学理论，尤其是美国的主流经济学理论为主，尚未体现中国特色、中国风格、中国气派，在教学上所用的教科书直接翻译自美国等西方大学通用的教科书或以美国通用的教科书为蓝本来编写，在研究上则以西方主流理论来解释中国存在的问题或以中国的数据来检验西方的理论，缺乏属于中国自己的学术命题、学术思想、学术观点、学术标准、学术话语。

经济学作为社会科学理论中的一个门类，和自然科学的理论一样，它的作用不仅在于帮助人们认识世界，更在于帮助人们改造好世界。理论只要逻辑严谨，就能言之成理，然而，是否能够达到改造好世界的目的，取决于理论因果逻辑赖以成立的明的和暗含前提条件是否也存在于要改造的真实世界的现象中。美国等西方大学的教科书所教的理论总结于西方发达国家的经验，自觉不自觉地以西方发达国家的发展阶段、社会、经济、政治、文化等为其理论的前提条件或暗含前提条件，我国作为发展中国家的条件与此不同，把发达国家的这些理论运用于我国和其他发展中国家常常会遭遇"淮南为橘，淮北为枳"的困境。二战以后摆脱殖民地半殖民地地位的200多个发展中经济体的社会精英，面对富强的西方发达国家，觉得其成功必有道理，只要把那些富强之道学会了就能改造好自己的国家，然而，在这种"西天取经"心态的指导下，经过将近三代人的努力，绝大多数发展中国家仍然深陷贫困和中等收入陷阱。我国改革开放以后以"解放思想、实事求是"的哲学思想为指导采取的渐进的双轨制转型，以及二战以后少数几个成功追赶上发达国家的东亚经济体采取的出口导向政策，从当时西方主流的新自由主义转型理论和结构主义发展理论来看却是错误的。遵循主流理论制定政策的国家陷入了失败，少数成功的国家其政策从主流理论来看是错误的，原因在于发展中国家和转型中国家的条件不同于作为这些主流理论来源的发达国家。

虽然西方发达国家的理论在指导发展中国家的发展和转型时屡屡失败，但是，这些理论带有发达国家的光环，受到这些理论熏陶的发展中国家知识界、舆论界精英面对自己国家存在的问题时，容易戴有色眼镜，不实事求是地去寻找问题的根源，对症下药，而是不自觉地对号入座，套用来自发达国家的理论作为解决问题的方案。在屡遭失败以后，这些人产生了恨铁不成钢的心态，忽略了历史唯物主义所揭示的"经济基础决定上层建筑，上层建筑反作用于经济基础"的根本道理，把自己国家的各种挫折简单归因于不具备发达国家拥有的"先进"制度，当在一些偶发因素的刺激下出现了尖锐的社会矛盾时，就容易上纲上线，爆发出像阿拉伯之春和东欧颜色革命那样的历史性倒退事件。唯成乃真知，发展中国家亟需根据经济发展的本质，总结于发展中国家自己的发展经验，以及属于自己的，能够反映发展中国家的阶段特性，能够指导发展中国家"认识世界、改造好世界"的理论。

中华人民共和国成立以后，尤其是改革开放以来，经济发展实现了人类历史上不曾有过的奇迹。我国现在已经是世界第二大经济体、第一大贸易国，自 2008 年国际金融经济危机爆发以来，每年为世界经济贡献 30% 左右的增长，到 2025 年前后我国将成为二战结束以来第三个从低收入进入高收入的经济体，届时将使生活在高收入国家的人数从现在占世界人口比重的 15% 增加到 34%。这个成绩不是根据本本主义，而是根据实事求是这个马克思主义中国化的精髓不断探索前进而取得的。就像习近平总书记在 2016 年 5 月 17 日的哲学社会科学工作会议上所讲的，我国已经到了可以总结自己的经验来构建自己的"学术命题、学术思想、学术观点、学术话语"，构建能够彰显"中国特色、中国风格、中国气派"的新的经济学理论体系的阶段。以这样的新的理论来教育我们的学生，才能使我们的学生真正了解我国经济发展取得成绩的原因，仍然存在一些不足和问题的根源，以及解决这些问题的方向和所需付出的努力，只有以这样的理论来教育青年，才能够实现"认识世界、改造世界"目标的统一，齐心协力为中华民族的伟大复兴做贡献。同时，我国作为一个发展中国家和其他发展中国家有相似的历史、命运、追求和条件，来自我国的经济学理论体系也将比来自发达国家的理论体系更有助于其他发展中国家实现工业化、现代化，推动这样的理论创新能够贡献于共享繁荣的人类命运共同体的实现。所以，这也是我国成熟的标志、实力的象征和自信的体现。

我 1982 年在北京大学经济系获得了政治经济学社会主义专业硕士学位，接着到美国芝加哥大学攻读博士学位，1986 年以《中国的农村改革：理论与实证》为论文题目获得了博士学位，随后到耶鲁大学经济增长中心做了一年博士后，1987 年回国，在中央农村政策研究室、国务院农村发展研究中心下属的发展研究所从事改革发展研究。1988 年我国爆发了新中国成立以来最为严重的通货膨胀，在参与政策讨论时，我从我国政府不以主流理论所主张的提高利率手段，而是以治理整顿、砍投资砍项目的行政手段来治理，悟出了理论的适用性取决于理论的前提条件的道理。我国当时存在大量违反比较优势，缺乏自生能力，但关系国防安全、国计民生和就业的资本密集型大型国有企业，其生存有赖于通过银行的低息来暗补，若提高利率，这些企业的亏损就会增加，为了使其生存下去只能依靠政府的财政来明补，政府的赤字增加则只能靠增发货币来弥补，其结果则是新一轮的通货膨胀。在此限制条件下，看似不合理的政策反而是最合理的选择，其措施和主流理论主张的提高利率不同是因为，发达国家不存在大量需要补贴才能生存的违反比较优势但关系国防安全、国计民生和就业的企业。自那以后，我就不以学来的发达国家现有的理论来思考我国的问题，而是在面对我国的现象时以一种"常无"的心态，来理解谁是某个现象背后的主要决策者，解决问题要达到什么样的目标，可以动用什么资源，有哪些不可逾越的限制条件，有哪些可供选择的方案，在可选方案中哪个是达到目标的最好选择。1993 年我转到北大任教。1994 年，我和蔡昉、李周合作出版了《中国的奇迹：发展战略与经济改革》，此书的研究起始于对 1988 年通货紧缩治理的探索，此后逐步深化到我国改革开放方方面面的问题，形成了一个一以贯之的分析我国和其他发展中国家经济发展和转型的理论体系，并且，在中国崩溃论不绝于耳的国际舆论环境中，我们在书中预测了只要我国坚持"解放思想、实事求是、与时俱进"的哲学观，不断深化双轨渐进的改革开放，经济就能取得稳定和快速发展，我国的经济规模按购买力平价计算在 2015 年可以超过美国，按市场汇率计算，在 2030 年也能够超过美国成为世界第一大经济体。第一个预测已经在 2014 年得到印证，第二个预测则成为现在多数国际机构的共识，这本书中所提出的改革主张也和后来的具体措施若合符节。

2008 年我出任世界银行高级副行长兼首席经济学家，成为发展中国家担任此要职的第一人，这让我有机会走访许多发展中国家，和其政府领导人、各界精英以及平民百姓深入接触，了解到各个发展中国家的领导人都有为官一任、造福一方的意愿，社会精英都有贡献所学于自己国家的现代化的情怀，平民百姓则有经由自己的努力使自己和子女过上好日子的愿望，但是将近三代人的努力屡遭挫折，和发达国家的差距越来越大。二战以后，为了帮助发展中国家发展经济，减少贫困，国际上成立了各种多边和双边的发展机构，这些发展机构和其工作人员，都把帮助发展中国家发展经济、消除贫困作为首要任务。但是，当我到世界银行上任时，如果把中国改革开放以来减少的 7 亿多贫困人口刨除掉，世界贫困人口不仅没有减少反而还在增加。根据我在世行工作的观察，发展中国家的政府、社会精英以及国际发展机构的工作人员，接受的教育都是西方主流经济学的理论，并以此理论为指导来制定各种政策，用心良苦，但结果经常事与愿违。思路决定出路，要改变发展中国家的命运，需要有一套总结于发展中国家自己的成功和失败经验，构建在发展中国家自身条件基础上的理论。

2008年6月我到世界银行上任，9月即爆发了自20世纪30年代以来最为严重的国际金融经济危机，这给反思当时占主流地位的新自由主义提供了一个难得的机会。2009年6月我在世界银行工作一周年，借此之机，召开了一个内部研讨会，在会上我对二战以来的发展理论进行了反思，介绍了30多年来我在研究中国和其他发展中国家发展和改革成败经验的基础上形成的理论体系，并正式将此理论体系命名为"新结构经济学"。2010年我应耶鲁大学经济增长中心的邀请去做一年一度的库兹涅茨讲座，以《新结构经济学：一个反思发展的理论框架》为题发表演讲，演讲稿次年发表于《世界银行经济观察》第26卷第2期，这是新结构经济学的提法首次正式出现在学术期刊上。2012年6月世界银行任满回国前，我将多年研究新结构经济学相关问题的论文结集成册，以《新结构经济学：反思经济发展与政策的理论框架》为名，英文版交由世界银行出版社、中文版交由北京大学出版社出版。

新结构经济学以我国和其他发展中国家的实践经验为基础，以"经济基础决定上层建筑，上层建筑反作用于经济基础"的马克思历史唯物主义为指导，用现代经济学的方法来研究一个经济体经济发展过程中的结构，也就是决定生产率水平的产业和技术以及决定交易费用的硬的基础设施和软的制度安排的决定因素和影响。主流经济学是以发达国家的经济基础和与其相适应的制度安排为暗含前提来研究经济发展与运行的，但是，发展中国家的发展阶段和发达国家不同，资本短缺的要素禀赋结构特性决定了发展中国家具有比较优势的产业和技术是以生产力水平较低、规模经济较小的农业，自然资源产业以及劳动密集的制造业和服务业为主，市场范围小，所需基础设施有限，从历史唯物主义的视角来看，与其相适应的作为上层建筑的制度安排和经济发展、运行的规律和原则，也和资本相对丰富、在资本密集的产业和技术上具有比较优势，生产力水平高，规模经济大，市场范围广，基础设施的需求多的经济体的制度安排有所差异，并由此决定了发展中国家和发达国家的经济运行虽然有共性，但也由于结构的差异而有殊性。按现代经济学的命名方式，新结构经济学既然是以一个经济体的结构和结构变迁的决定因素和影响为研究对象，应该取名为"结构经济学"，但为了区别于第一代发展经济学——结构主义，故取名为"新结构经济学"。

由于缺乏历史唯物主义的视角，西方主流经济学以发达国家现在拥有的结构为唯一的、（并经常认为是）最理想的结构，以此作为参照系，把发展中国家的问题都映射到发达国家的结构平面上来分析，在这种分析框架中，发达国家和发展中国家只有量的差异，没有质的区别，发展中国家和和发达国家所有的不同，都被认为是外生的落后和扭曲，这种理论实际上是一种只有一个结构平面的二维的经济学。以此理论为视角来看发展中国家存在的问题时，既站住了道德的制高点，也总能说得头头是道，但是在解决发展中国家的问题时则经常显得苍白无力。新结构经济学继承了历史唯物主义的精髓，主张不同发展程度的国家有不同的生产力、生产关系和上层建筑的结构，每个结构是一个不同的平面，新结构经济学是一种由多个结构平面组成的三维的经济学。在这个理论体系中，从一个较低生产力水平的结构向较高生产力水平结构的升级属于发展经济学的研究范畴，从一个有内部扭曲的结构向没有扭曲的结构的转变属于转型经济学的研究范畴。并且，每个国家在各自结构平面上的经济运行，既有不随发展水平而异的共性，也有和各自发展阶段相关的殊性，这种殊性贯穿于主流经济学所研究的财政、货币、金融、产业组织、教育、劳动力市场、环境、空间布局等现代经济学的各个子学科。从这个意义来讲，新结构经济学的理论创新以发展经济学为切入点，但引入各个发展阶段结构的内生差异性以后，它实际上是对现代经济学的一场结构革命。

习近平总书记早在 2001 年发表于《福建论坛·经济社会版》（现用名《学术评论》）第 9 期上的《发展经济学与发展中国家的经济发展——兼论发展社会主义市场经济对发展经济学的理论借鉴》一文中就指出，"我们向以西方经济学为基础的发展经济学寻求理论借鉴，并不仅仅是为了在指导社会主义市场经济发展上得到一定启示，受到某些帮助，更为重要的是通过这种学习、借鉴，能够在我们已经具有的经济、政治、文化、历史、哲学等传统的基础上，创立一门社会主义的发展经济学，这是历史的呼唤、时代的期盼，我们期望着社会主义发展经济学能够'花开枝头'、'红杏出墙'"。不仅发展经济学如此，我们向西方主流经济学学习、借鉴，同样是为了能够在我们已经具有的经济、政治、文化、历史、哲学等传统的基础上，创立一门属于我国自己的经济学，新结构经济学就是为了回应这个历史呼唤所做的努力，并且，自2009年正式提出以来，已经初步显现了"花开枝头"、"红杏出墙"的影响。我根据新结构经济学的理论视角写成的（在英国剑桥大学出版社和美国普林斯顿大学出版社出版的）7本英文专著获得了斯蒂格利茨等13位诺贝尔经济学奖得主写的18篇推荐序，其中，《经济发展与转型：思潮、战略与自生能力》一书获得了5位诺奖获得者的推荐，创造了剑桥大学出版社的一个纪录。我个人也荣膺英国科学院外籍院士和发展中国家（原第三世界）科学院院士。并且，新结构经济学提出的经济发展、转型和运行需要"有效市场和有为政府"两只手有机结合、共同发力的主张在埃塞俄比亚、卢旺达、塞内加尔等非洲国家的实践中已经产生了立竿见影的效果。难能可贵的是，已经越过高收入国家门槛的波兰，在2016年10月于议会选举中获得过半数席位的法律公正党执政后，其副总理兼财政部部长和发展部部长莫拉维茨基代表政府正式撰文，在报上宣布以新结构经济学作为其发展计划的理论基础，并且，取得了喜人的成效。波兰人口占欧盟的10%，2017年制造业创造的就业占欧盟的80%，一举解决了长期困扰波兰的就业问题，莫拉维茨基已于 2018 年 12 月升任波兰总理。非常有幸，莫拉维茨基总理为我和波兰华沙大学管理学院院长阿洛伊兹·诺瓦克教授主编的《较低水平发达国家的新结构经济学》和《开放市场经济中的新结构政策》两书做了长序，高度评价新结构经济学并解释了波兰为何要以新结构经济学作为其发展计划的理论基础。

在中央、国务院和教育部有关领导的支持下，2015 年北京大学成立了新结构经济学研究中心（2018 年升格为研究院），后来清华大学、浙江大学、武汉大学、华中科技大学、华中政法财经大学、吉林大学、西安交通大学、西藏大学等国内十余所大学和波兰的华沙大学也相继成立了新结构经济学研究中心，国内还有近 20 多所大学准备于近期成立相同的中心。在北京大学新结构经济学研究院的倡导、联合国开发总署以及联合国南南合作办公室的支持下，2016 年成立了"经济结构转型研究国际联盟"，共有来自 3 个国际多边机构、10 个发达国家的研究机构和 22 个发展中国家的研究机构成为会员单位，秘书处常设于北京大学新结构经济学研究院。另外，北京大学和清华大学的新结构经济学的本科生通选课已经开设多年，今年（2019 年）秋季在高等教育出版社的支持下出版的教科书性质的《新结构经济学导论》（试行本），对新结构经济学的理论体系做了全面的介绍，今年 8 月国内的 110 所高校、海外 10 所高校的 150 多名教师和 70 名博士生参加了在北大举办的教学研究师资培训班，国内外有更多大学将于来年开设《新结构经济学》的课程。北京大学新结构经济学研究院已经在去年开始独立招收新结构经济学的博士研究生，北京大学经济学院将于今年秋季开设"新结构经济学实验班"，作为本科生经济学教育内容改革的试点。

习近平总书记在2016年哲学社会科学工作会议上指出："这是一个需要理论而且一定能够产生理论的时代，这是一个需要思想而且一定能够产生思想的时代。我们不能辜负了这个时代。"作为经济学理论工作者，不辜负时代给予我们的机遇，进行理论创新是一个责任，新结构经济学是在这方面所进行的一个努力。一个新的理论体系的提出需要国内外几代人的共同努力，我期盼国内外大学、研究机构有更多经济学工作者、爱好者来从事新结构经济学理论研究的深化和拓展，把这场结构革命引向现代经济学的各个子学科，并以新的学术成果来教育培养莘莘学子，使他们有能力认识世界，改造好世界，成为中国和各个国家的发展和共享繁荣富足的人类命运共同体的建设者。

坚持实事求是的理论创新[1]

回顾历史，西方主流经济学理论在用于指导发展中国家发展时屡屡失败。相比之下，中国探索出了适合自身国情的发展道路，创造了人类经济史上不曾有过的发展奇迹。面向未来，不管面对什么挑战，我们都要始终坚持解放思想、实事求是，通过观察和分析新现象研究其背后的本质和逻辑，通过自主理论创新来指导实践，应对挑战。

美国挑起中美经贸摩擦，给中国经济发展带来了新挑战。面对美国的种种不实指责，有必要回顾一下二战后发展中国家的发展历程，总结西方主流经济学理论运用于发展中国家却遭到失败的教训，提炼中国和其他少数实现追赶的发展中国家的成功经验。

---

[1] 本文根据林毅夫发表于2019年6月12日《人民日报》的文章整理。

二战后发展中国家的艰难发展

二战以后，很多发展中国家摆脱了殖民统治，开始追求现代化。因应这个需要，西方主流经济学发展出了一个子学科——发展经济学。第一代发展经济学理论又被称为"结构主义经济学"，它主张发展中国家实现民富国强就要发展同发达国家一样先进的现代化大工业。民富就是收入水平要跟发达国家一样高，那就必须有跟发达国家一样高的劳动生产率、一样先进的技术和产业；国强就要有先进产业和先进军事装备。因此，结构主义建议发展中国家把发展现代化的先进产业作为目标。但实际上，发展中国家根本无法通过市场发展起那些现代化产业，它们只能依靠政府直接动员和配置资源，以进口替代的方式来推进产业发展。

虽然这种发展方式可以让发展中国家在一穷二白的基础上迅速建立起现代化工业体系，甚至在部分领域取得了不起的成绩，但实行这种发展方式的国家，经济发展成绩并不好，尤其是人民生活水平长期得不到提高。比如，受当时西方主流经济学理论影响的一些拉丁美洲、南亚、非洲国家，虽然其工业建设取得了一定成绩，但人民生活并没有得到多大改善，仍然面临经济发展停滞和各种危机。包括中国在内的实行计划经济体制的社会主义国家也面临经济发展速度不快、人民生活水平不高的问题。而东亚少数经济体从传统的劳动密集型工业开始，以出口导向的方式发展经济，实现了持续快速发展。然而，这种发展战略从当时主流的结构主义理论来看却是错误的。1978年底，中国实行改革开放，开始从计划经济体制向社会主义市场经济体制转型。20世纪八九十年代，苏联、东欧一些社会主义国家和拉丁美洲、南亚、非洲的很多发展中国家也相继从计划经济或政府主导的进口替代经济向市场经济转型。于是，"转型"成为发展中国家发展的一个新潮流。事实证明，转型的指导思想不同、方式不同，其结果也天差地别。

中国的快速发展和转型经验

怎样实现向市场经济体制转型？这是摆在当时很多发展中国家面前的一个重大问题。

20世纪80年代，在结构主义失败后，同样源于西方国家的新自由主义成为国际主流思潮。很多发展中国家是在新自由主义思想指导下进行转型的。这一思潮认为，发展中国家要向市场经济体制过渡，就必须一次性建立起市场经济所必需的制度安排，包括价格市场化、国有企业私有化、宏观稳定化。"三化"必须以休克疗法同时推进，如果只推进其一或其二，那么结果可能会更糟。根据新自由主义的主张形成的改革方案，被称为"华盛顿共识"。众所周知，这种休克疗法给诸多国家甚至苏联那样的大国带来了巨大灾难。

中国从1978年开始的经济转型并没有遵循"华盛顿共识"，而是在我们党的领导下以解放思想、实事求是的方式推行渐进式改革。这种转型方式一方面给原来优先发展的资本密集型国有企业提供了转型期的保护补贴，另一方面放开了劳动密集型产业的准入，培育和开辟了市场。我们还设立了经济特区、出口加工区等，在破解基础设施和营商环境瓶颈的同时，有效降低新生的民营企业的交易成本，使其蓬勃发展起来。

在新自由主义看来，像中国这种既有市场调节又有政府干预资源配置的渐进双轨制是最糟糕的，甚至比原来的计划经济还差。因为计划和市场并存，政府干预的计划价格比较低，市场价格比较高，就会产生套利空间，衍生出腐败和收入差距扩大问题。因此，西方主流经济学坚决不认可中国的渐进式改革，"中国崩溃论"不时甚嚣尘上。但是，中国经济一直保持快速发展。随着资本不断积累，中国资本密集型产业逐渐具有比较优势，取消补贴水到渠成，计划经济与市场经济最终并轨。

事实证明，中国采取的渐进式改革是成功的。改革开放以来，中国经济不仅快速发展，而且成为同期世界上唯一没有发生金融经济危机的国家。而那些根据"华盛顿共识"来推进经济转型的经济体，绝大多数都出现了经济崩溃、停滞、危机，而且腐败、贫富差距大等问题非常严重。其他少数几个在转型中维持稳定并取得发展的国家，推行的同样是这种渐进的转型。

西方主流经济学理论为何在发展中国家屡屡失败

中国与绝大多数其他转型国家经济发展成就的巨大反差，让经济学者不得不认真思考：理论的作用是为了帮助我们认识世界和改造世界，为什么西方主流经济学理论看起来逻辑清晰，用起来却屡屡失败？

最主要的原因是这些理论来自发达国家，以发达国家为参照系，忽视了发展中国家与发达国家的差异。例如，发展中国家的产业通常是劳动密集型或资源密集型的，生产力水平较低；发达国家的产业则主要是资本密集、技术先进的产业，生产力水平较高。这种产业结构的差异性是内生的，是二者的比较优势不同造成的——发达国家资本相对丰富，劳动力相对短缺，发展中国家资本相对短缺，劳动力或自然资源相对丰富。

在开放竞争的市场中，一国若着力发展本身没有比较优势的产业，其结果必然是企业缺乏竞争力，离不开政府的保护和补贴。但二战以后形成的西方主流发展理论对此缺乏充分认知，导致结构主义理论给出的发展重工业的建议如同拔苗助长。新自由主义忽视了原来所存在的扭曲内生于维护不符合比较优势产业的需要，其所主张的全面消除政府干预，实行市场化、私有化、宏观稳定化改革的休克疗法也必然惨遭失败。因为一旦"三化"同步实行，原来那些不符合比较优势的产业和国有企业就无法在市场上生存，大量企业会因此破产，大量工人会失业，造成社会不稳定和政治不稳定，经济崩溃也就在所难免。

20世纪90年代，笔者就曾和国内外许多经济学家有过争论。当时一些人的看法是，国有企业之所以效率低、享受国家补贴，是因为企业是国有的，因此，国有企业要进行私有化改革，取消补贴，提高效率。其实不然，许多大型国有企业承担着维护国防安全、保障国计民生等重大责任，私有化只会带来更高的补贴。因为私有化以后，企业会以同样的理由向国家要保护、要补贴。当时这种看法只是理论推论，如今已在很多发展中国家得到了大量事实证明。

相比之下，在中国推行的渐进式改革中，由于对原来缺乏比较优势、缺乏竞争力的企业继续给予转型期的保护补贴，所以维持了经济与社会大局稳定。同时，政府对于符合比较优势的劳动密集型产业放开准入，还积极因势利导，促进了经济快速发展。随着资本快速积累，原来不符合比较优势的产业逐渐具备了比较优势，对国有企业的补贴也逐渐减少，为进一步消除政府对经济的直接干预创造了必要条件。

很多西方经济学理论讲起来头头是道，但用于指导发展中国家经济发展实践屡屡失败，类似的情况并不鲜见。例如，金融对现代经济运行至关重要，但西方主流经济学教科书里讨论的金融制度安排一般只对发达国家适用，比如大银行、风险资本、公司债等适合于发达国家资本密集、生产经营活动需要大量资金、资本投入风险较大的情况。但对发展中国家来说，绝大多数生产活动集中在中小微企业和农户，需要的资本规模非常小，风险也主要集中在经营者的能力和信用上。如果按照西方主流经济学教科书的主张去做，引进大银行、风险资本、公司债等，就会造成金融体系与实体经济不匹配，导致金融没有办法服务实体经济。

关键在于实事求是进行理论创新

回溯 70 年来中国经济发展历程与西方主流经济学理论在各国经济发展实践中的应用，不难发现，西方主流经济学一般把发达国家的经济结构作为外生给定的最优结构，忽视了不同发展程度国家经济结构差异的内生性。若将其主张用于发展中国家经济改革实践，就会遭遇"淮南为橘，淮北为枳"的困境。

经济学理论要在发展中国家发挥认识世界、改造世界的作用，就要推进理论创新，以充分反映发展中国家和发达国家的经济结构差异。新的理论只能来自新的实践，中国过去 70 年的发展实践就是推进理论创新的金矿。改革开放前，中国经济发展程度同一些发展中国家相比并没有多大差异，但在 40 多年改革开放中，中国探索出了适合自身国情的发展道路，创造了人类经济史上不曾有过的发展奇迹。

所谓奇迹，就是不能用现有理论解释的现象。如果用西方经济学理论来看中国，到处是问题，只要中国经济增长速度稍微放慢一点儿，国际学界和舆论界就会出现"中国崩溃论"。但实际上，中国经济不仅没有崩溃，还一直保持稳定快速发展，而且也不曾出现过系统性金融经济危机。显然，改革开放以来的中国发展奇迹非常值得我们去探寻其中蕴藏的新道理。正如习近平同志 2016 年在哲学社会科学工作座谈会上的重要讲话中所指出的那样，"这是一个需要理论而且一定能够产生理论的时代，这是一个需要思想而且一定能够产生思想的时代。我们不能辜负了这个时代"。

把中国的改革与发展经验作为理论创新的来源,最重要的是了解中国作为一个发展中国家同发达国家的结构差异性在哪里,是什么因素造成的。同时,也要了解这些内生差异性对经济运行、经济政策制定和实施的影响是什么,这种思考是马克思主义的"经济基础决定上层建筑,上层建筑反作用于经济基础"等研究范式在现代经济学研究上的运用。经济学家应当知道,理论创新只有把握住一种现象的内生性,才能帮助人们达到认识世界和改造世界两个目标的统一。

今后,中国的发展还会遇到像中美经贸摩擦、技术革命、金融风险、国际格局不确定性等新的挑战。但不管面对什么挑战,我们都不能盲目崇拜西方理论,而是要始终坚持解放思想、实事求是,通过观察和分析新现象研究其背后的本质和逻辑,通过自主理论创新来指导实践,应对挑战。

新结构经济学的机遇和责任[①]

尊敬的吴岩司长，各位领导、各位学界的朋友：

大家上午好！我作为这次师资培训班主办单位之一的负责人，欢迎各位来参加这次的师资培训班。同时，我作为新结构经济学理论的倡导者、推动者，感谢各位来参加这次的师资教学研究的培训班。

提出新结构经济学这样一个理论体系，实际上是为了落实总书记的讲话要求。2016年5月17号，总书记主持了哲学社会科学工作座谈会，我有幸作为经济学界的代表聆听了总书记的讲话，这次座谈会让我印象非常深刻。总书记说，我国的哲学社会科学队伍非常庞大，成果也非常丰硕，但是我们现在缺乏在指导思想、学科体系、学术体系和话语体系上能够充分体现中国特色、中国风格、中国气派的理论体系。

我作为在经济学方面工作的一位学者，听了总书记的话以

[①] 本文根据林毅夫2019年8月14日在首届新结构经济学师资培训大会上的发言整理。

后，深感责任重大，中华民族的伟大复兴确实需要在指导思想、学科体系、学术体系、话语体系上能够体现中国特色、中国风格、中国气派的经济学体系。

在学习经济学知识方面，我应该算是这一代人当中的先行者，因为在1987年的时候，我是改革开放后第一个在国外拿到经济学博士学位，回到国内来工作的年轻学者。回顾过去30多年，我们从西方引进的东西非常多，在引进的时候通常是用西方的经济学理论体系来看我们社会存在的问题，或是用我们的资料来检验西方的理论，但是真正能够对经济学理论的发展做出贡献的研究，目前来讲应该说是非常少的。刚才董志勇院长引用了一些统计数据，在全世界前五名的主流经济学杂志发表的论文中，从2000年到现在，关于中国问题的论文只占总数的1.2%。这几十篇论文的作者中，有70多位经济学家，但是来自中国的经济学家只有12位，这没有反映出中国思想、中国特色、中国风格、中国气派。作为经济学者，我们应该把总书记的讲话作为推动我们工作的动力，但同时我觉得我们做这个工作，一方面是责任，另一方面也是机遇。我记得在1995年国内最重要的经济学杂志《经济研究》创刊40周年的时候，我写了一篇祝贺的文章，在那篇祝贺文章中，我做了几个预测。我说21世纪中国会是世界经济学的研究中心，21世纪是经济学大师在中国辈出的世纪。我在1995年提出这样的预测的时候，很多人觉得我是痴人说梦话，因为当时我们的经济学理论还主要依靠大量引进。

我当时为什么提出这样一个预测呢？仔细研究现代经济学的

发展便可以发现，1776年亚当·斯密出版《国富论》，宣告了现代经济学的诞生，从1776年到19世纪末，一直到二战之前，世界经济学研究中心在英国，大师级的经济学家不是英国人，就是在英国工作的外国人，包括马克思主义的提出者马克思。二战以后，世界上著名的经济学家不是美国人，就是在美国工作的外国人，世界经济学研究中心从英国转移到了美国。

为什么世界经济学的研究中心跟世界经济学主要理论的推动者会有这种时空的相对集中性？仔细来研究一下，是因为经济学是一个理论体系，理论讲的是几个社会经济变量之间的因果关系，而且是越简单越好。既然逻辑越简单越好，我们怎么能说哪个理论是重要的理论，提出哪些理论的学者是大师级的学者？实际上，理论的重要性决定于其解释的现象的重要性，那么什么叫重要的现象？发生在重要国家的现象就是重要的现象。从18世纪中叶工业革命发生以后，一直到一战，英国是世界上最大的经济体和最重要的国家，发生在英国的经济现象就是最重要的经济现象。解释英国现象的理论就是最重要的理论，提出这些理论的学者就是大师级的学者。

一战以后，世界经济中心从英国转移到美国，二战以后，美国作为世界经济中心的地位和影响力在世界上是毫无疑问的。跟随世界经济中心的转移来研究社会经济现象的学者所提出的理论必然就是最重要的理论，这些学者就是大师级的学者。

世界经济中心正随着中国的发展发生转移，按照购买力平价计算，在2014年中国已经成为世界上最大的经济体，按照市场汇率计算，在 2025 年到 2030 年，中国也会成为世界上最大的经济体。随着中国经济的复兴，中国经济在世界上的比重和影响会越来越大。在 1994 年我与蔡昉、李周合作出版了《中国的奇迹》这本书，在这本书中，我预测到 2015 年按购买力平价计算中国经济规模会超过英国，到 2030 年，按照市场汇率计算，中国的经济规模也会超过美国。届时中国将成为全世界最大、最重要的经济体，发生在中国的经济现象也就是最重要的经济现象，中国经济学家在了解中国经济现象时会有近水楼台先得月的便利。因此当时我做出了这个预测。

是时代给我们的机遇，中国的发展在中国共产党的领导下，跟我那时的预测基本吻合。《中国的奇迹》这本书在 1994 年提出这个预测，我想是给我们在座的经济学家的机遇，抓住这个机遇，不仅是说我们要发表文章，要成名，更重要的是，我们要知道理论是用来认识世界、改造世界的。前面提到我自己在年轻的时候为了贡献于中华民族的伟大复兴，总有一种"西天取经"的想法，认为发达国家这么发达，一定有它的道理，把这个道理学会，就可以回来改造我们的国家。不仅中国的学者、中国的经济学家有这个想法。我在 2008 年到世界银行工作以后，发现所有发展中国家的知识分子、社会精英都跟中国的知识分子、精英有同样的想法，认为到"西天"取经就能实现自己国家的工业化、现代化。但从二战到现在，两百多个发展中经济体中只有两个经济体从低收入进入高收入，一个是我们自己的台湾，一个是韩国，成功的先例非常少，中国大陆很可能到 2025 年左右会成为二战以后第三个从低收入进入高收入的经济体。绝大多数发展中国家长期陷在低收入陷阱或者中等收入陷阱中，我想造成这种现象的主要原因是理论的适用性决定于其前提条件，来自发达国家的理论必然直接地以发达国家的条件为前提条件，拿到发展中国家中不适用，就会出现"淮南为橘，淮北为枳"的现象。抓住时代的机遇，承担起知识分子推动社会进步的责任，提出来自我们发展中国家的方案，才能真正推动发展中国家的发展。

在实现中华民族伟大复兴的前进过程中，必然还有很多挑战，解决这些挑战需要我们解放思想，也需要接受理论的指导，这需要我们自己做出理论创新，来自中国的理论创新也可以为其他发展中国家的现代化提供比较好的参考和借鉴。中华民族的伟大复兴表现为经济上的复兴，也必然表现为文化思想上的复兴，而新结构经济学就是在推动我们承担这个时代给我们的机遇和责任，贡献于中华民族的伟大复兴。

今天看到有这么多志同道合的老师来参加首届师资培训班，还有这么多领导的支持，我们信心满满，相信我们一定能够抓住时代的机遇，做出我们的贡献。

引领未来世界经济学理论新思潮[1]

欢迎9位参加第一届北京大学新结构经济学实验班的同学，选择加入第一届新结构经济学实验班的同学，就像1924年选择参加黄埔军校第一期，以及1936年选择参加抗大第一期的有志青年一样。记得在4月24号的新结构经济学实验班招生宣讲会上，有位同学问新结构经济学实验班是否像现在其他院系开设的主流经济学本科生班那样，配备了完善的教材和教学体系？我当时的回答是"没有"，因为新结构经济学是一个新开创的理论体系，不像已经发展了200多年的主流经济学那样体系完善，课程完备，就像1924年黄埔军校开班时各种条件不如已经发展了十多年的保定军校，以及1936年抗大各种条件不如已经非常有影响力的黄埔军校一样。可是，后来黄埔军校走出了一批北伐和抗战的名将，抗大则走出了一批开国将领，甚至是开国元勋。那些1924年参加黄埔军校、1936年参加抗大的青年，选择的不是享

---

[1] 本文根据林毅夫2020年6月30日与北京大学第一届新结构经济学实验班学生进行线上交流的讲话整理。

受完善的教学设施和课程体系，而是选择了参与推动和引领一个新时代到来的事业。新结构经济学是刚提出不久的首个来自我国社会科学自主创新的理论体系，各位选择加入第一届新结构经济学实验班，选择的是参与和推动这个自主理论创新体系的深化、完善和推广运用，我相信和黄埔军校以及抗大一样，各位和其他未来要参加新结构经济学实验班的同学当中将来一定会出现一批影响时代、影响未来的引领世界经济学理论新思潮的大师。

记得在1995年《经济研究》创刊40周年的时候，我应邀写了一篇题为《本土化、规范化、国际化》的祝贺文章。在那篇文章中我做了一个预测，我说21世纪中国将会是世界经济学的研究中心，21世纪会是经济学大师在中国辈出的世纪。当时我为什么会做出这样的判断？我们知道自1776年亚当·斯密出版《国富论》，经济学从哲学当中分离出来成为一门独立的社会科学，一直到二战前，英国是全世界的经济学研究中心，在那一百多年的时间里，引领世界经济学思潮的大师基本上不是英国人，就是在英国工作的外国人，其他国家、地区也有经济学大师，但是数量非常少。从二战到现在，世界经济学的研究中心在美国，引领世界经济学理论新思潮的大师，不是美国人，就是在美国工作的外国人，其他国家、地区也有经济学大师，但是数量非常少。为什么世界经济学的研究中心和引领世界经济学理论思潮的大师，在时间和空间上会表现出上述集中性？其实这是由经济学作为一门社会科学的本质决定的。

像其他理论一样，经济学的理论是一个简单的因果逻辑，而且，这个逻辑越简单越好。既然逻辑越简单越好，那么，如何决定哪些是重要的理论？提出哪些理论的经济学家是大师级的经济学家？其实，重要的理论是解释重要现象的理论，提出重要理论的经济学家就是重要的经济学家。

什么是重要的现象？发生在重要的国家的现象就是重要的现象。《国富论》1776年出版时，英国已经开始了工业革命，一直到一战为止，英国是世界经济的中心，英国的经济现象就是最重要的现象，解释英国现象的理论就是最重要的经济学理论，在了解英国的现象上，英国的经济学家近水楼台先得月，所以，当世界经济中心在英国时，英国成了世界经济学的研究中心，引领世界经济学理论思潮的大师也集中在英国。一战结束后，世界经济中心逐渐转移到美国，到了二战结束时，美国的经济总量约占全世界经济总量的一半，出现在美国的经济现象就成了最重要的经济现象，在了解美国的经济现象上，美国的经济学家同样近水楼台先得月，所以，提出新理论来解释美国经济现象的经济学家，不是美国人就是在美国工作的外国人。进入21世纪以后，世界的经济中心逐渐往中国转移，按照购买力平价计算，2014年中国已经是世界上最大的经济体，而且，按照市场汇率计算，在2030年左右，中国也会成为世界上最大的经济体，到2050年中国建设成为社会主义现代化强国时，中国的经济规模很可能会是美国的两倍。中国成了世界经济的中心，中国的经济现象必然是世界上最重要的经济现象，解释这些现象的经济学家就会成为引领世界经济学理论思潮的经济学大师。2050年时，正好是第一届新结构经济学实验班的各位同学50岁上下的知天命之年，正是你们学术生涯的黄金年代。所以，这个时代的机遇是属于你们的。

时代和机遇就在那里，如何才能够抓住这个时代的机遇？新理论来自新的现象，各位要想抓住这个时代的机遇，就必须有能力直接观察现象，了解现象背后的因果逻辑，用简单的逻辑体系来解释这个现象。这样做学问的方式和各位长期以来所受的教育是不一样的。发展中国家的学生，尤其是中国的学生普遍接受的是"西天取经"的教育，习惯于学习发达国家的"先进"的理论，并以这样的理论来解释自己国家的现象，解决自己国家的问题。但是，如果想抓住中国作为世界中心所带来的理论创新的机会，就不能用现有的主流理论来解释中国的现象。

转变做学问的范式很不容易，而且会有很多诱惑阻碍人们做出这种转变。随着中国改革开放以后经济规模越来越大，中国的经济对世界的影响越来越大，现在国际主流经济学期刊上也经常刊登有关中国经济的论文。到目前为止，这些论文绝大多数是用中国的数据来检验国际上已经接受的主流理论，或是，用已有的主流理论来解释中国的现象。这样的研究外国杂志的评稿人容易看懂，因此，容易被接受和发表，但这样的论文只是印证现有的理论，并没有创新之处，不可能推动经济学理论的发展，发表这样的论文的经济学家也不可能成为引领理论新思潮的大师。反过来说，如果根据中国的现象提出新理论，这样的理论和国际现有的主流理论是竞争关系，一般已经接受了现有理论的学者不容易接受新的理论，尤其由于发展阶段、生活环境、文化、历史背景的差异，他们很难理解中国的现象，很难接受那些与自己所接受的理论形成竞争的、自己不能完全理解的理论，更不用说认识到这种新理论的重要性了。所以，即使各位克服困难完成了学问范式的转变，做出有原创性的理论来，在发表上也会遭遇困难。在"publish or perish"（不发表即灭亡）的压力下，有不少中国经济学家可能会受不了诱惑而选择用中国的数据来检验现有的理论，或是用现有的理论来解释中国的现象这条顺风顺水的道路，而放弃以总结中国的现象来进行理论创新的机会。

怎样才能够克服这种诱惑？各位新结构经济学实验班的同学必须明白为什么学习经济学，为什么做经济学研究，初心是什么？作为一名知识分子，尤其是进入北大的知识分子，学习理论、研究理论是为了"认识世界、改造世界"，而且，是为了把我们的国家和社会改造好。任何经济现象都可以用许多不同的理论来解释，实践是检验真理的最终标准，只有能够帮助人们改造好世界的理论，才是真正帮助人们认识世界的理论。用"西天取经"得到的现代主流经济学理论，似乎可以把发展中国家包括中国的现象和问题分析得头头是道，但是，了解现代史的同学会发现，事实上还没有一个发展中国家按照发达国家的理论去做政策取得了成功，少数几个成功的经济体，像日本、亚洲四小龙以及改革开放以后的中国大陆，它们的政策在推行时在主流理论看来却是错误的。为什么在发展中国家根据主流理论来做政策不成功，而成功的政策从主流理论来看却是错误的？主要的原因就是前面谈到的，从亚当·斯密以来，世界经济学的研究中心首先在英国，后来转移到美国，来自这些世界经济学研究中心的主流理论都是研究当时英国或是二战以后的美国的经济现象，从那些现象中总结出一个简单的因果逻辑。但任何国家的社会、经济、政治、文化变量都是成千上万的，其中包括发展阶段、产业结构、政治制度、价值取向、意识形态等属于经济基础和上层建筑的变量，在这些变量中仅有几个被保留在理论模型中，成了理论的暗含前提，其他的就被存而不论，所以，任何理论都是内嵌于产生这个理论的国家的社会、经济、文化、政治结构当中的。把这样的内嵌理论运用到发展中国家，由于发展中国家的发展阶段、产业结构、政治文化、社会价值跟发达国家不同，理论的暗含前提不存在，就会出现"淮南为橘，淮北为枳"的问题。这些来自发达国家的理论不仅不适用，而且，像新自由主义在苏联、东欧、拉丁美洲所带来的结果那样，还经常使问题恶化。所以，同学们必须不忘初心，牢记使命，作为一名当代中国的知识分子，学习、研究经济学理论不仅是为了完成自己的工作，而且是为了推动自己国家的现代化，实现民族的复兴，这正是新结构经济学理论创新的宗旨。

新结构经济学是基于中国与其他发展中国家经济发展、转型的成败经验而提出的一套新的理论体系，这个理论和传统的主流理论体系最大的差异是什么？传统的理论是以发达国家的发展阶段和发达国家的经济、社会、政治等结构为暗含前提，新结构经济学认为不同发展程度的国家的结构是不一样的，而且，这种结构的差异是内生的。新结构经济学是以发展经济学和转型经济学作为切入点，但将不同发展程度国家的结构差异性和内生性引进理论框架以后，实际上，它是在推动一场现代经济学的结构革命。现在的货币理论、财政理论、金融理论、产业组织理论、区域理论、劳动力市场理论、人力资本理论、创新理论等现代主流经济学理论都需要被反思，都需要被重新思考。

各位加入新结构经济学实验班，确立了学习、研究经济学的目的是认识世界，改造好世界的目标以后，会发现新结构经济学可以给各位带来进行理论创新的无限机会和空间。不因受诱惑而改变初心，愿意接受挑战，克服困难，去根据中国现象提出新的理论，随着中国经济的进一步发展，随着中国经济逐渐成为世界经济的中心，中国逐渐成为世界经济学的研究中心，各位就有可能成为引领世界经济学理论新思潮的大师。

各位加入一个各种条件还不完备的新结构经济学实验班是做了一个抓住时代机遇的人生道路的选择，为了不辜负各位的选择，新结构经济学实验班做了一系列的安排，包括会给每位同学配备三位导师，这三位导师中包括我自己以及新结构经济学研究院的另外一位老师和经济学院的一位老师，除了导师，还会安排新结构经济学院的博士生、博士后，和每一位同学组成学习组。作为导师组组长我负责从"道"上来启迪各位同学，探讨如何从现象认识问题的本质，其他两位导师从"术"上来提高各位分析问题和把分析写成理论模型，进行实证检验的能力，学习组的博士生、博士后则会和各位切磋，把观察到的现象和分析写成严谨的可以发表的论文，或是锻炼用新结构经济学的理论来解决现实问题的能力。用庖丁解牛打个比方，我作为导师组的组长，帮助各位学习在面对一个现象（一头牛）时，如何找切入点，使解释逻辑自洽，问题迎刃而解，其他两位老师教各位用什么工具来建模、做实证，学习组的同学则会和各位切磋、练习，以迈开从学习理论向创新理论转变的第一步。

各位加入第一届新结构经济学实验班，就像1924年那些有志青年选择加入了黄埔军校，像1936年那些有志青年选择加入抗大一样。你们选择加入新结构经济学实验班，选择的不是成熟的理论和安稳的道路，而是成为一位引领世界经济学理论新思潮的大师的机遇，让我们一起携手为迎接这个时代，为把这个可能变成现实而努力。

以"常无"心态研究新结构经济学[①]

今年（2012年）6月恩师林毅夫教授从世行卸任，把一整套雄心勃勃的新结构经济学的理论框架带回了中国。10月又恰逢林老师六十大寿，期间北大国家发展研究院成功举办了第一届新结构经济学国际研讨会，会上北大的校领导宣布将成立新结构经济学研究中心，大力推进相关理论与政策研究。正是在这样的背景下，林老师采纳了我们几位学生的建议，专门推出了《论经济学方法：与林老师对话》的第二版，并将其命名为《本体与常无》（与第一版的英文版名称相同），并于林老师六十岁生日之前由北京大学出版社顺利出版。这是一本关于经济学方法论的著作。所谓本体，指的是经济学研究的基本假设和方法。所谓常无，指的是要直面现象，不为现有理论所羁绊。与第一版相比，本书主要有两个新的特色。

一是将原来两代师生之间的课堂对话变成三代师生间的对

[①] 本文根据王勇发表于2013年第1期《中华读书报》的文章整理。

话。该书收录了加里·贝克尔教授对该书英文版的长篇评论，而贝克尔教授是林老师当年在芝大读书时的博士论文委员会的成员。作为一代宗师的贝克尔教授在 16 分钟的视频中，谦逊地以学生提问的方式对林老师的一些学术观点进行评论或者批评，我将这段英文视频的内容翻译成了中文。而林老师也对此专门写了一篇回应，一并收入这本书中。

二是本书还新收入了八篇林老师的学生所写的对林老师经济学方法论的学习感悟与心得。这些文章是从学生的角度去讲述各自的亲身学习经历，还描述了很多与林老师交往的轶事，非常有趣味性。这些新添的内容不仅更好地展现了林老师如何因材施教，同时也生动地记录了各位学生渐修与顿悟的过程，相信这对于广大学子而言特别有针对性和亲切感。

作为林老师的学生和研究上的合作者，我一直在学习和领悟林老师一再强调的经济学方法论。在芝大博士二年级结束后的暑假期间，我读完了林老师所赠的《论经济学方法：与林老师对话》（第一版），很有感慨，遂结合在芝大读书上课的经历写下《再读〈与林老师对话〉有感》；后来在 2008 年写博士论文选题时，我又通读了一遍林老师的这本书，情不自禁地写下《研究中国问题的经济学是二流学术么》一文。这两篇文章也都有幸被收入这本书的"学生的感悟"这一部分。如今我自己也成了一名大学老师，并从事与新结构经济学密切相关的研究。本文希望再次总结一下自己对林老师所说的"本体"与"常无"的经济学方法论的新体会，并求教于各位方家。

经济学研究大致可分为两种，一种是直接在已有文献的基础上进行逻辑拓展，放松原有模型的理论假定，将原来外生的变量内生化，或者是对已有的理论假说做实证检验，以求比较准确地量化某些特定经济机制的重要性。另一种则是直面现象，从现实世界中归纳并抽象出一个具体的重要经济学问题，而这个问题必须是现有理论尚无法直接完全解释的，然后将该问题背后的真实的经济学机制以严密的逻辑形式阐述出来，并且严格审视该机制发生作用所需的各种前提条件并且推演出该机制所导致的各种结论与含义，对现实进行定性或者定量的解释或者预测。

这两种研究方法是互补的，比如诺奖得主普雷斯科特和基德兰德当初最早提出真实周期理论（RBC）时，是按照当时解释经济波动的主流想法将货币等因素都考虑进来，但是他们惊奇地发现，如果将货币等名义变量剔除，全要素生产率（TFP）变动等真实变量的变化就可以解释 2/3 以上的波动，所以他们后来索性将货币等名义变量完全剔除掉，提出了真实周期理论这一崭新的框架。但是这种探索研究过程并没有体现在他们 1982 年发表的那篇经典论文里，他们的论文直接假定模型中没有货币因素。

经济学专业化分工发展到今天，不同领域和分支都有各自的特点。林老师显然更加推崇第二种研究方法，即抛开现有理论的思维框架，直接根据重要的真实现象以规范的严谨的科学方式提出新的理论解释，也就是林老师常讲的要抱着"常无"的开放心态，坚持经济理性这一研究方法的"本体"，来从事经济学研究。

经济学理论的主要功能在于节约信息，以尽量简化的分析框架来揭示现实世界中貌似不同但是本质类似的很多具体的经济现象背后的带有普遍性的一般规律。从这个意义上讲，我们希望每一个模型和理论的适用性和解释力越强越好，而模型和理论的数量越少越好。如果每一个现象都需要一个不同的理论，那么理论便起不到节约信息的效果。

今年10月份哥伦比亚大学的魏尚进教授给我发了一封电子邮件，让我列举几项我认为林老师所提出的新结构经济学最为重要的新的经济学见解。这是一个非常重要的问题。后来我据此专门写了《"新结构经济学"的新见解》一文。之所以需要写专文认真回答，是因为"常无"的背后必须是"知有"，即熟悉并且透彻地理解已有文献对于新结构经济学所研究的问题的见解的存量。只有这样，才能比较客观准确地估量新的理论所带来的见解的增量：新在何处、为何重要。林老师在书中讲到"学"的第二层含义就是要学习现有的文献，"如果已经有现有的理论解释和自己的解释完全相同，那么，就不能认为自己有何新的理论发明"。假使现在有一个天才自己不看文献独立地提出和证明了纳什均衡、理性预期、显示原则，那他对经济学科的边际贡献仍然是零，且无法发表。

但另一方面，甚至更为重要的是，"我们在观察周围的现象时，要时刻提醒自己，不要受到现有理论的制约，如果一切从现有的理论出发来观察问题，就成了现有理论的奴隶，必须时时谨记'道可道，非常道'，抛开各种现有理论的束缚，直接分析、了解现象背后的道理"。

真正做到"常无"是需要智慧与勇气的。我们应该看到，不同的经济学家看待世界的角度是不同的，因而提出的理论框架也往往是非常不同的。一旦这些经济学大家的理论被普遍接受，他们自然是希望自己的理论能够放诸四海而皆准，自然是先天性地比较倾向于怀疑，严重的时候甚至敌视后来者所提出的具有挑战性的新理论，有时候甚至索性忽略和淡化掉。所以一个新理论从提出到被普遍接受，往往需要克服很多现有的偏见和发表方面的额外困难。

托马斯·库恩在《科学革命的结构》一书中提出，科学理论中的任何一个成功的范式革命都带有两重性，一方面必须带有深刻的批判性和创新性，但另一方面，也必须显示出对传统理论的很强的延续性和继承性。具体到新结构经济学，它一方面批评现有的发展与增长理论中缺乏对经济结构的内生性的考虑，号召大家以开放的"常无"心态来研究现实问题，但另一方面它又坚持新古典经济学的分析方法，尤其是理性假设这一"本体"。贝克尔教授对此非常赞赏。

林老师常说，一个经济理论的重要性取决于其所解释的问题的重要性，而中国等发展中国家近几十年来高速增长，在世界经济中越来越重要，所以这些国家的问题也就越来越国际化，越来越重要。而发生在中国的很多重要问题是全新的，尚未被已有理论很好地解释。经济学归属于社会科学，所以经济学现象带有国别性和特殊性。在发达国家中，即使一流的经济学家也难免会囿于自己的视野和生活经历，无法及时注意发生在中国的一些重要现象并且把握现象背后的复杂逻辑机制。因此作为中国的经济学者，我们对于中国问题的研究有着近水楼台先得月的优势。具体到新结构经济学，因为它更强调不同发展阶段的国家的内生结构不一样，所以更需要我们密切地关注发生在中国等发展中国家的真实现象，从中汲取最直接的研究素材和灵感。

那么研究新结构经济学，为什么不可以通过研究当今发达国家的历史去了解当今发展中国家的经济现象和问题呢？如果当今发展中国家的经济现象具有特殊性，那么究竟特殊在哪里？现有的理论存量对于发达国家的早期历史的重要经济现象都能够提供满意答案吗？

在自然科学或者数学等纯粹的逻辑学科方面，发展中国家可以借鉴发达国家的经验，因为自然现象和逻辑推理本身是没有国别制度差异性和历史阶段性的。经济学中的某些分支，比如计量经济学理论或者博弈论以及决策理论等研究微观纯理论的学科，亦几乎如此。但是，发展经济学、宏观经济学、国际经济学等其他分支则远非如此，因为所研究问题的时域长短决定了哪些可以作为外生给定，哪些必须要内生地看待，所以就不可避免地带有较强的历史性、国别特殊性和发展阶段性。比如在当代的宏观经济学研究中，大部分问题都是与美国经济有关的，但是当试图回答发展中国家的类似宏观问题时，却常常被归为发展经济学和制度经济学的范畴。

这让我想起前不久我与某位在美国任教的华裔学友之间的激烈争论。当我提到研究中国问题时常常发现现有的理论不适用时,她反问道:"中国的现象真的就那么特殊吗?美国等发达国家在早期发展阶段难道就没有经历过这些吗?"我是这样回答的:"研究发达国家的早期发展历史在很多时候的确可以帮助我们理解目前发展中国家正在经历的问题,但并非总是如此。因为美国60年前的GDP虽然远不及今天的中国,但那个时候的美国是当时世界的头号强国,而今日的中国仍然是发展中国家,所以很多时候也要看该经济体在世界经济中的相对位置,因为这些经济体不是封闭经济而是共存于经济金融全球化的时代并交互影响的。"

可能部分是因为我的这位学友着重于实证性研究而我偏于理论性研究,我们对现有的发展理论模型是否已经足够多产生了分歧。我认为现有理论无法充分解释包括中国在内的众多发展中国家的各种问题,并且现实中很多发展中国家按照当时主流发展理论进行改革的结果也常常不如人意。而她则认为现实中很多经济没有发展好,不是因为现有的发展理论不对或者不够好,而是因为现实中的经济政策没有正确按照理论去制定和实施,所以更多的是政客、执行的错而不是经济学家、经济理论的错。当时我们争论得面红耳赤,谁也说服不了谁。

回头想来,这位学友说的情况不失为一种可能,但我们必须要进一步问,如果真像她说的那样,那么究竟是什么原因导致,有些国家能很好地照已知的主流理论制定和执行经济政策,而另外很多国家就不可以呢?是因为那些经济落后国家的政客系统性地更加愚蠢吗?那为什么可以持续地愚蠢下去?是政治经济学的原因，导致相关决策者理性地选择不按照已知的正确的经济理论去制定或者执行政策吗？如果是的话，就说明发展理论本身不够完善，没有考虑到现实中的政治经济学的因素。是因为国家政府太弱，以至于虽然知道如何按照已知的发展经济学的正确理论去正确制定和推行政策，却没有足够的能力去这么做吗？如果是的话，这不正说明研究国家能力的理论必要性吗？不正说明我们还需要从理论上研究如何让政客或者政府有能力、有动力去制定和执行正确的政策吗？从另外一个角度来看，对于那些经济已经或者正在取得成功的发展中国家（包括中国在内）难道所有经济政策的制定和执行都是严格按照现有发展经济学理论进行的吗？如果是的话，是什么保障了这一点？难道是连续几十年的好运气吗？难道经济学家对这些问题都已经有完美的理论答案了吗？

固然，我们不应将一个国家的经济成败完全归因于经济学家的研究好坏，否则未免也过高估计了经济学家的能力和经济理论的作用。但是，如果认为一个国家经济的失败完全不是因为现有经济理论的不足，而一个国家的经济成功则又完全是因为现有的经济理论被很好地转化成政策并被正确地执行了，那么经济学家们未免也太避责贪功了吧？更何况，现实中有很多国家的经济都失败了，而且是陷入了持续的失败，经济成功的国家则是少数，并且不是持续的成功。

我们之间的争论也让我想起了在《本体与常无》一书中，林老师认为归属于社会科学的经济学要比归属于自然科学的物理学、化学、生物学等更加复杂。但是贝克尔教授在评论中说他不同意这种观点，他认为一个学科容易与否取决于我们对这门学科的理解有多么清楚，是伟大的物理学家的出色工作使物理学显得容易，而不是因为物理学天然就比经济学容易。后来林老师在回复时说，"自然科学研究的是自然规律，不受不同的收入水平、政府的政策和制度等因素的影响，所以在发达国家发展出来的理论在发展中国家也同样适用。但是社会科学的理论则未必是，由于决策者的收入水平和面对的相对价格不同，实体经济的特性和制度环境有异，在发达国家发展出来的理论不见得适用于发展中国家。而且，即使在某一状况下对发达国家适用的理论，也可能会因为条件的变化而被扬弃"。

对林老师提出的"以休克疗法的失败为例说明现有发展经济学理论对于一些西方国家比较适用，但是对于现在的中国却并不非常适用"这一观点，贝克尔教授表示了质疑。他说："'休克疗法'的确经常失败，但这只是某一些经济学家的直觉性的信念，并不是根据新古典经济学的基本原则得出来的，理由是新古典经济学并没有一个非常令人满意的经济发展理论，所以'休克疗法'的失败并不是新古典经济学的失败。"贝克尔教授甚至认为新古典经济学中还没有产生可以解释很多西方国家的早期经济发展问题（比如关于英国早期工业革命的一系列问题）的令人满意的理论。但与此同时，贝克尔教授认为在新古典经济学中的确存在一些具有根本性贡献的关于经济发展的研究，比如比较优势理论、人力资本等。

对此，林老师回复说，他并非否定而是依然坚持新古典经济学的方法论，但是认为现有的新古典经济学的理论模型中企业具有自生能力这一暗含前提有问题。

同时，林老师认同贝克尔教授关于"经济发展问题缺乏一个合适的统一框架"的看法，并引用诺奖得主斯宾塞在世行著名的《经济增长报告》中使用的比喻：我们现在知道了很多烧菜所需的"素材"，但是不知道"菜谱"。林老师认为要掌握"菜谱"，就应该将经济结构的内生性充分地引入发展经济学，这是新结构经济学的努力方向。

时代的发展召唤着更好的新古典发展经济学理论。为此，我们必须一方面学习了解真实世界的现象，并努力掌握已有的发展经济学理论，另一方面，也必须尽力避免让已有理论成为自己的负担和变色眼镜。我们正在不断探知着一个未知的世界，而现有的理论只是一张陈旧的地图。甲说："有些新的游客之所以迷路，是因为这些游客没有正确地使用这张地图，而地图本身没有错，因为是按照以前游客的记忆画的。"乙说："是因为这张地图本身就画错了。"丙说："有些新的游客之所以迷路，不是因为原来画地图的游客的记忆错了，也不是因为地图的使用错了，而是因为路本身变了。"而丁则抱怨说："有那么多张不同的地图，鬼才知道该用哪一张。"戊却大笑一声，说："根本不用管有没有地图，我的脚印就是地图……"甲、乙、丙、丁、戊，究竟谁的话更有道理？相信各位读了《本体与常无》之后，会有自己更好的判断。

第二章

新结构经济学
引领高质量发展

新结构经济学视角下的高质量发展[①]

尊敬的吴德林书记，甄良常务副校长，各位领导，老师们、同学们、朋友们：

大家下午好！

首先，我要祝贺哈工大（深圳）深圳高质量发展与新结构研究院的成立。我感到非常荣幸，有机会在今天的论坛上对新结构经济学视角下的高质量发展，谈几点我自己的心得体会。

刚刚召开的十九届五中全会再次强调，发展是第一要务，发展是硬道理。这一点，我想每一个中国人，特别是深圳人都有非常深刻的体会。40多年前，刚刚改革开放的时候，深圳是一个小渔村，中国是世界上最贫困的国家之一。按照世界银行的指标，当年我们的人均GDP只有156美元；而一般人印象中最贫困的地区——撒哈拉沙漠以南的非洲国家，人均GDP是490美

[①] 本文根据林毅夫2020年11月22日在哈工大（深圳）深圳高质量发展与新结构研究院成立仪式暨深圳高质量发展与结构创新研讨会上的发言整理。

元。我们连他们的1/3都不到。但是，从1978年到2019年，我国实现了连续41年平均每年9.4%的高速增长。以这么快的速度持续增长这么长时间在人类历史上不曾有过，尤其是在人口这么多、底子这么薄的地方，不曾有过。2010年，中国经济规模超过日本，成为世界第二大经济体。去年（2019年），我们的人均GDP达到了10 261美元，深圳已经达到了大约30 000美元。过去40多年，我们有8亿人摆脱绝对贫困，对世界减贫事业的贡献超过70%。到2020年底，我们所有人口都能消除贫困，这也是人类历史上不曾有过的。正是因为有了这么快速的发展，我们才能看到深圳从小渔村发展成为一个引领世界的大型工业城市和科技创新中心。

从各种研究来看，到2025年的时候，中国人均GDP应该可以超过12 535美元这个门槛，成为一个高收入国家。当前，高收入国家的人口占全世界人口的比重只有16%。到2025年中国也成为高收入国家的时候，全世界生活在高收入国家的人口占全世界人口的比重将增加到34%，会比现在翻一番还多。这将是人类历史上的一个重要里程碑。

十九届五中全会提到，"十四五"期间，我们要以高质量发展为主题。我想从新结构经济学的视角来谈谈，为什么现在要提出高质量发展，高质量发展的主要内涵是什么，以及怎么实现高质量发展。

为什么要提出高质量发展

我想主要原因就是十九大提出我们现在面临的主要矛盾发生了变化。过去的主要矛盾是人民日益增长的物质文化需要和落后的社会生产之间的矛盾。当时我们的收入水平低，发展以解决温饱为主要目的。经过40年的发展，我们即将进入高收入国家行列，社会主要矛盾已经转化为人民日益增长的美好生活需要和不平衡不充分的发展之间的矛盾。对美好生活的需要不只是量的问题，而且关系到质的问题。量还是需要增加，但要更重视质的提高。我想就是在这样一个背景之下，中央提出在"十四五"期间，必须以高质量发展为主题。而且我相信不只是"十四五"期间，因为主要矛盾已经发生了变化，中国未来的发展也必须以高质量发展为主题。

什么是高质量发展

习近平总书记在这方面有不少论述。我自己的体会是，最重要的是必须按照新发展理念来推动我们的发展。新发展理念有五个主要内涵：创新、协调、绿色、开放、共享。

创新发展与过去相比最大的差异在于，过去的发展主要依赖要素投入的增长，而创新发展则必须靠效率、质量的不断提高，这要求在技术、生产、营销等各方面不断创新。在发展过程中，我们也必须解决城乡之间的差距、地区之间的差距，同时，实体经济和虚拟经济之间必须有所协调。发展必须做到环境越来越好，必须是可持续的，必须走绿色的道路。这样的发展一方面需要利用国内、国际两个市场、两种资源，另一方面，这种开放式的发展也可以把中国发展带来的好处、经验与世界上其他国家共享。发展必须让全体人民共享其好处，缩小城乡差距、贫富差距。所以，高质量发展必须同时达到这五个方面。

如何实现高质量发展

高质量的发展有上述五个维度，如何做才能避免顾此失彼呢？从新结构经济学的角度来看，最重要的是一方面要按照比较优势来发展经济，另一方面要发挥有效市场和有为政府这两只手的作用。

首先，发挥比较优势的发展就是要发展开放的经济。对于我们有比较优势的产业，我们可以多发展，并且出口到国外；对于我们没有比较优势的产业，可以利用国际资源（包括自然资源、技术资源等）。其次，由于比较优势是竞争优势的基础，发挥比较优势的发展效率最高、最可持续，可以创造更多就业，可以使最多的人共享发展成果。同时，因为有效率，整个社会的资源也增加得最快，政府在经济发展过程中也就有更多的税收，有更多的能力来解决区域之间、城乡之间的差距，协调区域、城乡的发展。

怎样才能按照比较优势发展呢？尤其是如何按照比较优势来

创新呢？新结构经济学根据三个方面的标准来区分产业：第一，比较一个产业和世界技术前沿的差距；第二，看一个产业是否符合比较优势；第三，看新产品、新技术研发周期的长短。

像中国这样已经处于中等发达水平、很快会进入高收入水平国家的行列，其产业可以分成五大类。

第一类是追赶型产业，这类产业我们国内有，更为发达的国家也有。对于这样的产业，我们的比较优势在中低端，而发达国家的比较优势则在中高端。我们的附加价值比较低，它们的附加价值比较高。

第二类是领先型产业，这类产业我们的技术水平是世界上最领先的，这也是我们的比较优势。深圳有不少领先型产业的企业，例如手机、5G领域的华为，无人机领域的大疆，生物基因和智能技术领域的华大。

第三类是转进型产业。例如劳动密集型产业，尤其是劳动密集型的加工业，我们过去有比较优势，但随着要素的积累，资本越来越丰富，工资水平越来越高，我们失去了比较优势。失去比较优势的产业必须转型。转型有两种方式：一部分可以向这个产业"微笑曲线"的两端发展，从事品牌经营、产品研发和市场渠道运营这些附加值比较高的业务；在"微笑曲线"底端的环节，比如低附加值的加工，则必须转移或者退出。

第四类是换道超车型产业。这类产业的产品和技术的研发周期比较短，可能是12个月，顶多18个月。较短的研发周期使这类产业以人力资本为主要投入，对金融资本的需求相对较少。这类产业很多是 20 世纪 80 年代信息产业蓬勃发展以后产生的。和发达国家相比，我们的资本积累比不上它们两三百年的积累，但是我们在人力资本上有比较优势。这方面的典型就是独角兽企业，即成立不到十年，还没上市，市场估值已经超过 10 亿的企业。这样的企业，2019 年全世界有 494 家，中国有 206 家，美国有 203 家，中国的数量与美国相比还略有领先；2020 年，全世界有 586 家，美国有 233 家，中国有 227 家，中国的数量与美国不相上下。在这样的换道超车型、短研发周期产业上，我们同样有比较优势。

最后一类是战略型产业。与第四类产业正好相反，它的产品和技术研发周期特别长，有可能是 10 年、20 年，甚至 30 年。产品和技术的研发需要人力资本，因为研发周期特别长，它所需的金融资本投入非常大。这样的产业，按理说我们没有比较优势，但这类产业的产品有些与国防军工有关，没有它们就无法保障国防安全，有些与经济安全有关，没有它们就可能被"卡脖子"，这一类我们也要发展。

从新结构经济学的角度来看，我们怎样进行这五类产业的创新呢？

对于追赶型企业，发达国家在这个产业的中高端，技术水平比我们好，我们则在中低端。怎么朝着中高端追赶呢？必须有技术创新，技术创新的含义是在生产时所用的技术比现在好。我们在这一类产业具备后来者优势，和发达国家同一产业的技术差距，让我们有可能以引进、消化、吸收的方式取得技术创新。怎么引进、消化、吸收呢？其实绝大多数的引进就是购买更好的设备，更好的设备包含了更好的技术。除了买进更好的设备，也可以采用购买专利或者与国外先进企业合资生产的方式。我们在追赶型产业当中取得技术创新的方式，主要以引进、消化、吸收为主，但这不代表不需要做自主研发。自主研发是在实用技术上的研发，是把引进的技术结合当地情况进行改进的研发。

对于领先型、换道超车型以及战略型产业，新技术基本上不可能从国外取得，只能靠自己研究和发明。转进型产业的研发主要是设计新产品，所以可以根据不同产业在各个地方的情形，按照比较优势进行技术创新。

要把按照比较优势创新的概念变成企业家的自主选择，必须有有效市场。市场竞争能提供一个准确的价格信号，帮我们看清哪些产业有比较优势，哪些产业可能会失去比较优势，以及同样有比较优势的产业中，哪些市场前景较好，哪些市场前景比较暗淡。这种你追我赶的市场竞争，能促使企业改进技术、改进营销方式。企业获得更大利润的动力必须来自一个有效市场，这样才能按照比较优势进行技术创新、产业创新。

有效市场是外部环境。在有效市场中，还要发挥有为政府的作用。因为在经济发展、技术创新的过程中，存在市场失灵是必然的。必须给创新者一定的激励，尤其是已经处于世界最前沿的领先型、换道超车型以及战略型产业，它们的创新很多属于原始创新，如果没有知识产权的保护，企业进行创新的激励就会被削弱。最前沿的技术创新还包含基础科研的研究和新产品、新技术的开发，企业愿意做的主要是开发，因为开发出来的产品和技术会受到专利的保护。基础科研的产出为公共知识，可是如果没有基础科研的突破，新产品、新技术的开发就会变成无源之水。由于这样的特性，不管在哪个发达国家，基础科研都主要是由政府来提供。这也是有为政府的一个重要内涵。

随着经济的发展，产业的升级，会产生很多对软硬基础设施的新需求，政府必须根据新产业、新技术的需要不断完善软硬基础设施。软的基础设施包括人力资本、技术人才，硬的基础设施包括电力、交通网络、通信等。由于外部性的原因，一般企业不太愿意做基础设施的投资，因为这种投资容易使企业遭遇发展的瓶颈，所以这方面也主要由政府承担。

对创新来讲，政府要发挥有为的作用，在一个竞争性的市场当中，根据前面讲的五大类型产业的特性，提供企业创新的外部环境和激励。同时，在任何国家，尤其是中国这么大的国家，地区之间、城乡之间必然存在差距。在发展的过程中，也需要政府改善落后地区的基础设施，提高当地公共服务的水平，这样的发展才会是协调的发展。

在发展的过程中要实现绿色、可持续，必须有绿色技术。在全球气候变暖以后，大家才逐渐重视绿色技术，认为它是新的技术领域。中国作为一个大国，很多气候变化的影响会直接在国内呈现。所以要实现绿色可持续发展，就需要政府提供激励，鼓励绿色技术创新，同时用绿色技术带动传统产业的绿色转型。这些绿色技术的使用是有成本的。政府必须设置环境规则，开展环境监督，这样企业才会有积极性去进行绿色改造。

综上，从新结构经济学的角度来讲，高质量发展的最好的方式是有效市场和有为政府这两只手共同发挥作用，引导企业，支持企业，按照各个地区、各个产业的特性，按照比较优势的基本原则来选择产业，发展经济。如果能这样发展，到 2025 年，我们应该可以跨过 12 535 美元的门槛，成为一个高收入经济体。到 2035 年，完全有可能在 2020 年的基础上，实现 GDP 总量和城乡居民收入翻一番。到 2049 年，实现把我国建成富强民主文明和谐美丽的社会主义现代化强国的目标。这个过程中，深圳作为中国特色社会主义先行示范区，一定会像过去 40 年一样，不断探索、创新经验，为经济特区的进一步发展，也为中华民族的伟大复兴做出自己的贡献。

在历史的大视野中寻求解决"三农"问题的中国方案[①]

我国三农问题,在过去 70 年当中,取得了巨大成就。我们知道历史上中国是一个人多地少,自然资源非常短缺的国家,解决吃饭的问题是中国几千年来的困扰。中华人民共和国成立以后,我们在解决三农问题上,可以说是取得了历史性的成就,尤其是 1978 年年底,十一届三中全会决定开始改革开放以后,我们的发展可以说是人类经济史上的奇迹。

按照统计数据来看,在 1978 年的时候,我国 81% 的人居住在农村,经济以农业为生,有 84% 的人生活在国际贫困线之下,可以说是全球贫困人口最集中的地方。改革开放以后,我们以农村的家庭联产承包责任制为突破口,把改革从农村推向了城市,带来了过去 40 年平均每年 9.4% 的增长,可以说在人类经济史上任何国家、任何地区都不曾出现过以这么高的速度持续这么长时间的增长。

[①] 本文根据林毅夫 2019 年 12 月 9 日接受《农民日报》专访的发言整理。

在 1978 年的时候，按照世界银行的统计指标，我们连非洲国家 GDP 平均数的 1/3 都没有达到。而去年，我们的人均 GDP 已经达到 9 760 美元。各种指标显示，到 2025 年左右，我们很可能迈过 12 700 万美元的国际高收入水平的门槛，这是一个了不起的成绩。在这个过程中，我们有 7 亿多人摆脱贫困。过去这 40 年，我国对国际减贫的贡献率超过 70%。这些以农村改革作为突破口带来的三农本身的发展，也是我们国家整体的发展。

我们前面谈到从 1978 年底的改革开放以后，农村发展取得了巨大的进步，但是同时我们也必须承认城乡收入差距在不断扩大。

我们首先必须了解，为什么提出新农村建设。是因为 1978 年以后实行的改革开放，开始把人们从农村推向城市，带来全面的发展，但在这个过程中城乡收入差距不断扩大。提出新农村建设的一个很大的目标，就是想缩小城乡差距。当时提出的目标包括生产发展、生活宽裕、村容整洁、管理民主。乡村振兴战略也包含四个方面，而且它在每一个方面都有质的提高。比如说从生产发展变成产业兴旺，产业里面包含第一、二、三产业的发展；从生活宽裕变成生活富裕，不仅要让农民有足够的钱花，还要让他们的生活是富裕的；从村容整洁变成生态宜居，不仅要有下水道，有垃圾回收站，还要让整个农村是适合人们居住的；从管理民主变成治理有效，民主只是一种手段，农村的社会、经济、文化各方面要全面发展，要发展的话就要治理，治理要有效。所以说乡村振兴战略是我们全面建成小康社会，以及整个国家在未来走向社会主义现代化国家,走向社会主义强国的一个很重要的组成部分。

要以史为鉴,从历史发展过程中学习经验。中华人民共和国成立前,社会不稳定,农民流离失所,人均自然资源少,经常闹饥荒。中华人民共和国成立以后,这方面得到了很大的改进。当时解决农村农业的问题,采取的方式是发展规模经济,所以就把单家单户的小农变成初级社、高级社,后来变成人民公社。当时的发展思路是靠规模经济,后来发现单靠规模经济不行,这体现为1958年、1959年和1960年农业生产受到挫折,经济上碰到困难。1961年、1962年以后,生产组织方面是恢复到生产队的形式,以三级所有队为基础。生产队的规模,相当于初级社的规模。那时候人们认识到提高生产的发展速度要靠科技,所以就开始引进农业现代化技术。这些当然都取得了一定成就,但当时的水平是很低的。

1978年以后的改革思路,不仅重视科技,更重视调动农民的积极性,所以才把集体性质的生产队转变为家庭联产承包责任制,土地还是集体的,但是由各家各户来经营。这提高了农民的积极性,增加了产量。增产以后要想实现增收,必须跟市场结合,要由政府来改善市场的基础设施。随着人们收入水平的不断提高,市场的需求在不断变化,当收入水平低的时候,大家只要吃饱就好了;收入水平高了,大家想吃得好,农民就要生产能够满足市场需求的产品。

农业现代化,其一要靠科技,其二要继续调动农民的积极性，其三要结合市场，而它的基础还是要依靠政府来因势利导。

回顾70年的发展，确实取得了不少成绩，也积累了很多经验教训，但总的来讲，要尊重农民的积极性，要依靠市场，要依靠科技，要发挥政府有为的作用，这样才能成功破浪前进。

我相信如果农村的产业能发展，产品能够满足市场需求，生产的产品价值越来越高，农民的收入就会越来越高，就能够富裕起来。在这个过程中要用现代的科技手段，现代的管理手段，让农村成为一个美丽的农村，成为一个让大家都向往去居住的地方，在政府的有效治理下，我相信这样做能打造一个高质量发展的典范。

1978年以后，我们的农业发展得非常快，但是相较于城市的工业化，农村的收入增长还是比较慢的，所以城乡收入差距是很大的，农村里的一些基础设施不好。

现在提出乡村振兴，这些短板都要补上。城市居民的收入越来越高了，全国人民的收入越来越高了，市场的产品需求是在不断变化的，要让农民有能力不断去生产能够满足市场需求的高质量的产品，并且有越来越多的科技手段可以使用。所以我想，在乡村建设方面，一方面要尊重农民的自主权的积极性，另一方面市场上的很多需求，也必须由政府来搭建平台，提供基础设施。同时，要运用新的科技手段，比如互联网的平台，来帮助农村，使它能够更好地跟市场联系在一起。这样的话，农民就会有更大的积极性去生产高质量的产品，并且学习生产高质量产品所需要的技术，然后利用现在的互联网平台，把生产出来的产品更好地跟最终消费者对接，更好地实现产品价值。

世界上还有很多国家和地区没有解决温饱的问题，我们解决了温饱的问题，而且还要往富裕去发展。跟其他发展中国家比，我们取得了优异成绩；跟发达国家比的话，有些方面我们在世界上是领先的，有些方面我们不如发达国家。这是由于资源禀赋的差距。我们是一个人多地少的国家，这是不能改变的现实。发达国家，比如美国、加拿大，或是澳大利亚，它们土地多，农业生产条件比我们优越。这种资源禀赋的差距，会反映在农业结构的差距上。如果从粮食单产来看，我们跟美国、澳大利亚和欧洲比，没有多少差距，在很多方面可能还领先。但如果看每个农户生产的粮食的话，我们与它们的差距就很大。在这些国家的农场中，夫妻两个人耕种 1 500 亩[①]地，产出就很多。但这些国家地多人少，它们生产的农产品通常是大众农产品，是可以用机械化生产的。我们精耕细作，每个农户的土地比较少，单产不比这些国家低，但是总产量比它们低。另外农业也不只包含大宗农产品，还有蔬菜、水果和一些经济作物。种植这些作物，需要的劳动力相对较多。在这种劳动力相对密集的农业上，比如蔬菜、水果的生产，不管是产量还是质量，我们在世界上都是领先的。

总的来讲，在农业发展上，确实要调动农民的积极性，要依靠科技手段，适应市场需求。但生产什么产品，要根据每个国家不同的要素禀赋结构所决定的比较优势来选择。选择了具有比较优势的产品。我们才能在农民的努力、政府的因势利导

---

① 1 亩 ≈666.67 平方米。——编者注

下，使用强大的科技手段，以完善的交通基础设施，打造我们的竞争优势。

新结构经济学跟过去的发展经济学的最大差异是什么？过去的发展理论通常以发达国家有什么，什么东西能做好作为参照系，来看发展中国家缺什么，什么东西做不好，然后采取措施。这个出发点非常好，但是从二战以后的历史来看，基本上没有一个发展中国家按照这样的做法发展好了。

新结构经济学则反其道而行之，它是看发展中国家自己有什么，根据自己有的，能把什么东西做好，然后在农民企业家的努力和政府的因势利导下，把它做大做强。当然，这是一个动态过程，在1978年的时候，我们有农民和土地，缺资本，随着我们的发展，土地数量没有增多，但我们积累的资本越来越多了。同时，随着经济的发展，产业结构的变化，留在农村的农民数量也在下降，所以我们有的东西也是在不断变化的。

不管在什么状况下，根据你当时有的东西，总能做好一些事情。能做好的事情，要创造条件，把它做大做强。这是新结构经济学的发展思路。新结构经济学的发展思路就是让每个国家、每个地区不管在什么状况下，都可以找到一些让经济能发展起来，发展能够不断滚动的政策措施、努力方向。

我认为新结构经济学不管在什么时点上，都有发展的可能，可以把能发展的发展起来，创造条件，为下一个发展打下基础。这是新结构经济学的思路跟传统理论最大的区别。

应用任何新技术，必须先了解这个新技术是什么，然后才能把新技术的优点与我们自己的长处相结合,强强联合。因为任何技术都有其适用范围,适合一种产品、适合一个地方的技术,可能不适合那种产品、那个地区。区块链是一个新技术,一个新概念。我相信它在农村还有农业的发展上有一定的发展空间。

想发挥新技术的潜力,首先还是要了解新技术到底是什么,我们现在的产业发展碰到了什么瓶颈,新技术在解决瓶颈上能发挥什么作用,沿着这个思路去思考的话,新技术会给我们带来很多机会。

未来中国的城乡是怎样的图景关系到我们作为社会主义强国所希望的农村是什么样子的。

我们希望城乡生活环境都是非常宜人的,而且农村土地比城市多,人口不那么密集,跟自然比较接近。我们希望在公共服务上,城乡之间没有差距,在生活方面各有长短。住在城市可以享受现代化的便利,比如看电影或看歌剧,或是要出国,去机场,这些都比较方便。但住在农村更接近大自然,也是一个大家向往的生活环境。人们可以在城市生活一段时间,然后到农村去接近大自然,享受一下自然环境的美妙,充了电以后,再回到城市里面来。农村的产业兴旺了,生活富裕了,生活在农村的人如果有一些现代化的需求,也可以很方便地而且有能力来享受城市里面的便利。

从新结构经济学角度
看我国当前的财政政策调整[①]

一、引言

自 1978 年改革开放以来的 40 年,我国 GDP 以年均 9.4% 的速度高速增长,2018 年 GDP 总量首次突破 90 万亿元大关,为 90.03 万亿元,约合 13.6 万亿美元,人均 GDP 为 9 780 美元,很快就要突破 1.2 万美元这个世界银行所定的高收入门槛线。作为处于中等收入阶段的 GDP 总量世界第二的大国,我们内部的经济结构在不断地调整,面临中等收入陷阱的挑战,处于从高速度增长向高质量增长转变的新常态,同时在过去几年里我们外部还经受着中美贸易摩擦等一系列新的挑战,我们的外部宏观环境正面临着系统性的重要转变,这种内外结构与环境的变化也将是未来"十四五"期间的持续的特点。2018 年,我国全国一般公共预算收入达 183 352 亿元,全国一般公共预算支出为 220 906 亿

---

① 本文根据王勇发表于 2019 年第 8 期《学习与探索》的文章整理。

元。而 1978 年则分别为 1 132.26 亿元和 1 122.09 亿元，可见增长迅猛。财政政策是实现国家某些目标的重要手段，财政的收支能力、体量、结构与影响都和发展阶段及国际环境密切相关。我国的财政政策的制定与实施，也需要结合这些宏观趋势与外部环境的变化做出相应调整。

本文的主要目的是从新结构经济学的角度探讨如何调整我国的财政政策。新结构经济学是运用现代经济学的研究方法，着重研究经济结构及其变迁的决定因素及对经济发展的含义，被认为是继"结构主义""新自由主义"之后的第三代发展经济学思潮，由林毅夫教授首创。新结构经济学强调有效市场与有为政府相结合，主张从本国发展阶段与禀赋结构出发分析最适合自己的技术、产业结构、金融结构与政策，自然也包括财政政策[1][2][3]。

本文结构安排如下：第二部分是结合我国经济正在同时进行的四个结构性过程阐述财政政策，第三部分是按照新结构经济学对产业的五大分类来论述财政政策，第四部分是从政治经济学的角度探讨各级政府官员的激励以及财政政策的实施与执行过程，最后是总结。

---

[1] LIN Y F. New Structural Economics: A Frame-work for Rethinking Development[J]. World Bank Research Observer, 2011: 193−221.
[2] 王勇. 新结构经济学思与辩 [M]. 北京：北京大学出版社，2017.
[3] 赵秋运，王勇. 新结构经济学的理论溯源与进展——庆祝林毅夫教授回国从教 30 周年[J]. 财经研究, 2018 (9).

二、四个同时进行的结构性过程与财政政策

从结构上看,我国目前正在同时经历四个结构性过程,各自所对应的财政政策也需要做出相应调整。

第一,结构转型(与产业升级)过程,即随着人均收入提高,经济结构中的农业比重不断下降,制造业比重先上升后下降,服务业比重不断上升,正如库兹涅茨事实所揭示的那样。产业之间从劳动密集型向资本密集型升级,产业链内部向微笑曲线两端附加值高的部分升级。

第二,经济转轨过程,即从原来的计划经济向市场经济的改革转变过程,我们面临的问题是如何以合理的速度与次序纠正低效的政策,消除市场扭曲,优化资源配置,逐渐实现从计划与市场双轨向市场单轨转变。在这个过程中,如何保持合理的改革转轨次序与速度,改革的倒逼机制是否有效,都是非常重要的问题[①]。

第三,经济开放过程,即从原来相对封闭的经济走向开放型经济的过程,这是个参与经济全球化的过程。我国在贸易全球化方面进展突出,已经是世界最大的贸易国,而在资本全球化方面,人民币已经加入 SDR(特别提款权)货币篮子,我们现阶段也在重点研究和推行与人民币自由可兑换相关的汇率与资本流动管制问题。除了贸易流动、资本流动,还有技术流动。我国总体

[①] WANG Y. A Model of Sequential Reforms and Economic Convergence[J]. China Economic Review, 2015(32): 1–26.

越来越接近世界技术前沿，在不断调整对现有国外技术的模仿吸收和自主创新这两个方面的比重的同时，也需要调整关于国际与国内的知识产权保护政策和力度。

第四，大国崛起过程，即我国从原来的军事、政治、外交等地缘政治方面的弱国逐渐向世界强国崛起与复兴的过程。在这个过程中，我国难免会与现有的国际经济政治秩序形成某些矛盾，中美之间可能存在"修昔底德陷阱"问题。事实上，不仅是我国，很多其他国家，尤其是在世界经济总量中份额不断增长的新兴市场经济体，都有改革现有国际秩序的诉求。因为现有秩序是70年前二战结束时的世界政治经济格局的产物，在不少方面已经滞后于这个时代了。

中国是人类历史上到目前为止唯一一个同时经历这四个结构性过程的大国，而财政政策与这四个结构性过程均密切相关，所以我们国家的财政政策也就显得尤为复杂。具体而言，对于结构转型与产业升级过程，财政政策体现在相关的税收、补贴、基础设施投资等很多相关方面，税基也在随着经济结构发生变动，这些都与产业政策高度相关，后面会更具体地展开。对于经济转轨过程，我们需要研究和梳理中国的补贴与税收政策，消除和纠正那些低效的或者无效的补贴，优化税收结构，更好地纠正政府的乱为，发挥有效市场的作用[①]。对于经济开放过程，我们的财政收支越来越受到国际环境的影响，财政政策与国际贸易、资本和

---

① 王勇，华秀萍.详论新结构经济学中有为政府的内涵——兼对田国强教授批评的回复[J].经济评论，2017(3): 17-30。

技术的流动缠绕在一起，影响国际收支平衡，而且作为大国也会影响国际。对于大国崛起过程，我们将不得不考虑对那些与国防和经济安全有关的战略型产业给予财政支持，比如，中美贸易摩擦过程中的芯片断供问题、华为的问题，以及与亚投行、"一带一路"等相关的问题等。

现在有不少学者反对我国的积极的扩大政府支出的财政政策，主要是针对第二个过程，认为那会强化政府的"乱为"，不利于市场化改革和资源的优化配置。学术界达成共识比较多的是减税政策，可是减税的前提应该是切实降低政府开支，否则只能增加政府债务，从而提高通胀可能并增加宏观风险。无法降低政府开支的"结构性减税"的实际可行性是很低的。但是，经济转轨的改革过程本身也是需要有财政支撑的，其他三个结构性过程同样也需要政府的因势利导，需要政府提供开支，有些方面甚至需要增加开支。因此，现阶段似乎首先应该讨论如何减少政府的低效开支，优化支出结构，进行结构性的开支削减，再来讨论如何进行结构性减税，否则税只可能越减越多。

以上提到的四个结构性过程显然并非相互独立，而是互相交叉的。这种交叉关系可以用下图来说明（见图2-1）。我国正在经历从农业到非农业的工业化和城市化过程，即结构转型与产业升级过程。而在非农部门中存在一个垂直结构，即能源、金融、电力、通信等几个核心的上游部门主要由国有企业主导，具有较高的进入壁垒，市场结构偏向垄断，产业偏向资本密集型。而下游的消费性制造业和消费性服务业则已经放开，国有企业已经大量退出，并且由民营企业主导，进入壁垒比较低，市场结构更接近充分竞争。上游产业为下游产业提供中间产品与中间服务，所以存在投入-产出表的供应链关系。这里涉及国有企业改革等一系列市场化改革的经济转轨过程。与此同时，我国的下游民营企业是国际贸易的主力军，特别是2001年加入世界贸易组织以后，民营企业更是积极参与贸易的全球化，持续保持第一大出口主体地位。中国巨大的经济体量与垂直结构，使大国崛起这个结构性过程受到全世界的高度关注并承受着巨大的地缘政治因素的影响[①]。

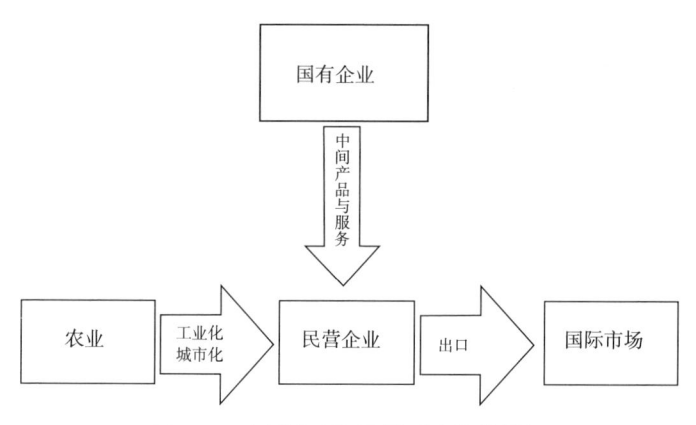

图 2-1 中国宏观经济的垂直结构特征

深刻理解当前中国的这种宏观经济结构对于我们分析宏观财政政策很有帮助。譬如，2001年中国加入世界贸易组织到2008年国际金融危机之前，上游国有企业的平均利润率高于下游的民

---

① 李系，刘学文，王勇．一个中国经济发展的模型 [J] 经济学报，2014(4): 1-48.

营企业，但是 2008 年之后则相反。这是因为，2008 年之前，中国下游产业放开，国有企业退出，民营企业进入，下游部门的民营企业利用从农村转移出来的廉价劳动力，并充分利用全球化过程将大量产品销售到国际市场，在此过程中，下游民营企业需要不断扩大生产规模，从而对于上游国有企业生产的中间产品与中间服务的需求也大量增加，进而上游国企的利润率也就不断提高。在工业化与城市化的过程中，与土地相关的财政收入也在迅速提高。总体而言，无论是下游的民营企业还是上游的国有企业，所上缴的税收在这段时期都在迅速增加。

然而，2008 年国际金融危机发生以后，我国的国企的利润率开始大幅下降，重新回落到低于民营企业利润率的状态。这是因为，2008 年国际金融危机以后，我国下游民营企业面对的外需相对下降，因此下游民营企业的生产规模相对收缩，一部分民营企业破产退出市场，从而降低了对上游原材料与中间产品的需求，另一方面，中上游的产业中的国有企业比重比较高，它们面对市场变化的调整速度可能比民营企业更慢，而且面对整体经济衰退时，国有企业承担的"保就业、保增长"等政策性负担就变成显性的约束，裁员率低、破产率低、投资减少率低，这就导致僵尸企业主要集中在中上游产业，而且国有企业的平均利润率低于民营企业[1][2]。我国的 4 万亿刺激政策，很大一部分通过国有企业的投资增加来实施，间接地通过垂直结构影响到产业链中的其

---

[1] 王勇. "垂直结构"下的国有企业改革 [J]. 国际经济评论, 2017(5): 6, 11-30.
[2] 王勇. 中国经济增速下滑主因是需求还是供给？[J]. 学习与探索, 2018(10).

他部门。对于这个扩张性的反周期的财政政策的效果评估,目前文献中的学术研究还没有考虑垂直结构,而垂直结构值得深入研究。

三、五大类产业划分与财政政策

这一部分将着重从新结构经济学的分析视角结合产业升级过程来看我国的财政政策,因为产业升级中的诸多产业政策是财政政策的具体表现。新结构经济学分析不仅关注总量指标,而且更加关注各不同发展阶段下不同的产业结构等结构性的指标。在新结构经济学中,我们将产业分为五大类,具体包括:战略型产业、追赶型产业、领先型产业、转进型产业和换道超车型产业[①]。按照这五大类划分以后,针对中国的不同发展阶段,需要适时分析在每一类产业的发展中政府应该发挥什么样的作用,财政应该发挥什么样的作用,进而对五大类产业制定不同的产业政策,从而确定财政的相应收支结构。

1. 战略型产业,比如战斗机的研发时间很长,资本也非常密集,从经济效益来说也许并不符合我们的比较优势,相关企业的自生能力不是很高,但这些产业和部门涉及国防安全,需要维持必要的财政投入,而且特别是随着前面提到的第四个结构性过程,即大国崛起过程,这样的财政投入会不断提高。再比如在中美贸易摩擦中,在高端芯片领域我们被卡住脖子了,整个产业链

---

① 林毅夫,张军,王勇,寇宗来.产业政策:总结、反思与展望[M].北京:北京大学出版社,2018.

面临瘫痪的危险，这涉及经济安全，所以也有必要研究是否对此增加财政支持，鼓励自主创新。

2. 在追赶型产业上，我们与发达国家之间存在技术差距，各地政府可以通过招商引资，通过建设产业园区和其他方式对外资进行财政补贴，促进对先进技术的吸收与学习。不少实证研究表明，我国的出口加工区的产业政策总体成效是显著的，支持产业发展的相关的基础设施的改善力度也很大。但随着我国经济的发展，特别是沿海发达地区，土地与劳动力成本越来越高，基础设施存量已经相当高，在吸引投资方面，与其他地区和一些发展中国家相比，我们可以提供的显性的政策优惠空间是有限的，此时，改善产业的营商环境，提升软的制度安排，降低企业交易成本和对人才的搜寻成本，为产业升级提供各种便利的服务，推动产业向高附加值端升级，是产业政策或财政政策需要发力的方向。

3. 在领先型产业上，我们的技术条件已经达到世界前沿，这种领先地位决定了企业主要靠研发创新来提升生产力。所以，在财政的收支政策上做调整，以促进这些产业的自主研发就成为关键之举。相应地，测度与评估我国在研发投入上的财政支出的效率问题十分重要，这不仅仅是微观实证问题，它涉及国家财政政策的传导机制，需要运用合适的宏观框架来帮助我们思考。在上一节中，我们论述了垂直结构，上下游所有制结构是非对称的，市场结构也是非对称的，下游更加突出竞争性，而上游则更加呈现出垄断性特征。与此同时，垂直结构又与产业升级相关，从农业向非农业结构的转型以及全球化的过程中，我国的财政政策，包括 R&D（研究与试验发展经费）的补贴，很多时候是向国企集中的上游产业倾斜的，这个政策可以通过产业链传递到下游，传递到民营企业。比如，2008 年国际金融危机之后，我国的 4 万亿的刺激政策很大一部分是通过上游国有企业投资增加开始传导的①。换言之，我们是需要考虑产业内与产业间的外部性，考虑一般均衡效应的。

4. 对于转进型产业，一是失去比较优势的产业，比如我国一些劳动密集型产业向非洲的转移。二是产能过剩比较严重的一些产业，比如投入 4 万亿之后我国的平板玻璃、电解铝、钢材等普遍存在产能过剩问题，而其中有些产业对于其他国家的经济发展而言又恰好是短缺的、需要的。如果把这些产业的部分产能适度转移到有需要的国家去，就可以实现双赢。导致产能过剩的原因，大致可以分成两类。第一类是低效产能无法及时去除的问题，也就是僵尸企业问题。我们的研究发现，2008 年之后，我们国家越是上游的产业，僵尸企业的比重越高，这些企业一直享受财政补贴。向战略性产业提供财政补贴是有必要的，但对于部分非战略型上游行业，不应以战略性之名向其提供保护补贴，而是要降低进入壁垒，允许更多民营企业进入，打破国企垄断，消灭僵尸企业，提高产业效率，提升产品质量。第二类是产业本身技术水平已经比较发达，但是因为政策补贴等原因，导致在国内

---

① 王勇．"垂直结构"下的国有企业改革 [J]．国际经济评论，2017(5):6，11-30．

供过于求。比如在化肥、光伏等产业上，我们实际已经属于领先型产业，技术已经居于世界前沿，但产能特别高，而非洲和中亚等一些发展中国家需要发展农业，需要能源基础设施建设，把这些产业引入"一带一路"沿线这些国家，并不是淘汰落后产能，而是可以实现双赢的做法。

从产业国际转移和对外投资援助的角度，中国作为大国的这些对外的财政政策可能也具有一定的乘数效应。因为这些政策如果真的有助于非洲等地的低收入国家变得更加富有，对中国也意味着将有更大的世界市场，进而拉动中国其他产业的出口，提高GDP。当然，这不是凯恩斯主义的短期的反周期政策，而是超越凯恩斯主义的长期的具有生产性的政策。同时，这不是通过扩大内需产生的乘数效应，而是通过扩大长期的外需产生的乘数效应，周期会更加长。此外，只有在中国这样的大国，这种通过外需的乘数效应才可能会被政策部门进行内生化考虑，这与新加坡不同。当然，这只是理论上的一种可能性，需要继续做进一步的相关研究。

5. 换道超车型产业的研发周期短，所需要的人力资本密集，而且这些产业在目前的发达国家也被认为是高端新兴产业，比如我们的网络支付产业、5G都处于国际领先水平，相对于我们国家的总体发展阶段而言，我们在这些产业上的水平明显"超车"了。结合之前讲到的大国崛起过程，如何更好地在财政上对这些产业予以服务，在相关人才培养上如何在财政上给予倾斜，走向国际化方面政府如何更好地发挥因势利导的有为作用，如何更好地借鉴发达国家的经验,这些都需要进一步研究[①②]。

以上这些虽然主要是从产业政策的角度去阐述,但即使是一项貌似产业中性的总量的财政政策,对于以上五种不同的产业的影响也常常是非中性的,对于不同地区,或者同一地区的不同发展阶段的影响也是不同的。

四、各级政府官员的激励问题与财政政策的执行效果

政府与市场的合理角色在不同的发展阶段应该有所不同[③]。随着我国经济发展阶段的变化,中央和地方的关系如何调整,对地方政府官员的考核办法如何调整都是我们应当关注的重要问题。原来地方政府之间的竞争,对于产品市场的促进效果明显,但要素市场改革本质是一体化的问题,各地区利益存在差异,需要中央政府来推动改革。同样的道理,不同的税种,央地两级各自分到的税收收入比重,都会影响税收执行的力度[④]。如果考核地方官员政绩的重要指标是 GDP 增长速度,那么追求晋升的官员会理性地选择在短期内通过增加政府投资来提高 GDP,内生地拉高政府开支;即使被迫减税,地方政府也会有

---

① WANG Y, HUA X P. The State as a Facilitator of Innovation and Technology Upgrading[M]. Oxford: Oxford University Press, 2019.
② 唐恒,王勇,赵秋运. 新结构经济学视角下的知识产权战略[M]. 北京:北京大学出版社,2021.
③ BARDHAN. State and Development: The Need for a Reappraisal of the Current Literature,Journal of Economic Literature, 2016, 54(3):862-892.
④ WANG Y. Fiscal Decentralization, Endogenous Policies, and Foreign Direct Investment: Theory and Evidence from China,Journal of Development Economics, 2013, (3):107-123.

激励地去增加收费，或者通过增加地方债务的方式去拉高投资。如果地方财政收入的增长速度也是考核地方官员政绩的重要评价指标之一，那么显然不利于减税。如果失业率与维稳问题是考核地方官员政绩的高压线，那么在僵尸企业比例较高、民营企业相对弱小的地区，地方政府就有足够的动机去继续补贴僵尸企业，即使这样做会导致资源错配。之前的分析中提到，作为发展中国家，在产业升级的过程中我们的确需要政府去做配套的基础设施投资，但如何保证这些投资的效率足够高，是具有长期建设性的，这些与由地方官员任期、考核方式等决定的激励机制有关，与政治体制有关。总之，有效的财政政策的落实执行，最终要依靠各级政府的官员，所以对他们的考核标准将对财政政策产生重要影响。

总结

本文尝试从新结构经济学的角度分析我国的财政政策。我们的分析强调，我国正在同时经历结构转型、经济转轨、对外开放以及大国崛起这四个结构性的过程，是一个处于中等收入阶段的大国，而且具有垂直结构的显著特点。同时，按照新结构经济学的划分，"战略型""追赶型""领先型""转进型""换道超车型"这五大类产业共存。不同地区的发展不平衡，即便同一个产业在不同地方发展阶段也不一样，有些产业可能在微笑曲线的底端，有些在微笑曲线的上端。这些结构性差异要求我们结合发展阶段，结合经济结构，结合外部宏观环境，结合各级政府官员考核激励机制来全面考虑我国财政政策的制定与执行，以及如何评估政策效果。以上这些都属于新结构经济学所强调的有为政府在财政政策这个具体问题上的分析视角[1]。

---

[1] 王勇，华秀萍. 评论新结构经济学中有为政府的内涵——兼对田国强教授批评的回复[J]. 经济评论，2017(3): 17-30.

GDP 增长目标与中国经济发展[①]

在刚刚过去的十三届全国人大第三次会议上，李克强总理在政府工作报告中不再设定 2020 年全年 GDP 增速的目标，这一变化引发了很多讨论。GDP 增长目标应不应该放弃？要回答这一问题，我们首先需要理解的是中国的中央政府这么多年来为什么一直给自己布置这么难的作业，要达到这么高的 GDP 增长率目标？与其他发展中国家相比，我国设定这个增速目标究竟是幸还是不幸？我个人的观点很鲜明，综合考虑中国的体制和目前所处发展阶段因素，在未来 20 年继续明确 GDP 增速目标，对于经济改革与宏观政策实施，对于约束地方官员的不作为与乱为，总体上依然是利大于弊。

当然，今年情况特殊。由于突发的全球疫情，需要优先保障民生和国民的生命健康，经济增长与之相比是次要目标。加上疫情不同于经济或者金融危机，而是属于经济体系外部的全球冲

---

① 本文根据王勇 2020 年 5 月发表于财新网的文章整理。

击,有效疫苗尚未被成功研发或至少未被证明大规模有效,疫情仍在蔓延,因此当下较难判断它对经济的实际影响程度,面对这种高度不确定性,今年放弃公布 GDP 增速目标的这种调整是可以理解的。但是,我们必须明白,今年不设增长目标是无奈的选择,并不值得欢呼。要知道我们中国大陆尽管过去 40 年保持着世所罕见的高增长率,但是因为人口多,底子薄,我们的人均收入依然低于全世界的平均水平,依然是个"穷人"。现在发生了疫情,就好像一个穷人生病了,需要把当期的目标调整成先恢复身体健康,而不再设定今年要赚多少钱养家糊口的目标。

不少学者一直反对我国设定 GDP 增长目标,即使没有当前的新冠肺炎疫情,也主张放弃。有了疫情以后,这些学者更是希望以此为契机,完全取消 GDP 增长的考核目标。总结起来,大致有三条理由。

第一条反对理由,同时也可能是最重要的一条是,如果用过高的增速目标对官员进行考核,就会迫使官员采取过度的扩张性的凯恩斯主义宏观政策来刺激经济,造成过度投资和资源错配。

应该说这样的担心是有一定道理的。如何避免出现这种情况呢?首先就要保证 GDP 增速目标不能定得过高,合理的增速目标的制定依赖于对潜在增长率的判断,而后者需要对当前的经济发展阶段与国内外经济社会政治形势做综合判断,对此我们国家的决策部门已经在相当长的实践中逐渐积累了不少有用的判断经验。当然,面对新阶段新形势还需要继续深入研究。总体上说,我们国家的人均收入依旧处于较低水平(大约为美国的 1/5),而且我国仍旧处于从计划经济向市场经济转轨的路上，依然存在大量的资源低效率错配的情形，所以只要能够通过政府的有为改革减少这些政策扭曲，马上就会释放出很多增长空间。所以，我认为如果GDP增速目标设定合理，理论上可以给各级官员以改革压力，同时要对能力不足、怠政不作为或者因为乱为导致决策重大失误的官员进行必要的惩罚，激励官员们去做有利于经济发展的事情。有大量的经济学研究表明，制度与政策障碍是影响经济长期增长的关键因素，而且我们过去40年的改革开放的实践也已经反复说明，没有市场改革意志与实事求是精神的官员是发展不好当地经济的。因此，促进长期增长与推进市场化改革本身非但不矛盾，而且应该是互相促进的。

第一，设定GDP增长目标与促进市场改革两者之所以被很多人看作一对矛盾，主要是因为他们认为GDP增长目标容易设定得过高并且考核过于短期化。这种担心确实也有一定道理，因为这些具有内生制度原因。比如当中央制定全国的GDP增长率目标之后，会分摊给各省与直辖市等地方政府，然后进一步下放到次一级政府头上，通过各级政府根据这些目标编制工作计划与规划，出台具体政策办法去落实操作。在中国，地方政府官员主要是由上级选拔的，对上负责，所以各级地方官员为了在这样的GDP增长"锦标赛"上胜出会自己主动提高目标完成额，这样层层加码，最后落地实施时就容易出现GDP目标的"浮夸风"，也容易出现计划经济时代那种"鞭打快牛"的棘轮效应：以前增长快的地方被要求保住高增长率甚至要实现更高的增长率。特别是在产业政策领域，一旦中央政府出台鼓励某些新兴产业发展的各种优惠政策，各地政府就容易为了从这些优惠政策中得到更多好处，一窝蜂地涌入跟进投资，即使做砸了也可以推卸责任说只是为了积极响应上级政府的文件精神。

第二，地方官员的任期通常都比较短，而且调动频繁，在这种情况下，官员的理性选择就是首先保证不出错，然后就是希望能做出见效快的可视化的专属性的政绩。比如，为了彰显自己政绩的专属性，经常不再跟进由前任官员主导的但尚未完成的投资项目，而是另起炉灶，新开项目，导致了不少浪费与重复建设。再比如，为了政绩的可视化，官员更愿意在硬件方面的基础设施上下功夫，而不是在软性政策制度等管理方面做改善，对于基础阶段的教育的百年大计的扶持也经常不充分。

第三，官员倾向于舍改革而只做投资刺激。改革需要对利益进行再分配，打破现有的显性和隐性规则，所以官员认为改革容易得罪人，影响仕途。而且改革需要多方协调，很多时候无法自己拍板决定，容易拖延。而采取经济刺激的政策，决策主体相对比较单一，决策过程也相对简单，执行起来更快更容易，对短期的 GDP 增加的效果也更加明显。

如何看待和应对这些问题呢？首先，关于投资，我认为在经济发展的较低收入阶段，应该适当超前地进行长期基础设施的建设，因为这不仅可以帮助烫平短期周期性的经济衰退，而且也有利于改善营商环境并促进长期的经济增长和社会发展。中国的官员在这方面有投资的积极性和实施的能力，其实是一件好事，与其他发展中国家进行对比分析之后就更能意识到这一点。比如印度地方政府官员主要关心的并不是当地 GDP 增速，而是选民的选票，所以官员们日常更加关注的是收税以及进行收入再分配，对于招商引资远远没有中国地方官员那么积极，对于长期性的基础设施建设也远远不像中国地方政府官员那样上心并且说干就干，事实上他们也没有中国地方官员那样的体制权力去真正操作这样的事。改革开放之前我国的人均 GDP 不如印度，基础设施也很差，但是如今我们的基础设施比印度要好很多，这与 GDP 增长目标的设立是紧密相关的。如今，我们国家在"铁公基"方面的基础设施投资在很多地方都接近饱和了，但是我国的城市化与工业化还没有结束，我们在传统基建上如市政轨道交通方面仍旧有投资缺口，地下排水管道等传统基础设施老化，也需要增加投资。此外，在现代信息网络技术带动下的更为现代化的新基建对于我国长远经济增长与发展战略意义重大，也需要投资。所以虽然的确要防止乱投资，但是我们的发展阶段还没有达到需要遏制基础设施投资的时候。

其次，单纯依靠政府投资，GDP 也不可能持续上升，否则计划经济也能取得长期增长。必须要有私人消费和私人投资 GDP 增长才可以久远，而要促进私人消费和私人投资就需要有好的市场环境，特别是对私有产权的保护和尊重。政府投资的目的是更好地将私人投资与消费带动起来，而不是挤兑出去，只有这样才是真正能够带来经济增长并提高百姓长期福利水平的投资。比如我们东北三省的经济发展相对滞后的问题，过去这几年，中央政府对这一地区的财政和金融援助力度是很大的，但是其经济增长的表现一直欠佳。假设这些钱都被政府用于公共基础设施投资是否就可以带来经济增长呢？恐怕也不行。换言之，当政府主导的投资对于经济增长的提振作用足够低的时候，GDP增速的目标会迫使官员去寻找投资以外的其他遏制经济增长的关键桎梏，并且设法改善它。所以，比较理想的情形是，除了根据发展阶段调整GDP增长的目标值，还应该考核相对长期的平均GDP增长率，比如三年或者五年平均GDP增长率，以避免地方政府追求"短平快"的强刺激政策。这也要求对地方官员的调动不能过于频繁。

再次，在非公共基础设施领域，政府在对相关产业发挥因势利导作用的时候，需要选择那些符合当地潜在比较优势的产业，而不是乱拍脑袋或者一窝蜂地盲目跟进。在这方面，新结构经济学做了不少相关学术和政策研究，比如地方政府应该如何根据当地的禀赋结构运用增长甄别与因势利导的分析框架，再比如，政府的产业政策应该如何区别对待追赶型、领先型、转进型、换道超车型以及战略型这五大类新结构经济学的产业划分，为尽可能减少政府在产业政策上的乱为与不作为提供具有学术严谨性的政策实践指导。

最后，对于政府的各种投资或者相关宏观调控决策应该在事前、事中与事后有充分的讨论，由比较权威客观的第三方做科学化的政策论证、过程监督以及事后评估。

第二条反对设定GDP增长目标的理由，是认为单纯追求

GDP增长目标会导致其他经济社会发展方面受到负面影响。一是环保与能耗问题，为了快速增加总产出而忽略各种投入的经济与社会成本，破坏生态环境。二是低质量的粗放增长问题，产品与服务的附加值低，质量差，不耐用，甚至会危害人们的生命健康安全。三是收入不平等问题，重视增长但是轻视分配，导致由贫富差距带来的各类社会矛盾加剧，影响社会稳定。四是对历史文化的保存问题，很多历史文化古迹和重要建筑因为要让位于经济建设而被毁坏和拆除。

对此，我认为，首先要明确 GDP 增长不应该是唯一的考核指标，尽管它可能是衡量经济发展的最重要的指标。不能因为一个指标不能全面衡量一个地区经济、社会与文化的全面发展，就否认这个指标的使用价值。

其次，只要相关配套措施引导得好，GDP 增长目标与其他很多指标在内在逻辑上并不必然是矛盾的。现在为了更好地应对环保和能耗问题，加快了清洁能源和低能耗技术的研发，创造了很多新的就业岗位和新的产业，比如生态旅游业、新能源汽车，大健康产业等都促进了 GDP 的增长，而且收入的提高本身也会让消费者更加愿意为清洁美好的生活环境去付费，促进绿色发展。不能因为怕污染环境就拒绝经济增长，事实上，经济增长会更加有利于环保。对于产品质量低的问题，经济学中的恩格尔定律告诉我们，随着收入的提高，老百姓会越来越重视高质量的产品与服务，对于那些以粗放方式生产出来的低质量的产品与服务的市场需求将越来越低，所以为了赚钱，市场竞争的压力也会逼迫企业去生产质量越来越高的产品,产品卖不出去的企业会被市场自动淘汰,这与经济增长本身也是互相促进的。对于收入不平等,如果蛋糕不断地做大,实现帕累托改进的分蛋糕会比较容易,分蛋糕也将成为次要矛盾;但如果蛋糕停止增长了,那么再怎么分蛋糕都是零和博弈,只会导致社会矛盾更加严重。所以不能把经济增长与收入分配完全对立起来,而是要优化再分配的政策,建立合理的社会保障体制,尽量在不伤害劳动积极性的前提下,帮助低收入群体,实现社会公平。有很多令人信服的经济学研究告诉我们,收入分配特别不平等是会妨碍经济增长的。所以,即使单纯为了实现经济高速增长,也需要控制收入不平等的严重程度。对于历史文化遗产和名胜古迹的保护,也是同样的道理,古玩字画、历史建筑等的市场价值也会随着收入水平的提高而越来越高,不仅如此,还可以通过博物馆展览等方式带来现金流,增加GDP,而那些为短期GDP目标而破坏这些文化古迹的行为本身也并不符合长期GDP增长的目标。

第三条反对设定GDP增长目标的理由,是认为GDP增长数字可以造假,所以作为考核指标没有太大意义。

对此,我认为只要有考核,就可能存在作弊,但不能因为存在作弊的可能性就放弃所有考核,而应该采取有效措施防范作弊。我们当然要严厉防止地方政府甚至中央政府的相关部门的官员捏造GDP数字,虚假上报和发布。对于弄虚作假的官员必须要严惩,对于没有完成自己GDP增长承诺的官员要有惩戒。

另外,在统计与核算的流程设计和技术操作上,也要通过各种方式增加统计与核算的准确性和独立性，比如对调研过程进行网络跟踪，在线填报，尽量减少干预和中间数据修改的环节等。只有这样，才能让国家各部门的经济决策有更加科学的事实依据，才能杜绝、遏制浮夸上报弄虚作假的，真正达到客观如实地考核官员并且切实地发展经济的目的。

如果放弃GDP增长考核目标，是否有其他更好的可替代的考核目标呢？现在被讨论最多的就是（保）就业的目标。这听上去似乎要比GDP增长更为民生考虑，但我们需要认真研究保就业目标在实际中执行起来的效果究竟怎样，防止走偏。若以增加就业为目标，政策手段无非有两类：增加工作机会和减少解雇。当短期经济下行时，地方政府具体执行时很有可能会以减少解雇为主。国有企业和政府部门本来就承担着这样的政策负担，而民营企业如果因为想裁员而裁不了，就会从一开始就减少对劳动力的雇用，反而不利于就业。即使在正常经济状况下，若以增加就业为目标，也可能会在政策执行的时候更偏向于那些劳动密集型的产业，延后产业向资本密集型方向的转型升级。当然，以新增的就业机会为目标，如果措施引导得当，会更有利于增加人力资本的投资，降低新企业进入门槛，降低企业的雇佣成本（诸如减轻五险一金的企业负担），有利于创新与创业。这些和GDP增长目标是完全一致的。不能带来经济增长的高就业率是我们想要的吗？不是，因为我们不想回到大锅饭与铁饭碗的计划经济时代。如果经济增长快，能增加就业吗？能。即使人工智能会替代一部分劳动，不少学术研究表明依旧会有大量新的岗位被创造出来。

另外，与 GDP 增长目标一样，采用就业目标也同样面临统计准确性的问题。在我们国家，GDP 的统计与核算一直受到高度重视、关注和研究，而且要通过生产法、收入法、支出法多种方式核算，并且互相印证，因而数字造假的技术难度也会比较高。关于就业量的统计，虽然不需要计算价格，但也非常具有挑战性。比如，我们关于就业的统计单位一直没有精确到人时，主要还是按人头计算，但一个身兼数职并长期加班的工人和一个处于半工状态的工人，每周工作的小时数显然是不一样的。这也是对中国短期宏观经济波动做定量研究时令学者长期感到头疼的问题之一。而考核目标究竟选择人头还是人时，可能会导致被考核的官员采取非常不同的应对措施。

此外，由于我们国家的农民工流动性比较强，户籍制度以及劳动社会保障制度不完善，会增加每一个地区的就业人数的统计难度，另外自我雇用的个体户以及农村人口的就业衡量也一直是难点。这些难点可能被利用来做虚假统计。至于失业人口与失业率的统计，挑战则更大。比如，今年我国第一季度 GDP 同比下降 6.8%，但第一季度登记的失业率比去年同期反而是下降的。之所以出现这种情况，就是因为疫情限制出行，失业补助金过低，以及流动人口回户籍所在地登记比较麻烦等，使大量实际失业的人并没有去登记。所以，综上所述，若论统计误差，就业方面的统计指标或许要比 GDP 增长的指标还大些。

以上这些并不是想说明就业目标不重要，它实际上是重要的宏观绩效指标之一。但是我还看不到存在充分理由说明 GDP 增长目标比这个目标更不重要,甚至需要被放弃。当然,我们政府政策报告中不对外明确宣布 GDP 增长目标,并不意味着在实际制定各种宏观与发展政策时不考虑 GDP 增长率,从技术上来说,没有 GDP 增长率目标假设,根本做不到对各种政策之间内部逻辑的协调。而且不明确宣布 GDP 增长目标也并不意味着政府否认 GDP 增长率的重要性。2008 年国际金融危机之后,我国的 4 万亿刺激政策屡屡被批评,被认为是"国进民退"。但事实上,究竟该不该执行这个反周期的宏观调控政策,实际效果如何,学术界还没有真正形成共识。政策制定者们都担心被贴上反对市场化改革的标签,那样会被批评没有读通现代经济学理论。一旦明确公布了 GDP 增长目标,所有的扩张性的货币与财政政策都容易被批评为强刺激政策,被批评为有悖于市场化改革的政府过度干预。现在不提增长目标,同样一些政策听上去就不再是为官员政绩而是为百姓着想了,估计知识分子们的批评会少一些吧。这是宣布政策的修辞策略。

新结构经济学与 GDP 增长目标[①]

讨论当前各种宏观经济政策都必须首先对当下的 GDP 增长目标与经济形势做出自己的基本判断。当前我国宏观形势严峻，根据国家统计局发布的指标，今年（2019 年）前三个季度以不变价格计算同比 GDP 增长率分别为 6.4%、6.2% 与 6.0%，第四季度增速破 6 具有较大的可能性，不少人甚至在担心 2019 年全年的 GDP 增速是否会跌到 6% 以下。对比一下，2018 年的四个季度的 GDP 增长率分别为 6.8%、6.7%、6.5% 和 6.4%，2018 年的年度真实 GDP 增速为 6.8%，创下 1991 年以来的历史最低点。一个很自然的问题是：我们是否要保第四季度 GDP 增速 6%？或者至少要保 2019 年全年增速 6% 以上？

著名经济学家余永定教授最近在《财经》杂志上撰文《经济增速已滑至 6%，该刹车了》，提出我们国家应该采取积极有力的反周期政策，让 GDP 增速不断大幅下滑的趋势"刹车"，要

[①] 本文根据王勇在《新京报》发表的文章整理。

保6。该文引发了很多讨论，其中不乏反对的观点。比如野村证券中国首席经济学家陆挺博士在《保6有必要吗？能保6吗？和余永定教授商榷》一文中明确反对保6，他列举了诸多反周期刺激政策带来的负面后果，认为保6既无必要也不太可能，若为此继续之前的宏观刺激政策，只会带来更糟糕的宏观后果。全国政协经济委员会副主任刘世锦在题为《用刺激性办法保6，还是用改革的办法稳5》的某论坛发言中，谈到自己团队的研究认为2020年至2025年中国的潜在增长率都在6%以下，中国正在发生增长的长期趋势性的下降，所以当前最好是用制度改革的办法应对长期趋势，而不是继续使用反周期的宏观调控政策保6%的增长。

我个人比较赞同余永定老师的观点，主张政府应该出台相关举措，力保增长。首先需要说明，余永定老师的观点，核心主张在于保增长的政策倾向，6%这个数字在当前政策讨论下是一种观点符号，本身不应做过度解读。6.05%还是5.95%，这不是重点。在那些反对保6的学者当中，一部分人主张废止所有的反周期刺激政策和逆向操作，而另一部分学者，包括陆挺与刘世锦在内，不反对当下采取一定的反周期宏观调控政策，且认同防范中国经济"硬着陆"的重要性。与后者观点相比，我认为，余永定教授与之真正的分歧在于，中国政府当下是否应该继续实施积极宏观政策，甚至实施比前几个季度强度更大的反周期宏观干预。为了使讨论不至于失焦，我认为，从政策实际操作的角度，将我国今年第四季度GDP增长目标定为6%，或者将2019年全年的

GDP 增长目标定为 6%，并无不可。我的理由主要有六点。

第一，我们需要认真反思检讨过去几年"三去一降一补"的供给侧改革的实际执行过程与相关实际效果，并根据当前形势与未来趋势，及时做出积极改善与调整。"去产能、去杠杆、去库存、降成本、补短板"的供给侧改革，出发点是好的，方向是对的，目的是想减少资源错配，做好改革，提高效率，防范金融风险。

但是，在实际的操作执行过程中，"三去"和"一降"的力度都比较大，实际属于紧缩性的政策，在经济下行压力增大，周期性波动低谷时期，非常不利于经济的提振。（如何看待当下的宏观经济政策，是宽松的还是紧缩的？）加上环保等结构性改革力度的加大，大力反腐以及非经济发展考核所带来的地方政府官员的经济建设上的不作为倾向，都导致企业经营成本提高、经济环境吃紧。

"一降"，即降成本，表面看是说减税负，我国也的确需要减税，但是实际操作过程中，由于某些显性税收收入相对降低，而税收收入增长依旧是考核相关官员经济政绩的一个重要指标，再加上因为整治地方政府债务率，在"去杠杆"的压力下，导致各种隐形税收提高，在很多地方，企业与居民所面临的实际税收负担并没有减轻，而在那些真实税收收入的确下降的地方，不少政府投资项目被迫流产或者半途停工，"一降"和"三去"实质是紧缩性的财政政策。诸如这样事与愿违的实际操作过程中的政策失误有不少。"去杠杆"的力度更是导致大量企业资金链收紧，企业与地方政府的投资受到很大影响。

我认为，我们需要更加宽松的结构性政策，多在"补短板"方面考虑，补中改革，才是增量改革，并在对应投资中化解一部分产能与库存，吸收就业进入部分较新、有潜力的产业，达到同时平稳短期经济和促进长期增长的目的。稳增长不等于强刺激，不等于标准反周期凯恩斯政策，还应该包括做中长期生产性的投资，促进低质量向高质量的产业升级，促进消费需求的增量举措，这部分在足够宽松的货币政策与财政政策环境下才可以更好地实现。

第二，我认为国内学界目前有种对经济增长速度重要性的低估倾向，有种认为似乎低速增长有利于经济改革的潜含判断，对此我不敢苟同。中国作为一个人均收入大概是美国20%的发展中国家，不重视经济总量的必要增速是错误的，以为实现中高速增长很容易的想法也是错误的，那是被中国40年高增长惯出来的富贵病。世界上绝大多数国家的经济增长速度不够快，不是政府意愿问题，而是能不能的问题。落入低速增长以后想再回升到中高增速增长会格外吃力。保持必要增速是促进改革，而不是拖延改革。因为当蛋糕增速显著下降以后，如何分蛋糕就可能会引发矛盾，不仅容易影响社会稳定，而且会导致本来可以进行的很多改革，包括增量改革，因为这些加剧的利益冲突而无法推进。特别是，降低甚至放弃增长目标，并不会自动带来有利的改革，经济发展的动力并不会自动增强。有学者以中国经济总量大，即使较低的经济增长率也能带来每年较大的绝对增量为理由，弱化保增长的必要性和重要性，对此逻辑，我坚决反对。真正应该比的是人均真实 GDP 的上升幅度，而不是 GDP 总量的绝对增幅。正因为我国的人均收入很低，还存在巨大的技术模仿空间，在很多地区劳动力成本依旧低廉，而且制度和政策有改善的空间，所以我们的后来者优势并非已经枯竭，经济增长潜力目前应该仍然超过 6%。如果在目前的发展阶段，让公众与决策者都形成一种普遍性的中国增速预期低于 6% 的认知，那么很有可能会导致社会投资与消费信心不足，让悲观的预期自我实现。

第三，现在有不少学者，特别是反对保增长的学者，通常是根据索洛单部门增长模型的标准做法估算我们全国的投资回报率，估算 TFP 增长速度，然后发现投资回报率降低了，就以此为主要定量证据说中国投资过多了，投资效率太低了。虽然这是国际标准做法，发达国家也这么分析，但是我们必须具备多部门的结构转型与产业升级的发展中国家视角。

具体来说，你是否可以假设一个高速增长的发展中大国的总量生产函数的函数形式是外生给定而且不随时间变化的？标准 TFP 估算方法基本都做了这样的假定，比如假设 CD 生产函数（柯布-道格拉斯生产函数）以及固定不变的资本产出弹性。这对于增速较低的发达国家可能是一个较好的做法，但是对于高速增长的国家比如中国，产业升级与结构转型是很快速的，细分产业的生命周期较短，因此产业构成的变动就比较快，所谓总量生产函数，是指建立最终 GDP 与当期生产要素如资本与劳动之间的函数关系，新结构经济学认为这个函数形式应该是内生的，内生于产业结构，也受到各种政策与扭曲的影响，没有理由认为这个总量函数的函数形式必然是不随时间变化的，那只是索洛模型的一个数学假设。

既然函数形式可能随时间变化，那么在假设总生产函数形式不变的前提下估算TFP增长率，经济学含义是什么？作何解释？什么叫资本的边际产出？这方面的学术工作可以参考米歇尔·博尔德林与大卫·莱文的一系列工作。技术绝大多数都是嵌在资本里面的（机器或者其他资本），把包含不同技术的不同种机器在不同的使用寿命下的对应价格加总起来本身就会有很大的误差，TFP的高低显然会反向体现出对资本与劳动的数据衡量的精准度。很遗憾，国内有很多学者谈论TFP与投资增长率，却没有思考过这些基本问题，原因是他们把发达国家与发展中国家的宏观与增长模型假设为只有定量区别，没有结构区别，即使有结构区别也假设成外生给定的区别。当然，如何更好地估算投资效率和增长效率，我们还需要进一步研究，但总体上，我更加相信对企业、细分产业的TFP估算和投资效率估算，而对那些一上来就做总量估算的模型持审慎态度。有趣的是，不少这样做的学者一方面用不讲结构的宏观模型做定量分析，另一方面却又大谈结构性问题。

第四，反对保6或者反对使用反周期宏观政策的学者当中，有很多人把过去10年我国GDP增速下滑主要归因于内部体制与结构的长期问题，而非外部环境影响与周期的短期问题。但正如林毅夫教授指出的，若主因是诸如国有企业、土地、户籍、老龄化等内部体制与结构的问题,就很难解释为什么同一时期内世界上还有那么多经济体同时经历较大的增速下滑。比如中国GDP增长率从2010年的10.6%降到2016年的6.7%,同期金砖国家中的俄罗斯从4.5%降到-0.2%,巴西从7.6%降到-3.6%,印度从10.3%降到6.6%。日本从4.7%降到1%,亚洲四小龙中的新加坡同期从15.2%降到2%,中国台湾从10.8%降到2.3%,韩国从6.5%到2.3%等。这些经济体中很多并没有中国的国企、土地、户籍、老龄化等结构性或体制性问题,但同样遭遇了增速的大幅下滑。而且,同时期这些经济体,连同美欧等发达国家,几乎无一例外都采取了反周期的宏观政策加以应对。另外,正如我2018年在《中国经济增速下滑主因是需求还是供给》一文的模型分析所示,如果是总需求不足导致相对衰退,那么价格应该下降;而如果是总供给不足导致衰退,那么价格应该上升。而我们过去10年主要是通缩压力而非通胀压力,这说明我们的主要问题在于总需求不足,而且实际产出应该低于自然产出,否则4万亿等一系列扩张性刺激政策应该带来通胀而不是通缩,更不应该在需要扩张性政策时反而执行紧缩性的顺周期政策。当然,我们必须正视供给端存在各种制度、技术与结构方面的重要扭曲与短板问题,但必须把逻辑想清楚,对症下药,把改革与反周期的关系协调好,而不是把它们对立起来,把所有问题都笼统地归因于体制问题,把不同于发达国家现行的体制与做法的因素统统理解成扭曲,那样做,要么是思维懒惰,要么是意识形态问题。新结构经济学主张,讨论政策扭曲,首先要考虑它们的内生性问题，需要结合经济发展阶段、内生结构与外部环境考虑。

第五，反对保6的学者中另一个比较普遍的看法是，我们的基础设施投资已经过度，投资回报率低下。如何定量评估基础设施的回报率一直是经济学中的难点问题，主要因为其作为公共品的外部性、作为耐用品的回报率期限比较长，以及需要考虑除经济收益外的其他收益和一般均衡效应。比如，上海与北京之间的高铁运营即使经济账面上出现亏损，也不代表这条高铁设有存在的必要。

当然，我们确实需要考虑防止浪费性基建的问题，需要有一套合理的机制保证在事前论证，事中监督和事后评估的流程中尽量做到规范化、实质化、专业化，尽量减少低效率投资。这很难，但别无他法，不能因噎废食。从新结构经济学的角度来说，硬件基础设施不仅包括"产业中性"的基础设施，比如道路、公园、下水道，而且包括"产业非中性"的基础设施，比如电动汽车的充电桩、专门服务某个特定产业园区的道路、码头、电站与通信基站。作为发展中国家，我们还存在大量技不如人的"追赶型"产业，还有很多的产业短板，这些都需要继续投资相关产业的软、硬件基础设施，趁着周期低谷时投资成本相对低廉的良好时机，助力更多的企业进入这些短板产业。

第六，为保6增长的正确的短期宏观政策与促进中长期发展的制度改革并不矛盾，而是相辅相成的，可以产生正向激励。比如人口老龄化问题，我个人认为生育率应该马上彻底放开，一胎化的政策带来的负面效应已经越来越强。我看不到任何一条现在还要控制我国的生育率的站得住的理由。放开生育率，将有利于提升短期与长期的消费需求。

再比如，我的研究发现，僵尸企业在各自行业的所有企业数目中所占比重情况是，上游产业最高、下游产业最低，与中国的垂直结构问题，即上游产业国企垄断，下游产业民营主导并开放，在逻辑上是完全一致的。所以改革的方式就是要打破那些与国防战略安全并无实质关联的上游产业的行政垄断，允许民营企业进入，更加充分地竞争，这样才能优化上游产业的效率，进而通过投入-产出表的产业关联，促进下游产业的发展和整体经济的高质量增长。

此外，随着我国"领先型""换道超车型""战略型"这三大类的产业比重越来越高，自主研发与创新的重要性与迫切性与日俱增，而我们国家在知识产权保护、创新人才培养、高质量的基础教育、落后地区的义务教育的普及等方面仍旧非常落后，需要大力进行制度性改革与大量追加投资。人力资本投资是回报率最长、折旧率最低、最能增加幸福感的扩张性政策，人力资本投资不仅包括在学校教育、职业培训与文化艺术旅游产业发展上的投资，还包括在医疗、体育、养老等产业上的健康投资。

浦东开发开放将在新发展格局中发挥关键引领作用[①]

习近平总书记在浦东开发开放30周年庆祝大会上指出："越是面对挑战，我们越是要遵循历史前进逻辑、顺应时代发展潮流、呼应人民群众期待，在更加开放的条件下实现更高质量的发展。"

30年前，党中央对浦东开发开放高度重视、寄予厚望，强调以上海浦东开发开放为龙头，进一步开放长江沿岸城市，尽快把上海建成国际经济、金融、贸易中心之一，带动长江三角洲和整个长江流域地区经济的新飞跃，要求浦东在扩大开放、自主创新等方面走在前列。

30年弹指一挥间，置身百年未有大变局与改革开放新起点，浦东30年开放经验怎么看？未来如何实现新的高质量发展？

---

① 本文根据赵秋运2020年11月18日接受中宏网采访的发言整理。

中国改革开放的象征和上海现代化建设的缩影

1990年4月18日，党中央、国务院正式宣布开发开放上海浦东，浦东成为中国改革开放的象征和上海现代化建设的缩影，书写下无数传奇。浦东开发开放是党中央全面研判国际国内大势，统筹把握改革发展大局，做出的重大决策，掀开了我国改革开放向纵深推进的崭新篇章。浦东开发开放30年，其生产总值从1990年的60亿元跃升到2019年的1.27万亿元，财政总收入从开发开放初期的11亿元增加到2019年的逾4 000亿元，浦东以全国1/8 000的面积创造了全国1/80的GDP、1/15的货物进出口总额。2019年城乡居民人均可支配收入达到71 647元，人均预期寿命从1993年的76.10岁提高到84.46岁，城镇人均住房建筑面积从1993年的15平方米提高到42平方米。即使在国际疫情背景下，2019年上半年，浦东总体平稳、稳中有进、符合预期，地区生产总值增长6.8%，一般公共预算收入在高基数和减税降费的基础上实现1.0%的增长，全社会固定资产投资增长7.8%，实到外资增长4.1%，社会消费品零售总额增长6.8%。同时，诞生了第一个金融贸易区、第一个保税区、第一个自由贸易试验区及临港新片区、第一家外商独资贸易公司等一系列"全国第一"。

现阶段，浦东基本形成以现代服务业为主体、战略性新兴产业为引领、先进制造业为支撑的现代产业体系，承载了上海国际经济中心、金融中心、贸易中心、航运中心、科技创新中心建设的重要功能。浦东开发开放30年来，取得了举世瞩目的成就，是中国经济"增长奇迹"的重要组成部分，经济实现跨越式发展，改革开放走在全国前列，核心竞争力大幅度增强，人民生活水平整体性跃升，为中国特色社会主义制度优势提供了最鲜活的现实明证，为改革开放和社会主义现代化建设提供了最生动的实践写照，总之，浦东开发开放30年创造性地贯彻落实党中央决策部署，完全符合党中央的预期。

全方位开放新格局起了非常关键的引领作用

浦东取得成功的关键在于中国共产党的正确领导，特别是党的十八大以来认真学习习近平新时代中国特色社会主义思想，开拓创新、努力拼搏、务实求真、积极探索、大胆改革，用铁一般的事实成功诠释了科学社会主义在中国焕发出强大生命力，印证了中国共产党领导的正确性，彰显了中国特色社会主义的道路自信。在党中央、国务院的正确领导下，广大浦东人民群众和浦东新区党委与人民政府的团结一致、努力奋斗，充分发挥自身在长江三角洲、长江经济带以及毗邻的地位优势、率先开放的政策优势和汇聚八方精英的人才优势等，同时进一步的不断完善努力把浦东建设成学习型、创新型、开放型、国际型城市。在党的政策引领的同时积极大胆地探索创新，在营商环境、国际合作、人才引进、金融发展、产业协同、高端制造、经贸往来和市场化等方面均取得了长足的进步。我们应为之骄傲。浦东的开发开放对后续中国建立从沿海到内地的全方位开放新格局起了非常关键的引领作用。

第一，积极打造自主创新新高地。浦东30年开发开放始终面向世界科技前沿、面向经济主战场、面向国家重大需求、面向人民生命健康，加强基础研究和应用基础研究，打好关键核心技术攻坚战，加速科技成果向现实生产力转化，提升产业链水平。同时，在基础科技领域做出较大的创新，在关键核心技术领域取得大的突破，更好地发挥科技创新策源功能。

第二，积极发挥金融对实体经济的服务作用。浦东作为国际金融中心，始终将金融作为服务实体经济的引擎和动力。浦东30年开发开放始终完善金融市场体系、产品体系、机构体系、基础设施体系，积极发展人民币离岸交易、跨境贸易结算和海外融资服务，建设国际金融资产交易平台，提升重要大宗商品的价格影响力，服务和引领实体经济发展。

第三，积极发挥比较优势顺次提高产业结构。浦东30年开发开放始终坚持从要素禀赋结构出发，从出口加工到传统制造业，到制造业与生产性服务业两轮驱动，再到以先进制造业与现代服务业融合的高端产业体系。现阶段，浦东已经形成以中国芯、创新药、蓝天梦、未来车、智能造、数据港为代表的"六大硬核产业"，同时，一批标志性重大产业项目加快推进，工业投资增长70.8%，为工业稳增长和转型升级积蓄后劲。

第四，积极打造改革开放的新高地。浦东30年开发开放始终统筹国内国际两个市场、两种资源，增强资源配置能力，提高对资金、信息、技术、人才、货物等要素配置的全球性影响力。

党的十四大强调，以上海浦东开发开放为龙头，进一步开放长江沿岸城市，尽快把上海建成国际经济、金融、贸易中心之一，带动长江三角洲和整个长江流域地区经济的新飞跃。党的十五大、十六大、十七大都要求浦东在扩大开放、自主创新等方面走在前列。进入新时代，党的十八大、十九大继续对浦东开发开放提出明确要求，党中央把首个自由贸易试验区、首批综合性国家科学中心等一系列国家战略任务放在浦东，推动浦东开发开放不断展现新气象。

第五，积极发挥有效市场和有为政府的双"硬核"作用。浦东30年开发开放过程不断完善金融市场体系、产品体系、机构体系、基础设施体系，建设国际金融资产交易平台，提升重要大宗商品的价格影响力，始终发挥市场在资源配置中的决定性作用，同时重视政府的作用，通过有为政府的手段不断地完善软硬基础设施，降低交易成本，积极打造良好的市场软环境。

在危机中育先机，于变局中开新局

"十四五"时期，浦东持续推进开发开放要始终坚持正确方向，把浦东新的历史方位和使命，放在中华民族伟大复兴战略全局、世界百年未有之大变局这两个大局中加以谋划，放在构建以国内大循环为主体、国内国际双循环相互促进的新发展格局中予以考量和谋划，准确识变、科学应变、主动求变，在危机中育先机，于变局中开新局。

第一，将改革与发展相结合。在"十四五"期间，浦东要在改革系统集成、协同高效上率先试、出经验。要探索开展综合性改革试点，统筹推进重要领域和关键环节改革，从事物发展的全过程、产业发展的全链条、企业发展的全生命周期出发来谋划设计改革，加强重大制度创新的充分联动和衔接配套，放大改革综合效应，打造市场化、法治化、国际化的一流营商环境。

第二，将创新与开放相结合。在"十四五"期间，浦东要不断完善知识产权制度，确保自主创新能够始终走在时代前列。而且要在关键核心技术领域取得大的突破，更好地发挥科技创新策源功能。要优化创新创业生态环境，疏通基础研究、应用研究和产业化双向链接的快车道。聚焦关键领域发展创新型产业，加快在集成电路、生物医药、人工智能等领域打造世界级产业集群。

第三，将产业与数据相结合。在"十四五"期间，浦东要充分发挥数据禀赋与产业的结合"智能造"不断深化5G、人工智能及工业互联网等技术与制造业的融合发展，以点带面地引导重点领域开展新兴技术赋能行动。

第四，将领头与区域协同相结合。在"十四五"期间，浦东要发挥"领头羊"的作用，着力推动规则、规制、管理、标准等制度开放，提供高水平制度供给、高质量产品供给、高效率资金供给，更好地参与国际合作和竞争。要更好地发挥中国（上海）自由贸易试验区临港新片区作用，对标最高标准、最高水平，实行更大程度的压力测试，在若干重点领域率先实现突破。充分发挥在长江三角洲和长江经济带中的作用，要加快同长三角洲地区和长江经济带共建辐射全球的航运枢纽，提升整体竞争力和影响力。围绕智能芯片、智能制造、智能交通、智能医疗等重点产业领域，引进培育具备国际先进水平、掌握核心技术的人工智能和5G标杆企业，打造张江、金桥、临港等具有全球影响力的特色大数据密集型智能产业集聚区。

引领长三角一体化高水平开放、高质量发展

在中国开放发展的战略版图上，上海一端连接长三角、长江经济带，面向内陆；另一端则紧邻太平洋，沟通世界。浦东30年开发开放，不仅打造了中国改革开放的高地，而且带动了长三角乃至长江经济带地区经济的高速发展。未来，浦东应该依托集成电路、生物医药、人工智能等主导产业，积极形成产业集群，领头长三角一体化。在一体化过程中，浦东应该按照比较优势进行分工，通过长三角一体化使浦东形成有效产业集群，将比较优势变成竞争优势，进而推动生产力进一步发展。具体而言，浦东应该坚持扩大总量与提升质量并举、新兴产业与智能产业齐抓，加快构建现代化产业体系；浦东应该舞好龙头，引领长三角一体化高水平开放、高质量发展，在扩大开放、自主创新等方面走在前列，进一步开放长江沿岸城市，尽快把上海建成国际经济、金融、贸易中心之一，带动长江三角洲和整个长江流域地区经济的新飞跃；深化省际毗邻地区协同发展，完善长三角软硬基础设施，实现与长江三角洲和长江经济带等地的多点对接。

第三章

新结构经济学视角下的产业转型与升级

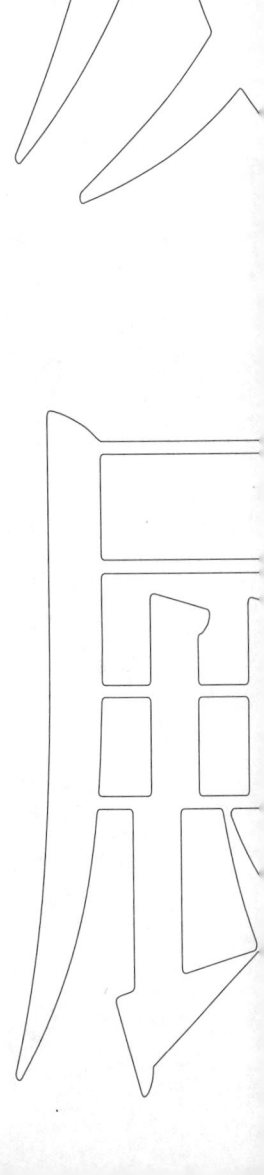

有效市场与有为政府在贵州及全国经济发展中的重要性[1]

我是第四次来到贵州。前三次来都是开会，开完会就匆匆忙忙走了。这次来贵州视察，为我们提供了相对充裕的时间来了解贵州。通过四天的视察，我看到贵阳的人气很旺，夜晚很多地方还是灯火通明，人来人往的，而且它是一个十分年轻的城市，每年流入的外来人口多达25万，在西部省份中难能可贵。

作为研究经济发展的经济学家，我走访过很多地区，贵州给我的印象是，即使身处崇山峻岭，交通依然四通八达，沿途青山绿水令人向往。统计数据显示，2018年贵州省人均GDP在全国排名靠后，但经济发展的速度快，去年全国GDP增速为6.6%，贵州是8.4%，在全国所有省、区、市中是最高的。可以说，这里的绿水青山真的是金山银山。

从我提出的新结构经济学的视角看，贵州是一个非常典型的案例。它的经济发展依靠的是产业结构不断转型升级，贵州原来

---

[1] 本文根据林毅夫发表于2019年7月6日《人民政协报》的文章整理。

的经济相对落后，以农业为主，有一些矿产资源和经济作物，但总体而言，层次并不高。我们现在寻求经济高质量发展，在这一探索过程中，贵州立足于自身的禀赋条件，抓住了大数据产业发展的新机遇，把创新、协调、绿色、开放、共享的发展理念结合在了一起。

贵州发展大数据有其先天优势：大数据储存需要良好的生态环境，同时需较低的温度，贵州海拔较高，全年气温较低；大数据储存非常耗电，贵州恰好有水力发电，电的价格较低。从新结构经济学的角度看，这些都是贵州发展大数据产业的潜在比较优势，而要把潜在比较优势变成真正的市场竞争优势，既需要有效市场，也离不开有为政府。

贵州省政府充分认识到大数据产业是一个新兴产业，看到了自身具备大数据储存的有利条件，因此，它选择了把大数据产业作为支柱产业。

但是，仅有决心是不够的，发展模式十分关键，一路走来，我们看到，贵州省委省政府对产业的定位是清晰的，因势利导，积极招商引资，把视野投向国际，将一些需要大数据储存的、在国际上具有影响的公司，比如阿里巴巴、腾讯、华为、苹果、亚马逊等世界500强企业吸引到贵州。

除了发挥潜在比较优势，贵州省还积极营造良好的政策环境，让企业愿意来、留得下，并由此形成新的符合五大发展理念的产业集群。可以设想，如果没有政府的作用，贵州到现在可能还是"养在深闺人不知"。正是政府的积极有为，带来了产业的集聚效应。数据有了，人也来了，这个地区就可以继续朝着产业价值链的更高方向延伸。视察中，我们看到，满帮、易鲸捷、朗玛等企业，就是大数据与其他产业融合发展创造出来的。

新结构经济学主张，经济发展需要有效的市场和有为的政府，在贵州，我们看到了政府可以弥补市场的短板，也具备集中力量办大事的制度优势。

当前中国经济有下行的压力，但我们要分析清楚，下行压力究竟是什么因素造成的，才能对症下药。中国是转型中的国家，必然有各种体制机制问题。同时，中国又是全球经济中的一员，尤其我们现在是全球第二大经济体、第一大贸易国，因此，会受到全球经济的影响。其实，从今年国际货币基金组织（IMF）两次调低全球经济发展速度可以看出，全球经济都在放缓，美国目前也停止了加息的脚步，说明美国经济也在放缓。自 2010 年以来，中国经济增速出现下滑，也由此引发各界不少争论。有人认为这种下行压力缘于我国体制机制的问题，比如，储蓄率太高、消费不足，国有企业比重较高，人口老龄化等。这些问题在一定程度上存在，但我认为，它们不是主要问题。经济下行的主要原因是外部性、周期性的因素。其他金砖国家和土耳其等新兴市场国家以及东亚的新加坡、韩国等高收入国家没有我们的体制机制问题，但也在同一时期面临同样的经济下行问题，而且它们下行的幅度比我国还大，可见我国近年来的经济下行固然有我们自己的问题，但更多的是共同的外部性、周期性问题引起的。

总体而言，发达国家尚未真正从 2008 年全球经济危机中恢复过来。发达国家长期以来的增长速度是3%~3.5%，恢复得最好的美国去年经济增长率是2.9%，今年（2019年）预计只有2.5%，欧洲国家这几年经济增长率保持在2%左右，日本保持在1%左右，发达国家经济总量占全球的一半，这些国家经济增长慢，抑制了消费需求的增长，导致我国和其他国家的出口增长下降。

同时，2008年全球经济危机爆发后，每个国家都采取了积极的财政政策来支持投资，这些项目已经完成，但国际经济并未完全复苏，这种信号影响了企业投资的积极性，出口量和投资额减少，经济增速必然下滑，这是其他新兴市场国家和东亚的高收入经济体在同一时期与我国有同样经济表现的主要原因。

由于经济下行压力加大缘于外部性和周期性的因素，我们需要采取更积极的财政政策，稳健的货币政策，要更加灵活，维持一定的增长率，为深化结构性改革创造有利的环境。在"三去一降一补"的供给侧结构性改革中，前三项已经取得阶段性成果，今后两年可以把重点放在"降成本、补短板"上，这样既能调动民间投资的积极性、推动产业升级，也有利于中国经济在全球经济下行中保持稳定的中高速增长。

总体而言，我国金融风险是可控的。银行的风险主要来自不良贷款，而不良贷款主要是企业贷款，此类风险与经济发展状况有关，在经济发展好的状况下，企业效益好，资金链顺畅，偿付能力强，金融风险就低。

农业是经济转型、食物安全和营养的关键[1]

进入高收入国家行列是每个发展中国家的核心目标之一。农业对于通过经济转型以实现高收入目标以及食物安全和营养改善等其他基本发展目标起着至关重要的作用。因此，要在加速经济增长的过程中消除饥饿和营养不良，必须实现农业转型。

大多数国家的发展都是从贫穷开始的，但只有少数国家迈入了高收入国家行列。然而，实现这个目标的国家都是从农业开始经历了经济转型，并在加速它们经济增长的同时减少了饥饿和营养不良。例如，1978—2016年，中国的人均GDP从155美元提高到了8 123美元（以当前美元计价），中国经济的快速增长正是得益于这种转型。作为"2025协定"的领导委员会成员，我很高兴能够与大家分享中国的成功经验，希望为通过南南合作实现在2030年之前终结饥饿和营养不良的联合国可持续发展目标提供借鉴。

---

[1] 本文根据林毅夫发表在国际食物政策研究所网站上的文章整理。

经济转型（也称结构转型）意味着一个国家的技术和各个产业对 GDP 相对贡献的转变：从传统技术到现代技术，从农业到工业和制造业，然后转向高收入服务型经济。为了实现这个过程，农业必须现代化。

农业现代化可以提高劳动生产率，可以增加剩余农产品以积累资本，也可以通过出口增加外汇，从而为工业化创造条件。农业现代化也有助于实现人道主义目标，提高收入，提高贫困农民的生产力，降低食物价格，改善膳食与营养状况。事实上，农业现代化可以更好地滋养人口，避免儿童因营养不良导致的发育迟缓等长期后果，从而改善人力资本。通常而言，营养良好的儿童发育得更好，成年后能获得更高的工资。在危地马拉的一项营养干预实验结果显示，接受营养干预的儿童在成年后比未接受营养干预的同龄人的收入要高出 46%。改善营养可以实现良性循环，进一步推动经济转型。农业生产力的提高和收入的增加提高了消费者的购买力，增加了投资农业现代化的资本。

随着农业生产力的提高，剩余劳动力从农村转移到城市就业。虽然这一阶段的表现是农业占国内生产总值和劳动力就业比例下降，但农业现代化进程对实现经济转型、食物安全和改善膳食与营养状况至关重要。

有两个可以促进经济转型的关键领域。首先，提高现代技术的可获得性至关重要。虽然现代农业技术可能来自民营部门和公共部门，国家政府仍然应该在农业研发投资中发挥重要作用。因为民营企业很难充分开发出这些技术的有利的一面。国家农业科研体系必须能在省这一级运作，以发现适应当地条件的新技术，与此同时，国家也需要建立推广体系用于传播这些技术。

第二个关键领域是现代技术的应用，农民即使能够获得这些技术，可能也不懂得如何使用它们。包括高产种子在内，很多技术的应用需要严格的条件，例如对水和专业知识的要求。因此，政府应该提供这些条件，包括改善灌溉条件和市场基础设施，以帮助农民获得生产资料、销售农产品。政府还需要进行人力资本建设，提高劳动力的技术水平，只有劳动力技术水平提高了，才能更好地处理物流并推进价值链的每个环节。

经济发展是一个结构转型的过程，而农业是推动这一进程的重要引擎。消除饥饿和营养不良也是通过农业现代化实现经济转型的重要目标。虽然目前只有少数国家实现了成为高收入国家的目标，但每个国家都有极大的潜力，而农业现代化将是重要的起点。正如诺贝尔奖获得者西奥多·W.舒尔茨在其著作《改造传统农业》中所言，只要让农民获得现代技术，他们就能点沙成金。

战胜命运与定西马铃薯产业发展经验[①]

作为研究经济发展的学者，我一直高度关注甘肃省定西市马铃薯产业的发展经验。定西历史上是我国最为贫穷的"三西"地区之一，全市1.9万平方公里，位于海拔1 640—3 900米的黄土丘陵沟壑区，全年降水量只有300多毫米，主要集中在秋季，蒸发量高达1 400多毫米，春季和夏季少雨，总体而言，定西处于干旱、高冷地区。

定西市在甘肃中部，历史上称"陇中"，素有"陇中苦瘠甲于天下"之名。1982年，有一位世界银行的专家到定西考察，认为定西不具备人类生存的条件。

但是在1996年时，定西市政府根据马铃薯不怕旱、经济效益高、适合像定西这样的黄土高原地区种植的特性，提出了洋芋工程。其后的几任领导一张蓝图绘到底，在科技、育种、种植、运销、库存、加工等环节发挥因势利导的作用，创造了"公司+

[①] 本文根据林毅夫2021年10月10日在中国·定西马铃薯大会暨高峰论坛上发表的主旨演讲整理。

协会＋基地＋农户"和"公司＋协会＋铁路"等经验，举办了经贸大会、招商引资，引进资金和技术，使定西成为全国闻名的马铃薯之都，定西的马铃薯远销全国各省市以及欧美国家。

2020年，定西农民从马铃薯产业获得的人均收入达2 300元，定西1区6县与全国各地同时打赢脱贫攻坚战。像定西这样的地区能取得这样的发展成绩，令人肃然起敬！

解决贫困问题是人类共同的追求，世界银行成立的初衷就是消除贫困，在世界银行办公大楼进门大厅里就有一条标语，写着醒目的大字："我们的梦想是一个没有贫困的世界"。2015年9月25日，联合国成立70周年，联合国可持续发展峰会在纽约总部召开，联合国193个成员国在峰会上正式通过了到2030年要完成的17个可持续发展目标，其中第一个就是消除贫困。

如果把中国改革开放以后消除的8亿贫困人口排除在外，世界贫困人口至今不仅没有减少，反而还在增加。消除贫困是大家共同的愿望，世界各国都在努力，世界银行、联合国开发计划署等国际机构也一直在提供帮助，但是距离消除贫困的目标还非常遥远，贫困还是各国面临的最大问题之一，我想原因在于思路，思路对了，出路就有了。

在《战胜命运：跨越贫困陷阱，创造经济奇迹》一书的第一章中，我介绍了定西马铃薯产业的发展经验，来证明只要思路是对的，就可以摆脱贫困，任何地方只要能找准当地具有比较优势的产业，在有效市场和有为政府的共同作用下，都能发展起来。

从我所倡导的新结构经济学的视角来看，经济发展代表人民的收入、生活水平不断提高，要提高收入，提高生活水平，前提是要不断提高劳动生产率水平。

如何才能提高劳动生产率水平？需要在现有的产业上不断进行技术创新，让每个生产者能够生产出更多更好的产品，同时需要有新的附加值更高的产业不断涌现，让劳动力、资本和各种资源能够从附加值低的产业重新配置到附加值更高的产业。

在技术创新、产业升级的过程中，还需要不断地解决硬的基础设施的瓶颈问题，以及软的制度安排的制约。

从技术创新、行业升级的角度来看，发展中国家具有后来者优势，可以从发达国家引进、消化、吸收比较好的技术和附加值比较高的产业作为技术创新、产业升级的来源。

因此，发展中国家可以用比发达国家更低的成本来推动技术创新、产业升级，理应比发达国家发展得更快。但是，我们普遍地看到发展中国家经济发展的速度比发达国家慢，因此，其收入水平和发达国家的差距不断扩大。

原因是什么？原因是在进行技术创新和产业升级的时候，必须符合由每个国家或地区当地的要素禀赋结构决定的比较优势。如果符合比较优势，要素生产成本能大大降低，同时也必须解决每个产业所需要的合适的硬的基础设施和软的制度安排，以此降低交易费用，这样才能够把比较优势转化为竞争优势。

如果一个地区的发展违背了当地的比较优势，生产成本太高，生产出来的产品不会有竞争力，在这种状况下，所做的努力就会白费。就像定西，在提出洋芋工程之前，当地做了许多努力去生产玉米和小麦，由于定西这个地方经常干旱，种小麦和玉米时经常因为连续一两个月不下雨而颗粒无收，贫困问题当然得不到解决。

定西的农民过去也生产马铃薯，但仅仅作为保命粮。具有比较优势的马铃薯种植业要发展成一个在市场上有竞争力的产业，需要研发适宜当地种植和市场需求的良种。

产量提高以后，如果进入不了大市场，价格就会降低，农民同样不能获利，要进入大市场，就要解决交通基础设施的问题，定西这个地方需要利用铁路运输。同时，也要有销售的渠道、平台、组织等。

马铃薯的生产有季节性，马铃薯的消费是全年的，如果在生产季节能够提供良好的储存环境，在非生产季节就能够大幅提高产品的价格，要增收就需要增加储存设施方面的投资。

另外，除了定西，全国能生产马铃薯的地区还有很多，要想在全国的竞争中胜出，就必须建立定西的马铃薯品牌。马铃薯产品的产业链非常长，只有进行深加工才能够提高附加值，这需要政府招商引资，吸引拥有技术、资金、销售渠道和品牌的大企业来投资。以上方方面面都需要政府发挥因势利导的作用。

从新结构经济学的视角来看，一个地区的经济要想发展成功，就必须根据由当地的要素禀赋结构决定的比较优势来选择产业和技术，同时要发挥有效市场和有为政府两只手的共同作用，把比较优势转变成竞争优势。

定西的发展经验印证了新结构经济学的理论。定西的经验不仅改变了定西人民的命运，也值得向世界分享。如果全世界其他贫困的地区也能像定西这样找准自己的比较优势，在有效市场和有为政府的共同作用下，把比较优势转变成竞争优势，一个没有贫困的世界就不是梦想，而是可以实现的理想。

2020年，定西的人均GDP为17 500元，只有全国人均GDP 72 000元的25%，在全国仍属于收入水平比较低的地区，尤其像通渭、渭源、岷县还是全国160个乡村振兴的重点帮扶县，定西仍然需要继续加速发展经济。

相信2021年中国·定西马铃薯大会暨高峰论坛能够助力定西马铃薯产业进一步发展，期盼定西在乡村振兴和实现共同富裕的道路上创造出新的经验，为实现中华民族伟大复兴以及人类命运共同体的理想做出贡献。

"十四五"时期中国产业升级的新机遇与新挑战[①]

2020年10月29日召开的党的十九届五中全会审议通过了《中共中央关于制定国民经济和社会发展第十四个五年规划和二〇三五年远景目标的建议》(以下简称《十四五规划建议》),对"十四五"期间乃至未来15年中国的经济与社会发展指明了整体性的战略方向与政策重点。要实现一个国家或地区在宏观层面的可持续的长期经济增长,就需要在中观产业层面实现健康、及时、稳健的转型升级。本文的主要目的是从新结构经济学的视角出发,从理论上分析在"十四五"期间以及未来,中国产业升级所面临的最重要的机遇与挑战究竟有哪些,以及应当如何应对挑战。希望本文有助于中国各级政府与时俱进地更新政策思维,审时度势,在新发展格局下更好地发挥政府的有为作用,从而真正有效地促进高质量的发展。

[①] 本文根据王勇在北京大学新结构经济学研究院组织的"面向高质量发展的'十四五'规划思路与编制方法"系列讲座第六讲的发言整理。

新结构经济学运用现代经济学的研究方法，特别是新古典经济学的研究方法，分析经济结构的决定性因素、动态演化及其对于经济发展的含义。该理论试图通过真正扎根于中国本土的经济发展实践，结合其他发展中国家的经验和教训，进行自主理论创新，从而丰富完善现代的经济学体系。新结构经济学特别强调"知成一体"，即既要知晓学理，又要用理论来指导实践。如果实践以后未能达成理论所预期的目标，那么说明该理论需要进一步完善。因此，新结构经济学是非常强调实践和政策运用的学术思想。

新结构经济学主张发展经济需要让市场更加有效并且让政府更加有为。有效市场已经是一个非常成熟的概念了，而且与我国的既定政策"让市场在资源配置中发挥决定性作用"完全一致。有为政府则是新结构经济学首创的重要的经济学概念，它既非"乱为政府"，亦非"不作为的政府"。新结构经济学中的有为政府和西方经济学教科书中所说的政府的作用存在两点重要差异。第一，现在西方主流经济学在讨论政府作用时通常脱离发展阶段，而新结构经济学特别强调在不同的发展阶段政府应该做不同的事情，各级政府官员的考核体系和激励体系应当随发展阶段的变化而有所改变，因此，新结构经济学更加强调发展阶段的差异性。第二，有为政府强调改革。在1978年改革开放之前，中国所处的国际战略环境以及重工业优先发展的赶超战略，导致出现了一系列的政策扭曲。计划经济是改革开放的制度起点。在这个起点上我们存在很多低效率的制度，这些制度需要扬弃，因此，为了让市场更加有效，政府应当是一个锐意改革的政府。尤其是在营商环境不理想、效率低下、计划经济色彩浓重的地方，如果当地政府没有坚持社会主义市场经济的理念，没有锐意改革的意志，那么就不是新结构经济学所倡导的有为政府[①]。党的十九届五中全会公报以及《十四五规划建议》都正式提出"坚持和完善社会主义基本经济制度，充分发挥市场在资源配置中的决定性作用，更好发挥政府作用，推动有效市场和有为政府更好结合"。这说明，有为政府的概念得到了官方正式的认同。

政府应该如何有为，尤其是在"十四五"规划的执行和具体落地过程中，如何让政策更加有效，更符合当地的经济发展阶段和产业升级特点是本文分析的重点。

本文其余部分安排如下：第一，论述中国当前面临的国内外宏观形势；第二，论述中国经历的四个结构性过程；第三，论述中国在产业发展方面所面临的"三明治"压力，分析"三明治"模型在国内区域经济一体化方面的运用；第四，论述中国经济的垂直结构特点；第五，阐述新结构经济学所主张的禀赋驱动的产业升级与因势利导的产业政策；第六，分析未来10年中国产业升级面临的新挑战与新机遇。

---

① 王勇，华秀萍. 详论新结构经济学中有为政府的内涵：兼对田国强教授批评的回复 [J]. 经济评论，2017（3）：17-30.

中国当前面临的宏观形势

从外部环境来看,中国当前面临的宏观形势主要有三个。第一,中美之间经贸摩擦不断,双边战略关系处于全面紧张的状态,还伴随着英国脱欧等一系列反全球化的浪潮。这是"十四五"时期和"十三五"时期最重要的不同之处。中国的外部环境在美国特朗普政府任期内发生了急剧改变。拜登上台以后,美国政府的具体做法虽然有所调整,但对中国的产业升级与经济发展进行遏制是美国两个主要党派的共识。因此,紧张的中美战略竞争关系不会发生根本性改变,而且这种关系有长期化的趋势,这是最重要的国际新形势。第二,"一带一路"倡议的持续推进。在2018年8月27日举行的"一带一路"建设工作5周年座谈会上,习近平总书记指出,5年来,我们同"一带一路"相关国家的货物贸易额累计超过5万亿美元,对外直接投资超过600亿美元,为相关国家创造出了20多万个就业岗位。共建"一带一路"正在成为我国参与全球开放合作、改善全球经济治理体系,促进全球共同发展繁荣、推动构建人类命运共同体的中国方案。① 这一举措使中国与其他发展中国家的经济合作空前密切,中国逐渐成为积极倡导贸易全球化的最重要的国家之一,这与现在欧美不少国家反全球化进程的态度形成对比。在这次会议上,习近平总书记还指出,过去几年共建"一带一路"完成了总体布

---

① 参见习近平出席推进"一带一路"建设工作5周年座谈会并发表重要讲话:http://www.gov.cn/xinwen/2018-08/27content_5316913.htm。

局，绘就了一幅"大写意"，今后要聚焦重点、精雕细琢，共同绘制好精谨细腻的"工笔画"。要在项目建设上下功夫……全面提高境外安全保障和应对风险能力。第三，新冠肺炎疫情席卷全球，对世界经济产生了严重的负面影响，全球经济面临的不确定性增强。

从中国内部发展来看，主要有四个新的形势。首先，中国 2019 年的人均收入刚刚超过 10 000 美元，处于中等收入经济体中的高位。按照世界银行的划分标准，一个经济体的人均收入若超过 12 000 美元，这个经济体就可以被认定为高收入经济体。因此，中国正处于准备跨越"中等收入陷阱"的阶段。"十四五"结束之前，中国有望正式完成对"中等收入陷阱"的跨越。当然，中国不同地区的发展阶段不一样，某些沿海地区的人均收入早已经越过 12 000 美元，但有一些地方的人均收入甚至还没有达到人均 8 000 美元。这与 20 年前中国在作为低收入经济体的情况下需要考虑的问题存在较多重要的区别，尤其是在产业升级方面。其次，中国进入新旧动能转换的关键期，即从原来的高速度增长向高质量发展进行转变。科技创新、绿色发展等一系列质量指标已经成为"十四五"期间政府决策中的关键词。这对于各地的产业升级、产业政策以及落实"十四五"规划都具有重要影响。再次，2020 年 7 月底，中央政治局会议正式提出要以"国内大循环为主体，国内国际双循环相互促进"为战略部署，这个重要部署形成的背景是外部的贸易摩擦加剧、反全球化浪潮席卷全球，还有中印边界冲突等一系列地缘政治因素，而中国内部也需要深化要素市场一体化改革,激发城市化进程中的潜能。这些力量都促使中国政府将区域经济一体化上升为国家战略,一方面希望能够促进国内资源的整合,形成更有效率、更具规模的产业集群,从而在国际市场上形成更大的竞争优势;另一方面也希望通过优化空间配置,有效扩大内需。最后,虽然中国等一些国家在抗击新冠肺炎疫情方面取得了重要胜利,但全球还有很多地区的疫情没有得到有效控制,这将导致国际产业链的重构过程继续加剧。中国之前主要针对国内疫情进行平稳有序地复工复产,"十四五"期间则主要转换到如何针对国际不同地区的疫情严重程度,结合产业链重构,继续保持本国经济的稳定增长与发展。

中国经济的四个结构性过程

宏观角度来讲,中国经济的特殊性在于中国是人类历史上到目前为止唯一一个同时经历四个结构性过程的大国。[1] 第一个结构性过程是随着人均收入的提高而发生的结构转型和产业升级过程。结构转型指的是库兹涅茨事实,即随着人均收入的提高,在经济体中农业的就业比重会不断下降,工业比重先上升后下降,服务业比重不断上升。产业升级就是指产业从劳动密集型向资本密集型升级,或者指生产环节从"微笑曲线"低端的低附加值部分(比如劳动密集型的组装)向"微笑曲线"两端的高附加值部分(即研发与销售)升级。第二个结构性过程是从原来的计划经

---

[1] 王勇. 新结构经济学思与辩 [M]. 北京:北京大学出版社,2017.

济到市场经济的转轨过程。中国采取的是渐进双轨制的改革方式，直到现在还没有完成，需要进一步深化市场化改革。第三个结构性过程是经济全球化的过程。经济全球化涉及三个流动：一是货物和服务的流动，即贸易的全球化，中国目前已经是货物贸易的世界第一大国；二是资本的流动，涉及人民币国际化与资本项目有序开放的问题。人民币已经正式纳入国际货币基金组织的特别提款权货币篮子，而且上海、海南、深圳等地已经成立了区域性的金融自由贸易区，开始进行试验性的先期摸索；三是思想的流动，包括各类信息的流动传递、科技与管理人员的跨境交流、技术的模仿与扩散等。目前，中国的专利申请数已经成为世界第一，专利质量也在不断提高。

第四个结构性过程是大国崛起的过程，即在地缘政治意义上，中国在国际政治、外交、军事、文化等各个领域逐渐向世界舞台的中央靠近。虽然经济学们在这方面的研究相对较少，但在分析中国的经济发展与产业政策，分析如何让"十四五"产业规划落地，特别是在涉及一些敏感的战略性产业和"一带一路"倡议的时候，我们都必须认真考虑大国崛起过程。研究地缘政治与国际关系等问题所采用的分析方法可能与经济学的分析方法有所不同。经济学分析通常假设自由市场交换，只要买方出价足够高，卖方就愿意卖，总体上是合作共赢的思维。可一旦考虑地缘政治因素，比如在战略型产业方面，并非只要中国愿意出高价，发达国家就愿意出售最尖端的战斗机。在国际关系领域，考虑得更多的是权力与影响力，需要具有博弈思维。

需要强调的是,这四个结构性过程中的任何一个过程都并非中国独有,其他国家同样经历过,但中国的特殊性体现在其同时经历了这四个结构性过程。这使我们在分析产业政策、宏观经济政策时面临更加复杂的情况。我们必须更加认真谨慎地考虑我们所处的发展阶段,找到对应的结构,与此同时,还要关注国际上的反应。

那么中国当前这四个结构性过程各自都处于什么阶段,都面临哪些新的挑战与困难呢?

在结构转型与产业升级中,中国服务业的就业比重从2012年开始就已经超过农业与工业,服务业成为创造就业最多的行业,但中国服务业占GDP的比重依然低于世界其他与我们的发展阶段类似的国家的平均水平。与此同时,中国制造业内部的产业升级依然有巨大的提升空间。如何同时防止过早地去工业化和服务业发展迟滞,是我们所面临的核心挑战。这需要我们考虑工业内部与服务业内部的产业异质性,以及产业链上下游之间的关联。[①]

在制度转轨过程中,中国的双轨制改革在大部分产品市场上已经基本完成了市场化改革,但在土地、劳动力、资本等要素市场上的一体化改革尚未完成,而且在医疗、教育、养老等社会性服务业方面发展滞后,生产性服务业和社会性服务业中的国有企业改革问题依然突出。

---

① LIN Y F, WANG Y. Structural Change, Industrial Upgrading and Middle-Income Trap[J/OL]. Journal of Industry, Competition and Trade, 2020, 20(2): 359-394.

在经济全球化过程中，尽管中国已经是全球贸易出口第一大国，但我们主要是在商品贸易方面具有相对优势，在服务贸易方面的国际竞争力比较弱。尤其是在美国对中国发起贸易战，世界反全球化浪潮高涨的情况下，加之新冠肺炎疫情的影响，中国的国际贸易形势至少在中短期内会相对严峻。在资本流动方面，中国已经从对外直接投资的净流入国转变为净流出国，特别是在"一带一路"倡议提出以后，中国对很多发展中国家的投资明显增加，在欧盟与美国等发达国家和地区的跨境并购业务也有所增加。然而，自特朗普政府对中国实施各种贸易与技术遏制政策以来，中国在美国及其盟国的跨境投资业务受到很大的负面影响。与此同时，美国及其盟国对中国的投资也明显减少。目前的国际支付体系依旧以美元为主导，人民币国际化的进程依然艰辛、漫长。在思想的流动方面，中国与世界各国在商业、科技、文化、政治等方面的跨国交流的深度与广度都在提高，但近两年，受到特朗普政府遏制中国政策的负面影响，美国对华为的芯片断供、对中国其他高科技企业的制裁与打压、对中美科技人才交流的全面收紧，都给中国的技术进步造成了极大的阻碍。拜登当选美国总统以后，对中国的国际贸易、资本流动与技术引进也会继续保持高度警惕，美国遏制中国发展的用心也不会发生根本性改变。

在大国崛起过程中，正如习近平总书记所说，今天，我们比历史上任何时期都更接近、更有信心和能力实现中华民族伟大复兴的目标。中国的 GDP 总量已居世界第二位，并且中国有望在 2030 年以前超过美国，成为世界第一大经济体。随着"一带一路"倡议的实施,中国在军事、外交等领域的国际影响力也越来越大。但美国为了维持其全球霸权,开始对中国实行全方位、全时段、全领域的遏制政策。拜登政府很可能会努力恢复奥巴马政府对于《跨太平洋伙伴协议》的努力,甚至出台更加强化的版本,以达到遏制中国崛起的目的。

对于中国当前面临的很多重要问题,我们在现代经济学教科书上很难找到答案,因为这些问题在其他国家的发展历史中可能从未出现过。这些问题恰恰是新结构经济学特别想要分析的问题,我们相信新结构经济学将更有能力为分析与解决这些问题提供相应的、更加适合的分析框架。新结构经济学对于地方政府思考如何落实"十四五"规划也有重要启发。

中国面临的"三明治"挑战

作为世界上最大的中等收入国家,中国现在面临如何跨越"中等收入陷阱"的问题。按照世界银行的划分标准,在 1960 年,世界上有 101 个经济体是中等收入经济体;到了 2008 年,只有 13 个经济体从中等收入经济体变成了高收入经济体,也就是超过 87% 的中等收入经济体半个世纪之后仍然处于中等收入水平,这种现象被称作"中等收入陷阱"。目前,中国是中等收入国家,所以我们担心中国会陷入"中等收入陷阱"。关于中等收入阶段和原来的低收入阶段有何不同,需要理论上的解释。

所以我和魏尚进提出了"三明治"模型①，即中等收入国家就像"三明治"一样被夹在中间，前方有技术上占优并且具有创新比较优势的发达国家，其可能从各方面遏制中等收入国家的发展；后方有在劳动力等要素成本上占优并且具有生产比较优势的较低收入国家，其会不断承接中等收入国家的产业迁移并在技术上进行追赶。因此，中等收入国家是两头受力，就像三明治一样被夹在中间。

更具体地说，中国目前面临着两个效应：压制效应与追逐效应。压制效应来自以美国为代表的技术更强、创新能力更强、收入水平更高的发达国家。中美贸易战在很多方面体现为压制效应，如美国政府对华为的围剿与打压等。现阶段，中国非常需要从发达国家进口高端芯片，发达国家一旦限制芯片的供应，就会严重影响中国的经济安全甚至国防安全。追逐效应来自如越南这样比中国人均收入落后一个梯队的新兴经济体。现在中国很多产业，如服装、鞋袜等劳动密集型产业，正在逐渐失去比较优势。随着中国劳动力成本与土地成本的不断上升，随着人民币升值和我国对环境保护的日益重视，以及快速发展过程中难以避免的产能饱和，我国的很多产业正逐渐成为"转进型"产业，被其他的经济体所承接。如果中国不重视技术进步与产业升级，就会面临产业空心化的危险。

"三明治"模型的主要结论是，中等收入经济体所面临的压

---

① WANG Y, Wei S J. Sandwich Effect: Challenges for Middle-Income Countries, working paper, Peking University, https://www.yongwangecon.com/research.html[2020-09-16].

制效应与追逐效应并非相互独立，而是通过国际贸易市场的一般均衡效应互相内生联动的。面对这种压力，中等收入国家应该如何应对呢？一方面，我们需要通过增强技术创新和产业升级（进入新的产业）来应对来自高收入经济体的压制效应，另一方面，我们需要通过提高已有产业的效率和劳动生产率来应对来自低收入经济体的追逐效应。

即便不考虑地缘政治的因素，单纯经济方面的"三明治效应"也已经很明显了。中国是大国，现实中存在很多地缘政治方面的考虑。如果高收入国家和低收入国家之间形成联盟，那么中国就会被孤立，奥巴马政府提出的《跨太平洋伙伴协议》要营造的正是这种局面。现在中国与"一带一路"沿线国家的合作能否更好地抵抗来自高收入国家的压制效应，能否更有效地扩大后进国家对中国产品的进口需求？如果中等收入经济体和高收入之间进行联合，例如之前相对欠发达的墨西哥通过加入北美自由贸易区与美国、加拿大合作，又会怎样影响我国的发展？这些都是非常重要和现实的问题。

事实上，不仅国家之间如此，同一国家不同地区之间的竞争也是如此。国内不同地区的经济发展阶段也有很大的差距，一个地级市可能像三明治一样被夹在中间，需要同时面对压制效应和追逐效应。因此，国家也好，省市也罢，都需要找准自己的位置，分析自己与其他地区的比较优势的差异，这样才能找到行之有效的产业升级和结构转型的发展目标与实施路径。

中国经济的垂直结构特点

李系、刘学文和我撰写的文章[①]以及我单独撰写的文章[②]首次提出，中国加入世界贸易组织以后，逐渐呈现出一个重要的宏观结构特点，即垂直结构，如图 3-1 所示。

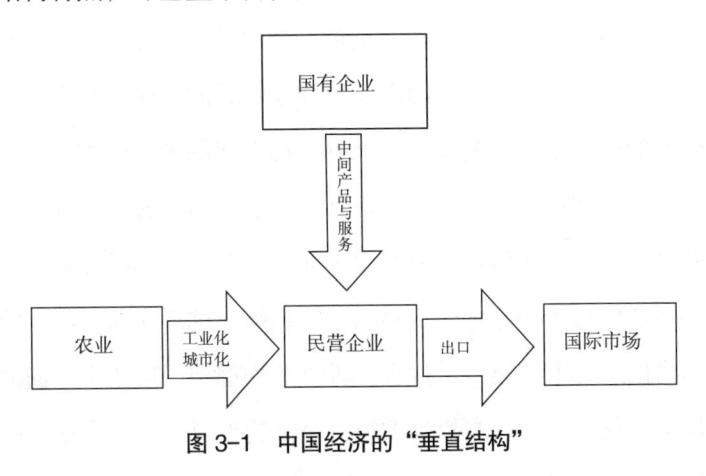

图 3-1 中国经济的"垂直结构"

产业可以分为上游产业和下游产业。上游产业主要是生产中间产品与提供中间服务、原材料的产业，比如矿产、能源、金融、电力、通信，其所服务的客户主要是企业，而不是个人。下游产业的客户直接是消费者，包括消费性的制造业，如矿泉水、书包、铅笔的生产等，或者消费性的服务业，如酒店、娱乐业等。所有的国家都有上游与下游产业，但中国的产业分布具有以下特点。第一，从比重来看，国有企业主要集中在上游产业，而

---

① 李系，刘学文，王勇.一个中国经济发展的模型[J].经济学报，2014（4）：1-48.
② 王勇."垂直结构"下的国有企业改革[J].国际经济评论，2017（5）：6,11-30.

下游产业以民营企业为主，20世纪90年代的国有企业改革主要是指下游产业的"国退民进"。第二，上下游产业的资本密集度也不对称，上游产业的资本相对密集，下游产业的劳动力相对密集。第三，市场结构不对称，上游产业的行政垄断现象更突出，下游产业的进入壁垒则更低，更接近于完全竞争。第四，出口占产出的比重不对称，上游产业出口占产出的比例低于下游产业。

上下游产业之间的这四点非对称性，共同构成了关于垂直结构框架的第一个方面的特点。垂直结构框架的第二个方面的特点是工业化与城市化。中国从农业到非农业的结构转型过程是工业化的过程，非农业包括工业和服务业。工业化还同时伴随着城市化，后者包括居住与生产活动的空间调整。这对应前文所述的四个结构性过程中的第一个过程。垂直结构框架的第三个方面的特点是全球化，对应前文提到的第三个结构性过程。现在中国的出口结构中，有超过84%的出口商品的直接来源是下游的民营企业。我们将上下游产业的四点非对称性，从农业到非农业的结构转型过程与城市化过程，以及全球化过程等三个方面合在一起统称为中国的"垂直结构"分析框架。

"垂直结构"框架有助于分析一系列中国的宏观经济、产业政策与国企改革等问题。比如，为什么2001—2007年中国国有企业利润率高于民营企业，但是之前则相反？[1]如果按照产业的上游指数进一步将产业进行三等分，即分为上游、中游与下游三大类型的产业，数据显示在2008年国际金融危机之后，中国

---

[1] 李系，刘学文，王勇. 一个中国经济发展的模型[J]. 经济学报，2014（4）：1-48.

僵尸企业在上游、中游与下游产业的比重是递减的,这是为什么?[1] 如何分析当前形势下的宏观财政政策的调整?[2] 如何判断过去十年中国经济增长速度放缓的主因是需求还是供给?[3] 如何看待国有企业与民营企业的关系以及如何进行国有企业改革?[4]

另外,"垂直结构"框架虽然是针对中国进行的整体结构分析,但也可以将其应用于对国内不同地区的分析。从空间结构来看,有些地区的产业在全国产业链中处于较为上游的位置,而另一些地区则处于更为下游的位置。比如,广东有很多下游产业的民营企业,这些企业有大量直接开展出口业务;而东北三省有大量上游产业,国有企业比重较高,企业直接出口的比重相对较低。2008年国际金融危机以后,面对来自外需的负面冲击,不同地区受到的直接影响与间接影响也存在差异。

禀赋驱动的产业升级与因势利导的产业政策

本部分重点分析三类禀赋结构,以及如何通过有效市场发挥禀赋结构的比较优势,驱动产业升级,这也是新结构经济学所主张的禀赋驱动的产业升级机制。理解这一机制有利于政府和市场去识别哪些产业符合本地区的比较优势。

产业升级的推动力可能是多重的,比如技术的进步、非齐次

---

[1] 王勇. 从新结构经济学角度看我国当前的财政政策调整 [J]. 学习与探索, 2019(8) 132–137, 192.
[2] 王勇. "垂直结构"下的国有企业改革 [J]. 国际经济评论, 2017(5): 6, 11–30.
[3] 王勇. 中国经济增速下滑主因是需求还是供给? [J]. 学习与探索, 2018(10): 133–136.
[4] 王勇. "垂直结构"下的国有企业改革 [J]. 国际经济评论, 2017(5): 6, 11–30.

偏好引发的收入效应[①]、禀赋结构的升级等。发展中国家的很多产业的技术并非世界领先，技术进步的方法主要是模仿和吸收发达国家的技术。非齐次偏好发挥作用首先需要提高收入水平，而这本身已经是产业升级的结果。因此，关键是禀赋驱动的产业升级，这也是新结构经济学最强调的部分。[②]禀赋结构是新结构经济学分析的出发点，也是产业分析的基础。

新结构经济学将禀赋结构分成三大类。第一类是要素禀赋结构，即资本、劳动、土地、数据等生产要素的构成比重。当然，可以将其进行更细的分类，比如资本包括有形的固定资本和无形的人力资本等，分类的细致程度主要取决于需要分析的具体问题。值得重视的是，2019年11月，党的十九届四中全会正式提出，数据是生产要素。很多产业密集使用数据或者生产数据，形成平台经济或者数字经济。第二类是制度禀赋结构。新制度经济学提出正式制度和非正式制度，而新结构经济学也同样重视制度。正式制度包括法律与政策。比如在中国，城市的行政级别为正式制度，这会直接影响城市政府调动资源的能力。直辖市、副省级城市（省会城市、计划单列市）、地级市、县级市在中国的政治与行政体制方面存在差异。非正式制度包括社会的营商文化、社会信任、历史文化等。比如，有些地方是历史名城或者革命圣地，如延安、遵义、井冈山、西柏坡、湘潭、南京，这些地

[①] 即不同产品的收入需求弹性不同，因此，当收入上升时，收入需求弹性比较高的产品（即奢侈品）消费占总消费开支的比重要比必需品所占比重提高更多，即恩格尔定律。
[②] LIN Y F, WANG Y. Structural Change, Industrial Upgrading and Middle-Income Trap[J]. Journal of Industry, Competition and Trade, 2020, 20(2): 359–394.

方在爱国主义教育和文化旅游产业上有比较优势。第三类是自然禀赋结构，包括一个地区的经度、纬度、海拔、气候、自然风光、自然资源等。泰山、桂林、张家界、黄山等之所以能够成为旅游胜地，是因为其拥有最关键的自然禀赋。沿海城市、军事战略要地、西藏的"高高原经济"，这些都是自然禀赋。

新结构经济学分析要素禀赋结构、自然禀赋结构和制度禀赋结构，主要是想回答以下问题：一个地区最具有潜在比较优势的产业是什么？旅游业在本地具有潜在比较优势吗？优势是人文地理还是自然地理？产业需要的交易密度有多大？这个地区是资本丰裕还是劳动力丰裕？是自然矿产丰裕还是数据资源特别密集？从理论上讲，给定这三类禀赋结构，加上可获得的技术条件，可以决定某种产品或者服务的生产成本。如果生产成本较低，就说明其具有潜在比较优势。在这三类禀赋结构中，目前新结构经济学强调得最多且研究得最多的是要素禀赋结构。如果不同发展阶段的要素禀赋结构（如人均资本量）不同，那么反映这些要素稀缺程度的市场相对价格就不同，从而使得具有不同要素密集度的产业之间的构成（即产业结构）亦不同，所以最符合潜在比较优势的产业也就不同。随着经济的增长，要素禀赋结构发生变化，进一步推动了产业结构的升级。这个机制被称作禀赋驱动的产业升级（或结构转型）机制，是新结构经济学主要强调的理论机制。我们首次在文章中完成了针对此机制的严格数学证明[1]，所建模型成为新结构经济学的经典基础模型。接着，我们

---

[1] JU J D, LIN Y F, WANG Y. Endowment Structure, Industrial Dynamics and Economic Growth[J]. Journal of Monetary Economics, 2015(76): 244-263.

又进一步阐述了该机制对于理解新结构经济学与当前结构转型主流文献所强调的机制的差异性,以及该机制对于理解新结构经济学与前两代发展经济学思潮核心的区别的重要意义。[1]后来,我们针对JLW模型在过去五年的相关拓展研究进行了综述。[2]

JLW模型刻画的是不存在任何市场摩擦的理想经济学环境,因此福利经济学第一定理成立,即市场是有效的,并不需要政府干预。但现实中存在各种摩擦,要将一个产业潜在的比较优势切实地转化为该产业中企业的竞争优势,就需要将较低的生产成本转化为较低的消费者价格,而这两者之间的差距就是交易费用。决定交易费用的主要因素是硬件基础设施与软件制度安排,而降低交易费用则是有为政府发挥因势利导作用的主要手段。如果交易费用足够高,那么潜在的优势就不能转化为真正的比较优势。[3]

基于上述认识,接下来我们重点论述在产业升级过程中,政府究竟应该如何发挥有为作用,以及如何制定产业政策。在制定产业政策方面,新结构经济学主张首先审视和分析本地区的禀赋结构与技术条件,然后寻求具有潜在比较优势的产业,再通过提供对应的基础设施,将其转化为所在企业的竞争优势。因此,对于目标产业的选择一定要符合当地的发展阶段与比较优势等情况,而不是盲目跟风、攀比、照搬。世界各国之所以有不少失败的产业政策,主要是因为没有遵从自身禀赋结构,而选择了错误

---

[1] LIN Y F, WANG Y. Remodeling Structural Change[M]. Oxford: Oxford University Press, 2019.
[2] 王勇,汤学敏.结构转型与产业升级的新结构经济学研究:定量事实与理论进展[J].经济评论,2021(1).
[3] 林毅夫.产业政策与我国经济的发展:新结构经济学的视角[J].复旦学报(社会科学版),2017(2): 148-153.

的目标产业。

新结构经济学主张"市场主导，政府因势利导"的产业政策[1][2]。各级政府制定产业政策，需要从地方的发展阶段与禀赋结构出发，判断哪些产业具有潜在比较优势，存在哪些影响比较优势实现的交易费用，然后制定出政府对这些产业进行必要的因势利导的产业政策。我们将产业政策定义为政府为影响某些特定产业的发展所采取的政策集合。举例来讲，提供基础设施是否属于产业政策？有些基础设施具有产业中性特征，公园就是为了居民的健康与休闲而修建的设施。但有些硬件设施专门给某个特定产业提供服务，如为了某个经济园区专门修建的用于其与附近海港联通的道路，此类基础设施则具有产业非中性特征。为了扶持该园区里的特定产业，提供这样的公共基础设施就属于产业政策。

除了硬件基础设施，影响交易费用的另外一个因素是软件制度安排。符合潜在比较优势的产业在实际发展过程中遇到的政策瓶颈因素是什么？如今大家经常讨论改善营商环境。从愿望上来说，我们当然希望所有地区、所有产业都拥有良好的营商环境，但发展中经济体很可能无法承担相应的维持运作成本。良好的法治水平需要充足的法律人才、足够的人力与物力来保障及时有效的立法与公正有力的执法。这些需要经济基础的保障，也需要与整个政治经济制度有序兼容并互为支撑。此外，从新结构经济学

---

[1] 王勇.论有效市场与有为政府：新结构经济学视角下的产业政策[J].学习与探索，2017（4）：100-104.
[2] 王勇，林毅夫，鞠建东.因势利导型有为政府与产业政策：一个新结构经济学模型，新结构经济学工作论文，No.C2019008.

的视角来说，由于不同发展阶段的禀赋结构与最优的产业结构内生不同，与之相适应的最优的制度与政策环境也可能存在差异，因为"经济基础决定上层建筑"。在中国的实践中，之所以先在局部地区设立经济特区与产业园区，而没有直接进行全国推广，主要原因在于这类特殊园区达到的营商环境水平所要求的物质建设投入、制度、政策与执行力高于整个经济体的平均水平，所以只能集中力量先局部突破，而且特区与园区往往具有"摸着石头过河"的试验性质，只能通过实践总结经验后，再进行更大范围的推广，从而降低风险。

东欧与亚、非、拉很多发展中国家按照"新自由主义"的思路实践了60年，时刻以发达国家的制度作为自己最应该学习的制度，它们认为如果自己在制度与政策上与发达国家存在差异，那就一定是自己做错了，它们依照"华盛顿共识"与"休克疗法"追求急速的制度克隆，结果都没有成功。与"新自由主义"的思路不同，新结构经济学反对简单照搬发达国家的制度，反对脱离自己的发展阶段去讨论如何改善营商环境，而是主张立足于自己当前发展阶段所具有的禀赋结构，以促进具有潜在比较优势的产业真正发挥出比较优势作为具体抓手，进行更加有针对性且更加务实的制度改革。

1978年以来，中国政府没有按照"新自由主义"的思路进行改革，而是以务实谨慎的态度，进行渐进的双轨制改革。中国县级或市级的政府领导通常知道本地有哪些支柱产业，也了解这些产业遇到的发展瓶颈，需要考虑的是如何松绑相关的政策束缚，这就与制度改革相关联。有些制度安排在之前的发展阶段可能并不是产业发展的瓶颈，但是当产业发展到新的阶段，它就变成了瓶颈，所以需要进行改革。因此，产业升级与制度改革之间互相促进。①新结构经济学中的有为政府这一概念具有改革的含义。②产业政策应该与产业的发展阶段相适应，无论是软的制度安排，还是硬的基础设施，都需要适应发展阶段在产业方面的需要。有为政府会在识别出当地具有潜在比较优势的产业以后，降低阻碍这些产业发展的交易费用，这也是制定与落实相关产业政策的关键。当然，"政府的有为"要以"市场的有效"为依归，目的是弥补市场失灵，但政府不能干预过多，要避免"乱为"。改善营商环境与实行产业政策，都是为了让市场更加有效，降低交易费用，协助具有潜在比较优势的产业中的企业形成竞争优势。政府的干预要恰到好处，不能越界，更不能以计划代替市场。同时，"市场的有效"以"政府的有为"为前提，市场的培育与规范运行需要政府的协助、保护与监督。否定产业政策其实是鼓励和纵容政府的"不作为"，新结构经济学反对这类行为。

为了更好地制定与实施合理的产业政策，新结构经济学将产业分成五大类型，分别是追赶型、领先型、转进型、换道超车型与战略型。

第一类是追赶型产业，这类产业与世界前沿技术有较大差距。比如，当前中国的高端装备制造业与高端材料等都属于这类

---

① WANG Y. A Model of Sequential Reforms and Economic Convergence[J]. China Economic Review, 2015(32): 1–26.
② 王勇，华秀萍. 详论新结构经济学中有为政府的内涵：兼对田国强教授批评的回复[J]. 经济评论, 2017（3）: 17–30.

产业，中国的传统动力汽车产业与发达国家相比仍然存在较大差距。地方政府在确定某个产业是否属于追赶型产业的过程中，首先需要判断本地这类产业与国内其他城市相比是否处于领先地位，然后判断这类产业是否在亚洲乃至全球处于领先地位。促进此类产业发展的关键是学习和模仿国外先进技术。具体政策可以是招商引资、海外并购，以及在海外建立研发中心。

第二类是领先型产业，也就是已经居于世界技术前沿水平的产业。例如，中国的白色家电、高铁、造船等产业已经在世界范围内居于领先位置，已经没有可模仿的技术了。继续保持领先地位就需要进行自主研发，这时的产业政策就应该是支持研发，加强知识产权保护，协助开拓国际市场等。技术领先意味着需要设定国际标准，如果是在国内领先，就需要设定国内标准。现在各地方政府在产业单项冠军的数量方面展开竞争，单项冠军是指在某一个零部件上做到全国最好甚至世界最好的企业。有些企业生产出的零部件不是最终的消费品，所以普通消费者通常不太熟悉这些品牌，因此这些企业也经常被称为"隐形冠军"，它们在产业界赫赫有名，在全球市场的地位很难被替代。这里需要特别强调的是，新结构经济学五大类产业的分类应当根据具体需要予以明确，可以在大类产业层面，也可以在产品层面，甚至在生产环节与工序层面进行明确。

第三类是转进型产业，可以再细分为两种不同的情形。第一种情形是失去比较优势的产业，比如一些劳动密集型产业。现在中国劳动力成本越来越高，而这些产业中某些生产环节直接自动化、机械化的成本比较高，所以只能将这类产业转移到劳动力更加便宜的地方，这样的产业被称作转进型产业。目前中国有很多劳动密集型产业被转移至非洲等地，比如埃塞俄比亚，那里的劳动力成本大约是中国的 1/10，且其地理上靠近欧洲市场，出口的劳动密集型产品很少受到反倾销的指控，所以在当地投资建厂的中国企业有非常可观的利润率。现在中国各地方政府都想尽力运用"一带一路"倡议的战略机遇，将相关产业引出去。需要注意的是，即使是在整体上失去比较优势的传统产业中，也并非所有生产环节全部都失去比较优势。同一个产业的内部有不同的生产环节，而不同生产环节的附加值是不同的。比如服装产业，缝纫等劳动密集的生产环节在上海逐渐失去比较优势，已经被大量移至劳动力成本更低的地区，只将品牌研发与市场营销等附加值比较高的环节留在上海。事实上，上海市经济与信息委员会专门设有都市产业处，该处的主要任务就是协助传统产业的升级改造，让其朝着附加值更高的"微笑曲线"两端攀升。上海在不少传统产业中都拥有家喻户晓的名牌产品，但这些传统产业最初没有受到政府的足够重视，后来政府意识到了这个问题，开始注重 FBI，即 Fashion、Brand、Idea（时尚、品牌、创意）环节。这些生产环节的附加值高，而且符合上海的比较优势。事实上，中国的高质量服装品牌非常稀缺，但市场需求越来越大，这也是供给侧改革中"补短板"的一部分。

转进型产业的第二种情形并非因为该产业失去比较优势，而是因为产能过剩。如果将这些产能转移至其他地方，就可以部分化解产能过剩的问题。比如，中国的光伏产业产能已经非常庞大，无论是上游与硅料相关的环节，中游的电池片电池组装的环节，还是下游的发电应用环节，每一个环节都占世界市场的50%以上，有些甚至超过了80%。但现在电池技术不够发达，无法将太阳能全部储存下来，因此弃光率很高。我们可以引导光伏产业向"一带一路"沿线的国家进行梯度转移，实现共赢。因为在"一带一路"沿线地区中，很多国家缺少能源，尤其缺少清洁能源。西亚很多国家光照条件非常好，在太阳能方面有比较优势，劳动力又比较便宜，可以从中游进入，直接让它们做器材组装。将这个产业转入"一带一路"沿线的发展中国家，还可以带动当地制造业与工业化的发展。①

第四类是换道超车型产业，如新能源汽车、智能手机、网络支付服务等。这一类产业的研发周期比较短，需要比较密集的人力资本投入和资金投入。仔细分析中国的独角兽企业，就会发现它们很多都是平台经济与高科技企业，而且主要是数据密集型产业，它们充分利用国内与国际的大市场快速成长。这一类产业需要大量的创新型人才、足够大的市场规模和良好的孵化环境，特别是比较发达的风险投资环境和严格的知识产权保护环境。目前，中国的独角兽企业主要集中在北京、上海、深圳与杭州这四个城市。2017年，深圳申请专利的总数已经超过了同年英国和法国申请专利数量之和。深圳拥有很多闻名世界的高科技企业，

---

① 于佳,王勇.中国光伏产业发展与"一带一路"新机遇——基于新结构经济学视角的解析[J].西安交通大学学报（社会科学版）.2020（5）：87-98.

这些企业基本上属于换道超车型的产业。深圳市政府在支持企业创新与人才引进方面的政策具有示范意义。

第五类是战略型产业，即涉及国防安全与经济安全两个方面的产业。涉及国防安全的包括战斗机、航母、航天、超级计算机、生物基因技术等产业。涉及经济安全的包括 5G 技术、高端芯片、集成电路、国际金融支付体系等产业。这些产业如果面临被"卡脖子"的风险，那么可能危及整个产业链甚至整个经济体系。我国正在经历大国崛起的结构性过程，地缘政治形势日益复杂，战略型产业的重要性以及所涵盖的产业范围都在增加。这类产业通常研发周期很长，资本投入很大，风险很高，私营企业具备自生能力。这时政府应当发挥积极有为的作用，制定产业政策加以扶持。比如可以通过财政拨款在人才培养、学科建设，以及相关科研基金的配置等方面对这类产业给予支持，也可以通过政府采购、研发补贴等形式扶持该产业。中国可以充分调动"集中力量办大事"的体制优势，对这类产业的技术问题进行集体攻关。由于战略型产业在中国不同地区的地理分布不同，所以，除了中央财政拨款扶持，也可能需要地方政府提供一系列配套的扶持政策。

五大类产业的划分可以动态变动，而且在同一个时点上不同的地区也可能具有不同的划分。一个产业对于一个地区而言可能已经是转进型产业，但对发展阶段相对落后的地区来说，可能还是追赶型产业。比如，我国的光伏产业在 20 世纪 90 年代之前，属于追赶型产业，但现在已经是领先型产业，同时又是转进型产业。

五大类产业的健康发展都离不开产业政策的扶持,有效制定、执行与评估产业政策并非易事。我们应当反思中国产业政策执行过程中,各个政府部门之间"权力很明确,但责任很模糊"的问题,避免好心办坏事的"乱为"现象。[①] 当前中美贸易冲突的核心就是美国对中国的相关产业政策的不满。面对新的国内外形势,中国必须对自己现有的产业政策进行系统性的梳理、评估与调整。

"十四五"期间中国产业升级的新挑战与新机遇

在"十四五"期间乃至未来十五年,中国的产业升级会面临各种各样的挑战,而且五大类产业所面临的挑战并不一样。发展领先型产业需要考虑如何避免大而不强,需要拓展国际市场,做好质量和品牌。发展追赶型产业的关键则是引进国外先进技术,应当考虑如何招商引资、改善营商环境。发展转进型产业一方面要向"微笑曲线"两端发展,提升附加值,并将失去比较优势的环节转移到其他国家或地区;另一方面涉及对产能过剩问题的处置,包括如何在国际上寻求新的市场。发展换道超车型产业的关键是人才,所以产业政策的重点是吸引全球最优秀的人才,以及营造创新氛围和良好的风险投资环境。战略型产业面临被"卡脖子"的风险,所以需要充分利用"集中力量办大事"的体制优

---

① 林毅夫,张军,王勇,寇宗来.产业政策:总结、反思与展望[M].北京:北京大学出版社,2018.

势，来提供全方位的配套支持。不同地区五大类产业所占的比重是不同的，同一地区针对不同类型的产业应该实行的产业政策亦有差异，而且需要互相协调。比如，领先型产业与追赶型产业对于知识产权保护程度的需求就有所不同。同一地区在不同时间的五大类产业的构成也会发生变化。这意味着中央和地方各级政府需要根据发展阶段与产业结构的变化不断及时调整相关产业政策。

新冠肺炎疫情将对世界经济与政治格局产生深远的影响。一方面，经济全球化进程中的贸易流动、资本流动与思想流动面临更大的阻力，全球经济增长率大幅下降。同时，失业率增高，税收收入下降，政府开支增加，偿债能力普遍减弱，全球宏观经济的不确定性与经济危机爆发的概率都在上升。另一方面，疫情进一步刺激了民粹主义与保护主义，容易激发民众对本国政府的不满情绪，进一步加剧国家之间的矛盾与冲突。疫情对人口在时空上聚集度高的产业的影响尤为严重，对依赖国际市场的进出口企业的影响也很大。[①]然而，机遇与挑战往往共存。未来中国产业升级也有四大机遇。

第一，中国政府很可能会加大扶持战略型产业的力度，从而给这些产业以及其上下游产业的发展带来新机遇。中美之间的经济贸易关系日益紧张，中国所面临的地缘政治环境日趋复杂，某些国家政府制定了制裁中国企业的实体清单，并且禁止本国和其他国家的企业向中国出口相关产品，此举使某些供应商在战略上

---

① 王勇.由新冠疫情引发的对宏观经济学建模的思考[J].经济评论，2020（4）：1-5.

变得不可靠，中国企业应当寻找更可靠的战略供应商。除了在中短期内寻找其他进口源，根本出路在于自主创新研发。疫情的出现进一步印证了战略型产业"自力更生"的重要性。

第二，我们正在经历以"ABCD"为核心特征的新的工业革命，即 Artificial Intelligence（人工智能）、Block Chain（区块链）、Clouding（云计算）、Data（大数据）。新冠肺炎疫情的出现使数字经济的发展步伐空前加快。目前，中国的独角兽企业总数仅次于美国，《财富》世界 500 强企业总数已经位居世界首位。这次变革的最关键特征就是数字技术，网络效应与规模效应显著。中国在数据禀赋上具有明显优势。此外，中国的城市化与工业化尚未完成，为更好地使用新技术建设智慧城市，实现产业升级提供了丰富的应用场景。中国政府在与"ABCD"相关的人才培养与产业投入方面也不断加大扶持力度。这些都为中国五大类产业的升级，尤其是换道超车型产业的发展，带来了新的历史机遇。

第三，"一带一路"倡议带来的机遇。在将中国的转进型产业转移出去的过程中，需要政府发挥因势利导的有为作用。例如，当中国企业在"一带一路"沿线国家投资建厂进行商业运营时，不可避免地需要中国的外交部门向当地的中国公民提供外事服务，需要中国国防部门提供国际运输的安保服务，需要中国的商务外贸部门提供相关服务。在一些低收入国家进行投资，劳动力与土地成本低廉，但如果没有好的电力、通信、道路等硬件基础设施，产品的生产、运输、销售都可能存在问题，一般企业几乎没有能力或意愿提供此类公共产品。因此，需要一些开发性金融机构给当地提供中长期的融资贷款，以支持当地的基础设施建设。目前，中国政府积极倡导并大力推动"一带一路"建设，及时地提供了相应服务，为产业发展带来了更好的历史机遇。

第四，区域经济一体化上升为国家战略，有利于在空间布局与配置上提高生产资源的效率，有利于拓宽和挖掘国内市场，有利于中国企业找到更可靠的战略供应商，有利于释放被压抑的国内需求，有利于提高中国经济整体应对国际环境不确定性的能力。区域经济一体化，涵盖了长三角、粤港澳、京津冀、长江经济带和黄河流域等不同地区，可以更好地落实"发展以国内大循环为主体、国内国际双循环相互促进"的新发展格局。同时，这与中国正在进行的城市化进程，以及要素市场一体化的市场改革过程可以同步操作。在区域一体化的过程中，产业升级的关键是保证各地政府在进行产业融合的过程中形成合力。朱兰、王勇和李枭剑[1]首次从新结构经济学的视角提出关于区域经济一体化的分析和政策框架，重点研究地方政府在参与区域经济一体化过程中应当如何针对产业融合发挥作用。该文以宁波融入长三角一体化为具体案例，详细说明如何按照新结构经济学关于三类禀赋结构、五类产业划分，以及有效市场与有为政府的概念与方法，分析宁波市政府在长三角一体化过程中的6个具体步骤，解释这些步骤背后的经济学逻辑。

总之，为了有效地编制适合本地实际情况的"十四五"规

---

[1] 朱兰，王勇，李枭剑.新结构经济学视角下的区域经济一体化研究：以宁波如何融入长三角一体化为例[J].经济科学，2020（5）：5-18.

划,并且让规划具备现实可操作性,需要对前文论述的这些问题进行充分的思考,在制定与执行具体政策时能够遵循新结构经济学所倡导的原理与方法,因地制宜、因时制宜、因结构制宜。只有这样才能充分发挥有效市场与有为政府的双重作用。

从产业发展路径来看"十四五"规划[1]

第一部分 编制"十四五"规划:"欲穷千里目,更上一层楼"

我倾向于从现象出发,寻找现象背后的一系列本质原因,这次我希望分析一下"中国崩溃论"。改革开放以来,中国一共经历了五次"中国崩溃论"[2]。

第一次"中国崩溃论"出现在20世纪80年代末期。当时东欧巨变、苏联解体,再加上价格双轨制、物价闯关等,让全国各地出现了严重的通货膨胀,百姓不管有用没用,反正见东西就抢购——食盐、暖水壶、电风扇,等等。关于"中国即将崩溃"的言论甚嚣其上。中国当时并未按照主流经济学家所设计的"休克

---

[1] 本文根据赵秋运在北京大学新结构经济学研究院组织的"面向高质量发展的'十四五'规划思路与编制方法"系列讲座第五讲的发言整理。
[2] 部分内容转引自《那些制造"中国崩溃论"的人,后来都崩溃了》:https://finance.sina.com.cn/roll/2017-07-06/doc-ifyhweua4043073.shtml.

疗法"进行改革，而是采取了渐进双轨制改革，中国经济改革向纵深发展，使经济持续快速增长。

第二次"中国崩溃论"出现在 1998 年。当时，东南亚出现金融危机，各国货币贬值、外资逃离、工厂倒闭、工人失业、社会经济萧条，打破了"东亚奇迹"。泰国、印尼和韩国是受那次金融风暴最严重的国家。而中国则出现了百年一遇的长江流域洪涝灾害，国民经济遭遇重创。"中国崩溃论"再度兴起，以索罗斯为代表的国际资本屯资聚集香港做空港币。当时中国政府力挽狂澜，对外承诺人民币不贬值，对内扩大内需拉动经济，从那时起，国企深度改制，国家动用千亿外汇保卫了港币……中国安然度过那次危机，"中国崩溃论"再次破灭。

第三次"中国崩溃论"出现在 2001 年前后。当时正值中国加入世界贸易组织之际，少数国际主流经济学家认为中国市场经济体系尚未健全，大企业数量少、规模小，一旦加入世界贸易组织，将遭受国外资本和产业的侵袭，尤其是地产、金融、汽车、农业等行业将会受到重大的冲击。可事实是，中国借助加入世界贸易组织的东风，把国际贸易做得风生水起，并成了世界工厂，经济总量跃升为世界第二。

第四次"中国崩溃论"出现在 2008 年后。美国爆发次贷危机后，世界经济遭受重创，西方发达国家至今未能恢复，而中国再次发挥政府宏观调控的优势，通过加大基建、扩大投资的方式拉动经济。中国经济在国际上一枝独秀！中国经济不仅没崩溃，反而在高铁、桥梁、机场等基础设施方面领先于世界，让西方羡慕不已。

第五次"中国崩溃论"出现在 2015 年。2015 年，中国股市大跌，经济增速放缓，固定资产投资额有所下滑，经济似乎处在风雨飘摇中。中国政府当机立断，随即提出"三去一降一补"的应对政策，其效果逐步显现。中国经济并没有崩溃，反而在向好的方向发展，"中国崩溃论"再一次落空，中国经济一枝独秀。

一路走来中国经济非但没有出现所谓的崩溃，还持续快速健康增长，创造了中国经济"增长奇迹"[①]：1979—2019 年，40 年间中国年均经济增长率达到 9.4%。其中，1979—1993 年，我国年均增长率达到 9.7%。从 1978—2018 年间，中国国内生产总值增加了 60 多倍。1979—2019 年，中国经济总量占世界经济的比重，从 2.3% 增加至 16.3%。2010 年，中国超过日本成为全球第二大经济体，2011 年，中国成为世界最大工业国，2014 年，按购买力平价计算，中国已超过美国成为全球最大的经济体。1978—2019 年，中国有 8 亿多人口摆脱贫困，过去 40 年来，全世界减少的贫困人口 70% 来自中国。1978—2019 年，中国的年均贸易增长速度为 14.1%。2010 年，中国的出口超过德国，成为世界上最大的出口国，而且 95% 的出口产品为制造业产品，中国被称为"世界工厂"。2013 年，中国的贸易总量超过美国，成为世界第一大贸易国；贸易进出口占国内生产总值的比重由 1978 年的 9.7% 提高到 35% 左右，在人口超过 1 亿以上的大国中，中国现在是贸易占经济 GDP 比重最高的国家。中国还是世

[①] 数据来源：https://www.sohu.com/a/324133028_255783。

界上唯一一个没有出现经济危机的新兴经济体。1994—2019年，即使在内有非典型肺炎疫情、汶川大地震等不利因素，外有东亚金融危机和全球金融危机等不良影响的情况下，我国仍维持高达9.9%的年均增长率。事实上，中国经济之所以能实现增长奇迹，是因为我们坚持立足发展阶段和基本国情，科学制订发展规划。在这里，我们以部分五年计划（规划）为例进行说明[①]：

"五五"计划（1976—1980年）提出以重工业促轻工业发展，同时，探索引进外资的政策措施和方法，决定兴办深圳、珠海、汕头、厦门四个经济特区；

"十一五"规划（2006—2010年）提出加强基础设施支撑作用，例如建设完成青藏铁路、"五纵七横国道"主干线等一批重大交通基础设施；

"十二五"规划（2011—2015年）提出提高科技创新能力，载人航天、探月工程、超级计算等战略高技术领域取得重大突破；

"十三五"规划（2016—2020年）提出，为实现制造强国战略，未来五年中国将实施高端装备创新发展工程，包括航空航天装备等八大行业。随着制造业转型升级和国产化替代的推进，高端装备国内外市场需求逐渐扩大。

"十四五"（2021—2025年）时期是我国由全面建成小康社会向基本实现社会主义现代化迈进的关键时期，"十四五"规

---

① 关于"一五"计划到"十三五"规划的材料内容来自：http://dangshi.people.com.cn/GB/151935/204121/index.html。

划是开启全面建设社会主义现代化新征程的第一个五年规划，也是进入新时代之后所编制的第一个五年规划，为此，编制"十四五"规划，对中央和各地方政府意义重大。

唐代诗人王之涣曾言："欲穷千里目，更上一层楼"，在进入新时代背景下各地方政府要承接新使命、确立新定位、实现新发展、达成新突破，这就要求各地方政府必须以兼具高度与深度的思维编制"十四五"规划，实现高层次谋划、高起点开局、高质量发展。

第二部分 中国工业化进程的探索

根据世界经济历史图景可以将历史划分为两个部分：工业革命之前和工业革命之后。18世纪以前西欧国家人均收入年平均增长率只有0.05%，人均收入需要1 400年才能翻一番。18世纪至19世纪中叶，人均收入年平均增长率提高到1%，人均收入翻一番所需要的时间缩短到70年。19世纪中叶至今，人均收入年平均增长率为2%，人均收入翻一番的时间降至35年[1]。

上述增长加速的现象是18世纪中叶开始的工业革命的结果。

在前现代社会（即工业革命发生之前的农业社会）的1 000多年里，中国曾经是世界上最先进、最强大的国家，直到工业革命前，中国仍雄踞世界经济版图。中国GDP在世界总GDP中所占的比重始终在26%以上，1600年为34.6%，这一占比在全球

---

[1] 林毅夫，王勇，赵秋运. 新结构经济学研习方法 [M]. 北京：北京大学出版社，2021.

是最高的。虽然如此，中国始终未能摆脱"马尔萨斯陷阱"，"马尔萨斯陷阱"是指传统农业社会始终面临一个困境：物质生活的贫乏和人类繁衍需求之间的矛盾，人口是按几何级数增长的，而生存资料是按照算术级数增长的，多增加的人口总是被消灭掉，人口不能超出相应的农业发展水平。中国古代以来多次发生农民起义，每次出现天灾总有大量人被饿死，这就是"马尔萨斯陷阱"导致的结果。英国通过推进工业与技术革命以及开展对外贸易，安全绕过了"马尔萨斯陷阱"。

工业革命之后，中国在世界经济中的比重断崖式下降。1840年爆发的第一次鸦片战争导致中国开始沦为半殖民地半封建社会。中英鸦片战争本质是农业化和工业化之间的战争，战争的失败使中国的知识分子开始探求富国强民之路[①]。

第一代知识分子是以曾国藩、李鸿章、左宗棠、张之洞等为代表的洋务派，他们认为别人的好在于别人的技术好。先是以"自强"学习西方发展军事工业，再以"求富"学习西方发展民用工业，最终宣告失败。

第二代知识分子以康有为、梁启超、孙中山等为代表，他们认为别人的好在于别人的体制和制度好，提倡社会制度变革和政治制度变革，发动了戊戌变法和辛亥革命，主张实行君主立宪制，废除科举制度，推翻清政府，建立民主制国家，最终也是以失败告终，军阀混战开始。

第三代知识分子是以陈独秀、李大钊、胡适等为代表的新文

---

① 林毅夫：《知识分子要有时代担当》，https://www.sohu.com/a/215583895_99937716.

化运动先锋，他们认为别人的好在于别人的文化好，新文化运动的旗手陈独秀认为："无论政治、学术、道德、文章，西洋的法子和中国的法子，绝对是两样，断不可调和迁就的……若是决计革新，一切都应该采用西洋的新法子，不必拿什么国粹、国情的话来捣乱。"新文化运动领袖胡适也认为："我们必须承认自己百事不如人，不但物质机械不如人，不但政治制度不如人，并且道德不如人，知识不如人，文学不如人，音乐不如人，艺术不如人，身体不如人。肯认错了，方肯死心塌地去学人家。"

第四代知识分子以毛泽东、瞿秋白、邓中夏等为代表，从学习苏联攻打大城市或中心城市的列宁主义模式，到毛泽东"农村包围城市"战略的成功，走出了一条符合中国国情的中国革命道路。

第五代知识分子是中华人民共和国成立之后投身于社会主义建设的人，他们认为别人的好在于别人的先进产业好。中华人民共和国成立之后，当时的国情是劳动力多、资本少，劳动力价格廉价，而资本价格较为昂贵，理应发展劳动密集型产业，但我们当时却选择了优先发展重工业的战略。毛泽东同志曾说："没有工业，便没有巩固的国防，便没有人民的福利，便没有国家的富强。"采取积极的工业化的政策，即优先发展重工业的政策，其目的就是建立巩固的国防、满足人民需要和奠定社会主义改造的物质基础。为此我国前四个五年计划应运而生。

"一五"计划（1953—1957年）提倡以重工业的基本建设作为制订发展国民经济第一个五年计划的重点，集中力量进行以苏联帮助我国设计的 156 个建设项目为中心、由 694 个大中型建设项目组成的工业建设，建立社会主义工业化的初步基础；

"二五"计划（1958—1962 年）继续进行以重工业为中心的工业建设，推进国民经济的技术改造，建立我国社会主义工业化的巩固基础，争取全国在钢铁和其他若干重要产品的产量方面能够接近美国；

"三五"计划（1966—1970 年）提出必须立足于战争，从准备大打、早打出发，积极备战，把国防建设放在第一位，加快"三线"建设，逐步改变工业布局；

"四五"计划（1971—1975 年）确定的主要任务是狠抓战备，集中力量建设"大三线"强大的战略后方，改善布局；狠抓钢铁、军工、基础工业和交通运输的建设；大力发展新技术，赶超世界先进水平；初步建成我国独立的、比较完善的工业体系和国民经济体系，促进国民经济新飞跃。

1840—1978 年，经过前五代知识分子强国富民的探索，中国经济发展已取得一系列的成就，重工业优先发展战略可以把分散在各个产业部门的剩余最大限度地集中起来，投资到政府所要优先发展的项目中去。所以，像中国这样落后的农业经济体，也可以在很短的时间内建立起完整的重工业体系，也可以试爆原子弹、发射人造卫星。但由于资源配置的效率低，人民生活水平提高的程度有限，传统体制的表现较难让人满意，尤其是在与周边国家和地区比较时，更是如此。

20 世纪 70 年代末，当亚洲四小龙迅速腾飞，跻身发达经济体行列时，中国与发达国家之间的差距越拉越大。1978年，中国的人均GDP只有155美元。世界上最贫困的地方是撒哈拉以南的非洲国家，当年其人均GDP的平均数是490美元，中国不足其1/3。1978年，中国有82%的人口生活在农村，有84%的人口生活在每天1.25美元生活费的国际贫困线以下。当时的中国是一个内向型的国家，1978年，出口占国内生产总值的4.1%，进口占国内生产总值的5.6%，那时的中国有90%的生产活动与国际不接轨。在出口的产品当中，75%以上是农产品及农产品的加工品[1]。

第三部分　中国的奇迹与工业化的顺次启动

根据中国经济历史图景，我们可以将中国经济的发展历程分为两个部分：改革开放之前和改革开放之后。如图3-2所示，改革开放之前，中国人均GDP增长基本保持不变，而改革开放之后，人均GDP才出现快速的增长，并且出现中国经济"增长奇迹"。这主要是因为改革开放启动了中国的工业化进程。从1840—1978年，五代知识分子一直探索强国富民的道路，他们一直认为西方的技术、制度、产业等是最好的，未能从中国的国情或者要素禀赋出发，寻找到适合中国的工业化发展之路。改革开放后，我们开始坚持"摸着石头过河"论的实验主义和"白猫黑猫"论的实证主义。不管别人的理论，从国情或区情出发发展

---

[1] 数据来源：https://www.sohu.com/a/230235086_120802.

自己。这正好符合新结构经济学的逻辑，即应该从发展中国家或地区现在有什么出发，规划在此基础上能做好什么，把现在能做好的事情做大做强，以此实现逐步赶上甚至超越发达国家或地区的目标。根据中国的要素禀赋及其结构的变化，我们可以将其分为如下五个工业化发展阶段[①]：

图 3-2　中国经济历史图景

第一阶段为轻工业启动阶段（1978—1995），1978 年，中国的要素禀赋结构为劳动力丰富廉价，资本匮乏，技术落后，为此，我们选择了发展劳动密集型产业[②]。该阶段的发展目标主要是解决吃和穿的问题。1995 年，我国取消粮票，从生活日用品严重短缺逐步实现供需平衡，标志着该阶段基本完成[③]。1995 年，

[①] 赵秋运，刘长征.从奇迹到复兴：中国渐进工业化发展阶段的历史进程与经济逻辑.北京大学新结构经济学研究院国内发展合作部工作论文，2020.
[②] 1979 年 4 月，中共中央召开工作会议，重点讨论经济调整问题。会议同意中共中央提出的"调整、改革、整顿、提高"的八字方针。会议对"五五"计划指标做了较大幅度的调整，提出在以后两年要压缩基本建设投资，降低重工业增长速度，努力发展农业、轻工业。
[③] 1983 年，国务院发文宣布取消票证。此后，各种票证陆续退出历史舞台。20 世纪 90 年代初，使用了近 40 年的票证终于结束了它的特殊身份和流通历程，而最后一个票证取消时间为 1995 年。

城市居住人口超过30%，中国人均GDP约为600美元。实现了国内衣食供应无忧，解决了温饱问题，跳出了"马尔萨斯陷阱"。但中国依然是贫穷的低收入发展中国家，中国之所以能够在1978年启动轻工业革命，主要在于我们主动发挥比较优势接纳了全球产业转移，同时实施了双轨制改革。

我们可以通过分析全球纺织制造业[①]的发展阶段来进行观察。英国的纺织业起步于18世纪，19世纪中叶以后棉纺织品的出口值占其总出口值的比重不断上升，1819—1821年为66.6%，1844—1846年上升到71.49%。19世纪末20世纪初，英国棉纺织制造业生产效率停止增长，工资成本持续上升并逐渐转移至美国。1900年英国棉花消费量和生丝消费量都被美国超过。美国的纺织业起步于19世纪末，而到了1913年，在世界棉纺织总产量中，美国已经占27.5%，英国只占18.5%。从20世纪20年代开始，美国的纺织制造业发展出现了下降趋势并且逐渐转移至日本和亚洲四小龙。20世纪60年代，美国已由纺织品出口大国转变为纺织品进口大国。日本和亚洲四小龙的纺织业开始于20世纪20年代初期，其纺织制造业产值占到工业总产值的一半，纺织品出口额在1925年占商品总出口额的67.3%，成为二战前后二次经济起飞的"助推器"。20世纪五六十年代，日本纺织制造业也趋向衰减。1961年，日本的纺织工业产值占工业总产值的

---

① 纺织业在中国是一个劳动密集程度高和对外依存度较大的产业。纺织业的重要性在于其本身具有关联效应。这主要表现在后向关联效应和前向关联效应两个方面。在后向关联效应中，纺织制造业通过自身的扩张，增加了对纺织机械、印染化工、服装加工的需求，从而刺激了机器制造业的发展，进而引发相关工业部门的兴起。

比重下降到11.3%，出口比重也降为16%。中国大陆抓住本次日本和亚洲四小龙纺织业转移的机遇（天时），扩大对外开放（地利），设立经济特区，创造局部条件来突破硬件设施和营商环境的瓶颈限制（人和）。中国大陆的纺织业起步于20世纪七八十年代，1995年中国成为最大的纺织服装产品生产国和出口国[①]。2008年，随着中国劳动力工资的上涨，纺织业开始转移至中国的西部地区以及东南亚和非洲等国家。可以说中国启动轻工业发展的过程中具备了天时、地利、人和[②]。我们通过图3-3可以看出，1978年轻工业与重工业的占比呈现上升态势，1995年开始缓慢下降，这与我们的预测相符。

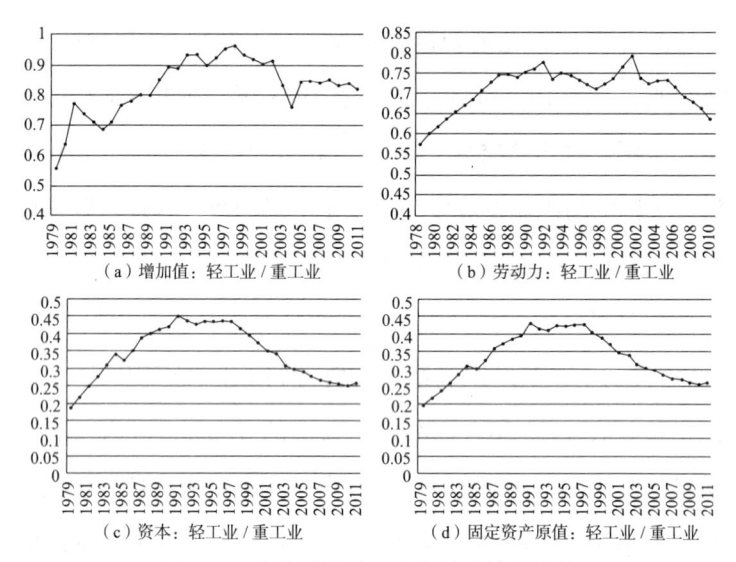

（a）增加值：轻工业/重工业　　（b）劳动力：轻工业/重工业

（c）资本：轻工业/重工业　　（d）固定资产原值：轻工业/重工业

图3-3　改革后轻重工业比的驼峰形趋势

数据来源：《中国工业经济年鉴》和《中国乡镇企业年鉴》。

---

① 李鹏飞，江淮. 全球生产与全球化生产[J]. 江苏改革，2003(4): 39-40.
② 林毅夫，赵秋运. 关于"一带一路"与中非产能合作的建议[R]. 国务院参事室智库政策.

同时，我们坚持双轨渐进式改革：所谓市场轨，即放开原来受到抑制的劳动密集型、符合中国比较优势的产业的市场准入和发展；而计划轨是对改革前形成的违背比较优势、缺乏自生能力的大型国有企业继续通过干预市场、价格扭曲的方式给予必要的转型期保护、补贴。最终，双轨渐进式改革取得了良好的效果：市场轨使符合比较优势的产业快速发展，同时推动经济高速增长，资本快速积累，使原来不符合比较优势的资本密集型产业逐渐符合比较优势，为最终去除保护、补贴及遗留的扭曲改革创造了条件。计划轨使中国经济在转型期避免了因大型企业的倒闭而导致失业人口激增、社会不稳定甚至崩溃等问题。

同样的道理，我们也可以通过"五五"计划到"八五"计划来看轻工业是如何启动的。

"五五"计划（1976—1980年）的后期提出"调整、改革、整顿、提高"的方针（新八字方针），以重工业促轻工业发展，使不少轻工业品增产，劳动密集型的轻工业进入了发展的起步阶段。农村开始推行家庭联产承包责任制，乡镇企业迅猛发展，同时，探索引进外资的政策措施和方法，决定兴办深圳、珠海、汕头、厦门四个经济特区，民营经济再次登上历史舞台。

"六五"计划（1980—1985年）提出继续改善国民经济主要比例关系，粮食基本实现自给、棉花自给有余，许多轻工业产品，特别是呢绒、电视机、洗衣机、电冰箱等中高端产品产量急剧增长。

"七五"计划（1986—1990年）提出不断扩大对外开放规模

和领域，大幅提高进出口贸易总额，积极利用外资和引进新技术发展自己，在全国形成了逐步推进的对外开放格局；同时，区别不同产品的具体情况，通过并轨、缩小价差等措施，逐步取消一些生产资料价格的双轨制。

"八五"计划（1991—1995年）确立了建立社会主义市场经济体制的目标和基本框架，市场在资源配置中的基础性作用在不同程度上得到发挥，粮食和食用油实现敞开供应，粮票退出历史舞台。

就在轻工业阶段即将结束之际，1994年，林毅夫蔡昉和李周出版了《中国的奇迹》一书，该著作大胆预测，按购买力平价计算，中国的经济规模将于2015年超过美国，大多数国内外学者怀疑中国经济可以继续保持快速增长，美国学者多次预言中国经济崩溃在即，在当时温饱问题尚未完全解决的条件下，能够有此预测实属难得①。事实上，2014年，按照购买力平价计算，中国已经超过美国，成为世界第一大经济体。在社会科学中能够预测准确的原因在于：（1）知成一体，实事求是；（2）一以贯之的新结构经济学理论的逻辑。

---

① 林毅夫，蔡昉，李周.中国的奇迹：发展战略与经济改革（增订版）[M].上海：上海三联书店、上海人民出版社、格致出版社，1999.

第二阶段为重工业①发展阶段（1996—2010年）②，由于第一阶段按照符合要素禀赋及其结构所决定的比较优势发展产业，推动经济高速增长，经济剩余最大，资本快速积累，要素禀赋结构的升级最快，使原来不符合比较优势的资本密集型产业逐渐符合比较优势。同时，公路、铁路、机场、港口等硬的基础设施不断完善并迅速发展（见图3-4）。这一阶段的发展目标在于解决住和行的问题。同时，汽车、船舶、通信电子、通信等代表性制造业爆发式增长。该阶段在2010年基本完成，中国在2010年成为世界工厂，在2011年成为最大工业国，汽车产销量全球第一。钢铁、水泥、玻璃、有色金属等中间产品的产量剧增，农业人口大规模进入城市工作，城市居住人口达到50%左右。2010年中

---

① 重工业是"轻工业"的对称，是指为国民经济各部门提供物质技术基础的主要生产资料的工业。
② 我们之所以以1996年为轻工业与重工业发展阶段的临界点，主要基于以下三个方面的原因：其一，以要素相对价格所导致的劳动收入占比（即劳动收入份额）持续下降为表征。伴随产业的不断发展和物质资本的逐渐累积，资本与劳动相对价格的上涨，资本较为密集产品的相对价格上升，中国的比较优势开始向资本较为密集的产业转移，吸引劳动力不断从轻工业向重工业转移（罗长远，2011；魏下海等，2012；赵秋运等，2012；张建武等，2013；赵秋运和张建武，2013；张建武等，2014；林志帆和赵秋运，2015；赵秋运等，2017）。其二，可以通过党和国家的重要会议略见一斑。其中的关键事件是20世纪90年代中叶，第八次全国人大会议确立了在未来十五年优先发展资本密集型产业的战略部署，具体政策是资本密集型产业尤其是通信、能源以及制造业能够优先获得银行的长期贷款。同时，1995年9月28日，党的十四届五中全会通过了《关于国民经济和社会发展九五计划和2010年远景目标建议》，该计划提出：九五计划对未来十五年的战略布局表明了1995—2010年中国经济产业结构调整、着力发展重工业的要求。基础设施和基础工业建设要与重工业发展相适应。1996年3月，第八届全国人民代表大会第四次会议审议通过了《国民经济和社会发展第九个五年计划纲要》，该计划的目的是调整未来十五年中国的产业结构，进一步加强基础设施（交通、通信）以及基础工业（电力、煤炭、原油、天然气、黑色金属和有色金属冶炼及压延领域、化工等）并且振兴支柱行业（电气机械、石油加工、汽车、房地产等）。通过上述数据和政策会议可知，1996年为轻工业逐步让位于重工业的起点，如此，中国开启了重工业发展的进程。其三，通过轻重工业的比例可以窥见一斑。根据《中国工业经济统计年鉴》数据，自20世纪90年代中叶开始，轻工业发展相对于重工业达到顶峰。1999—2011年，中国轻工业与重工业的工业总产值、工业增加值、固定资产原值、资本与劳动投入的比值开始呈下降趋势。

国人均 GDP 约为 4 500 美元，超过发展中国家收入均值，跳出低收入国家陷阱，进入中等偏上收入行列。从图 3-4 可以看出，在重工业发展阶段，我国基础设施不断完善，铁路、公路、航空以及电力能源等均发展迅速。

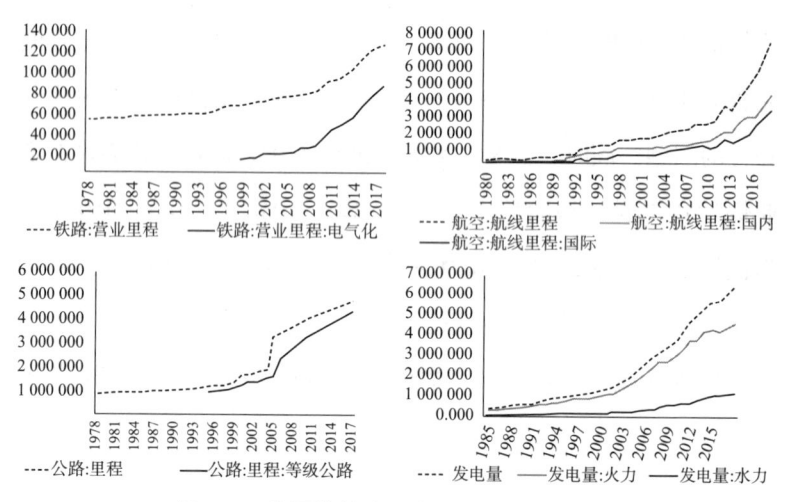

图 3-4　我国的基础设施、能源等发展演变

数据来源：作者根据相关数据整理。

同样的道理，我们也可以通过"九五"计划到"十一五"规划来看国家是如何推动重工业发展的：

"九五"计划（1996—2000 年）对未来十五年进行战略布局：一是加强能源、交通、通信等基础设施和基础工业建设，使之与国民经济发展相适应。二是振兴机械、电子、石油化工、汽车制造和建筑业等重工业，使之尽快成为带动整个经济增长和结构升级的支柱产业。

"十五"计划（2001—2005 年）提出加快以"五纵七横"为

重点的公路国道主干网建设,全面贯通"三纵两横"。起步建设西部公路的八条新通道,完善路网结构,提高路网通达深度。优化能源结构和能源建设要发挥资源优势,提高资源利用效率,加强环境保护。以煤炭为基础能源,提高优质煤比重。推进大型煤矿改造,建设高产高效矿井,开发煤层气资源;

"十一五"规划(2006—2010年)提出加强基础设施的支撑作用,例如建设完成青藏铁路、"五纵七横国道"主干线等一批重大交通基础设施;发展先进制造业和加强基础产业基础设施建设,是产业结构调整的重要任务,关键是全面增强自主创新能力,努力掌握核心技术和关键技术,增强科技成果转化能力,提升产业整体技术水平,提升汽车工业水平,壮大船舶工业实力。

第三阶段为高端装备制造业[①]追赶阶段(2011—2030年),即重工业发展的高级阶段[②]。随着后来者优势逐步消失以及劳动力工资价格的上涨,资本要素禀赋的逐步积累,技术作为一种禀赋所发挥的作用越来越重要,技术密集型行业越来越重要。一个国家发展到此阶段有可能面临技术被"卡脖子"的问题,这就是现在我们所面临的境况。在这一阶段人力资本、创新创业、独角兽企业等事物涌现。生产制造工具(生产母机)的技术密集型行

---

① 装备制造业贯穿工业化全部过程,从简单到复杂,从低端到高端,从引进到进口替代,再到自主创新。中低端装备制造业在中国已形成优势,目前解决的是高精尖的高端装备制造业问题,所以,我们明确定义为高端装备制造业追赶阶段可能更准确。而且,我们最终要在前两个阶段基础上追赶领先型国家的技术,完成工业化,成为发达国家的一员,所以追赶阶段的定义可能更准。世界其他国家包括国际组织并没有提出"装备制造业"这一概念。"装备制造业"的概念可以说是中国独有的分类,1998年中央经济工作会议明确提出"要大力发展装备制造业"(中央经济工作会议:《经济日报》,1998年12月10日,第1版)。装备制造业又称装备工业,是为满足国民经济各部门发展和国家安全需要而制造各种技术装备的产业总称。

② 同世界其他国家一样,我国的装备制造业基本上同重工业同时起步,最早可以追溯到解放初期,即利用苏联的装备技术并按苏联技术图纸进行复制模仿。60年代后期,我国采用了自力更生、自主发展的政策,然而这一过程非常曲折,直到我国重工业革命后期,我国的装备制造业才开始有明显增长。

业（装备制造业或装备制造集团）、高技术创新企业等大量涌现。

按照国民经济行业分类，高端装备制造业产品范围包括机械、电子和兵器工业中的投资类制成品。产品主要为生产母机，生产机器的机械。其表现为技术密集型与资本密集型。装备制造业被视为制造业的核心组成部分甚至是国民经济发展特别是工业发展的基础。因此，装备制造业的发展水平被直接用来衡量工业化水平的高低。习近平总书记指出："制造业特别是装备制造业高质量发展是我国经济高质量发展的重中之重，是一个现代化大国必不可少的。"而高端装备制造业是一类专门生产制造高技术、高附加值的先进工业设施设备的行业。它是以高新技术为引领，处于价值链高端和产业链核心环节，决定着整个产业链综合竞争力的战略性新兴产业，是现代产业体系的脊梁，也是推动工业转型升级的引擎。

世界机械500强企业仍主要集中在发达国家，格局基本稳定。美国、日本分别有138家、101家企业入选榜单，中国大陆有95家，位列第三。在前10强中，德国占3家，美国占2家，日本占2家，中国大陆、韩国、中国台湾各占1家；前三强由日本、德国、中国大陆占据。我们可以看到，老牌机械强国的竞争力仍然突出，德国、法国进入500强的企业总数虽不多，但进入百强的企业占三成左右，并均在行业中具有突出优势。我国目前与发达国家存在四个主要差距：一是技术创新能力急需提高；二是产业基础薄弱，基础元件、关键零部件、核心材料在一定程度上成为发展"瓶颈"；三是产业结构不平衡，高端装备产业亟待培育和发展；四是产业集中度低，具有国际竞争力的大企业少，国际知名品牌少。

总体而言，2011年至今，我们一直处于装备制造业追赶阶段。"十二五"规划（2011—2015年）提出发展先进装备制造业，调整优化原材料工业，改造提升消费品工业，促进制造业由大变强，推进重点产业结构调整。提出装备制造行业要提高基础工艺、基础材料、基础元器件研发和系统集成水平，加强重大技术成套装备研发和产业化，推动装备产品智能化。以掌握产业核心关键技术、加速产业规模化发展为目标。

"十三五"规划（2015—2020年）提出实施高端装备创新发展工程，提升自主设计水平和系统集成能力。我们通过图3-5可以看出，作为技术创新的重要衡量标准，中国专利数量在2010年左右逐步超过美国，成为世界第一大专利申请国。

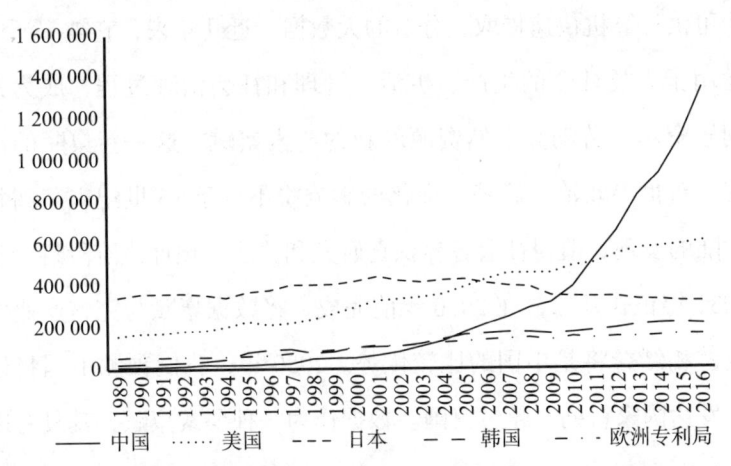

图3-5 全球五大专利申请国（机构）专利申请数（1985—2014年）

数据来源：世界知识产权组织。

经过前几个阶段的工业化的推进，中国经济持续快速健康增长，出现了中国工业化发展的奇迹。下面一组惊人的数据足以作为中国工业化奇迹的证据：中国目前的工业产能可以用一年的时间生产500亿件T恤衫（世界人口的7倍）、100亿双鞋、8亿吨粗钢（美国的8倍）、24亿吨水泥、40亿吨煤炭（占全球的一半）。同时，中国还是全球最大的汽车、高速列车、轮船、机床、手机、计算机、机器人、空调、冰箱、洗衣机、家具、化肥、粮食、鱼、肉、蛋、棉花、铜、铝、电视节目的制造商，建设了全球最多的桥梁、隧道和高速公路。2011—2013年间，中国消费的作为最基础工业和建筑材料的水泥达65亿吨，超过美国整个20世纪使用量的50%[1]。

第四阶段为数据科技创新阶段（2031—2050年），数据自古有之，在互联网出现、普及之后，因为数码化而被记录、积累成为可供计算机快速提取、分析的大数据。近几年来，它被广泛地运用于人类社会的生产、生活、管理和社会治理过程，成为并列于资本、劳动和自然资源的新的要素禀赋。这一新禀赋的出现，对世界政治、经济、文化的影响将不亚于15世纪末美洲新大陆的发现，值得社会各界认真研究和关注。预计该阶段将会于2031年正式开启，在2050年前完成。将数据禀赋与完整产业供应链相结合将是中国的比较优势。2050年，我们预测中国将进入发达国家行列，超过美国。数据作为一种要素禀赋，其具有以

---

[1] 文一.伟大的中国工业革命："发展政治经济学"一般原理批判纲要[M].北京：清华大学出版社，2016.

下四个特征：大量、高速、多样、价值①。就中国而言，数据禀赋具有以下比较优势：

第一，大量：我国网民数量高居世界第一，这不仅提供了大量使用数据（数据生产要素），同时也表明了大数据行业旺盛的潜在需求②。

第二，高速：中国超级计算机的计算能力堪称神速。2019年6月，在德国法兰克福举行的国际超级计算大会上发布了最新榜单③。中国境内有219台超级计算机上榜，在上榜数量上位列第一，美国以116台位列第二，后面依次是日本、法国、英国和德国。自2017年11月以来，中国超级计算机上榜数量连续四次位居第一④。

第三，多样：我国拥有41个工业大类行业，是世界上唯一拥有联合国产业分类中全部工业门类的国家⑤。医疗行业大数据应用、电信行业大数据应用、交通行业大数据应用、政府大数据应用、教育行业大数据、能源行业大数据应用等不断涌现。

就我们对工业化进程的四个阶段的分析逻辑而言，一个社会不管GDP总量有多高，只要不能实现工业化，这个社会就无法跳出"马尔萨斯陷阱"。1978年的改革开放，真正开启了中国工业化快速发展之路。改革开放是按照要素禀赋及其结构所决定的比较优势来发展产业，借助后来者优势，以渐进双轨制的改

---

① 数据来源：http://www.itheima.com/news/20200716/164801.html。
② 资料来源：https://www.sohu.com/a/216118893_733300。
③ 资料来源：http://www.ixw8.com/gnxw/201906/47924.html。
④ 资料来源：http://finance.sina.com.cn/chanjing/gsnews/2019-06-18/doc-ihvhiews9613455.shtml?source=cj&dv=1。
⑤ 资料来源：http://news.eastday.com/eastday/13news/auto/news/china/20190921/u7ai8825739.html。

革方式，发挥有效市场和有为政府的作用，工业化进程先慢后快，从劳动密集型的轻工业启动阶段到资本密集型的重工业发展阶段，再到技术密集型的高端装备制造业追赶阶段顺次展开，产业结构不断转型升级。其间，政府在软硬基础设施方面的建设逐步完善，以产业政策推动中国产业转型升级，实现了40年高速增长的"经济奇迹"，同时拉动中国城市化建设高速发展（城市化率由1978年的约17%增长到2018年的约59%）。我们预计在2030年前中国将迈过高收入国家门槛，开始进入以自主创新为主要特征的中国工业化的第四个阶段，即数据科技创新阶段。随着数据科技创新阶段的完成，中国将实现全面追赶，进入现代化强国行列，中华民族伟大复兴的梦想将成为现实。在人类历史上，还不曾有任何国家以这么快的速度、持续实现这么长时间的增长，而且是在人口这么多、这么穷的基础上实现。人们把改革开放这40年取得的成绩称为"中国的奇迹"。由于改革开放这40年的成绩，我们才能说现在比历史上任何时期都更接近、更有信心、更有能力实现中华民族的伟大复兴。

第四部分　理解"十四五"规划的产业发展路径

根据图3-6，我们可以看出一个国家或地区应该按照要素禀赋及其结构所决定的比较优势来发展产业，而且我们现在仍处于高端装备制造业追赶阶段，不过我们也要为数据科技创新阶段做好充分的准备。这就是"十四五"规划编制过程中我们所要坚持的比较优势原则和产业发展方向。

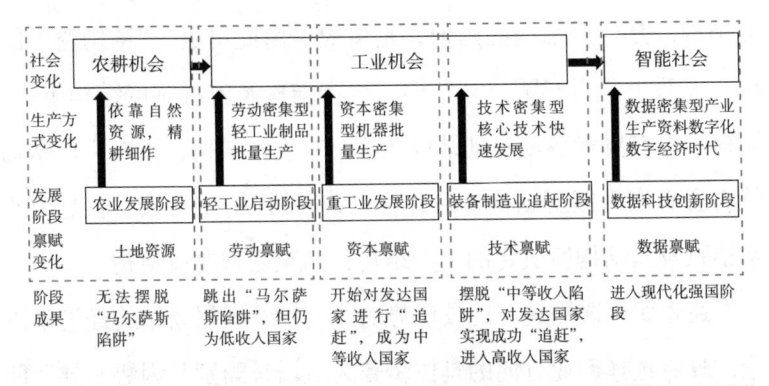

社会变化	农耕机会		工业机会		智能社会
生产方式变化	依靠自然资源，精耕细作	劳动密集型轻工业制品批量生产	资本密集型机器批量生产	技术密集型核心技术快速发展	数据密集型产业生产资料数字化数字经济时代
发展阶段	农业发展阶段	轻工业启动阶段	重工业发展阶段	装备制造业追赶阶段	数据科技创新阶段
禀赋变化	土地资源	劳动禀赋	资本禀赋	技术禀赋	数据禀赋
阶段成果	无法摆脱"马尔萨斯陷阱"	跳出"马尔萨斯陷阱"，但仍为低收入国家	开始对发达国家进行"追赶"，成为中等收入国家	摆脱"中等收入陷阱"，对发达国家实现成功"追赶"，进入高收入国家	进入现代化强国阶段

图 3-6 （要素）禀赋及其结构变化与中国工业化进程（禀赋结构-发展阶段-社会变化"三位一体"）

资料来源：赵秋运等（2020）

首先，政府选择产业方向应该坚持"结构树"的原则。"结构树"的原则即按照要素禀赋及其结构所决定的比较优势来发展产业。如图 3-7 所示，我们知道，树是由树根、树干和树冠组成的整体。三者由下而上，相互依存，相互影响，不可分割，牵一发而动全身。因此，没有树根，就不会有树干，没有树干，就不会有树冠，只有根深，才能叶茂，只有叶茂，才能硕果累累。通俗来说，一个经济体就好比一棵树，一个经济体的要素禀赋结构就是该经济体的"树根"，而产业结构和技术结构（生产结构）则是该经济体的"树干"，而我们所说的制度、金融、教育、创新等宏观制度结构则是树冠，经济发展如同树木生长，也是有先后顺序可循的，也同样有结构和层次。要素禀赋及其结构是一切经济结构变更的起点和根基；生产结构是经济活动的核心和主要内涵，是主干；金融结构、创新结构、劳动结构等一系列宏观制度结构，是生产结构的延伸，是树冠。由此可见，"结构树"的核心体系由要素禀赋及其结构、生产结构及宏观制度结构组成。同样，没有要素禀赋及其结构就不会有生产结构，没有生产结构就不会有宏观制度结构。由此可见，"结构树"的核心就是由要素禀赋及其结构所决定的生产结构，乃至宏观制度结构。

到底如何选择具有比较优势的产业呢？根据新结构经济学理论，政府选择产业方向的具体步骤为"增长甄别与因势利导"两轨六步法（GIFF）[①]：

第一步至关重要，就是寻找合适的参照系。参照系应具有以下特征：高速增长，要素禀赋结构类似，人均收入为本地区1~3倍，或20年前人均收入与本地区处于同一水平。同时也需要选出产业，所选出的产业应该是在过去20年发展迅速、其生产的产品可贸易，但显示性比较优势在下降，或者是生产该地区所需要的进口产品的产业。

第二步，假如本地区已经有上述产业就要找出限制其提高竞争力的因素和新企业进入的门槛，并采取措施解决。

第三步，假如本地区无该类型产业，需要从第一步中选取的国家或地区里寻求外商投资，以启动新企业孵化项目。

第四步，政府应关注自我发现者，为在新产业里取得成功的私人创新企业扩大规模和新进入提供支持。

第五步，政府要克服软硬基础设施的不足。可以设立经济特

---

① 林毅夫.新结构经济学：反思经济发展与政策的理论框架（增订版）[M].北京：北京大学出版社，2012.

图 3-7　政府选择产业方向的"结构树"

资料来源：赵秋运等：《通俗版新结构经济学》，北京大学新结构经济学研究院国内发展合作部手稿，2020 年。

区或工业园区，以此打破企业进入的壁垒，吸引外商投资，鼓励产业集群。

第六步，政府要补偿先行者。限定时期内的税收优待政策，提供直接贷款用于投资，提供外汇交易的机会。

总之，欠发达地区需要以那些快速发展、结构相似、收入稍高的国家或地区的产业为追赶标准。因为拥有相似的要素禀赋及其结构的国家或地区，也应具有相似的比较优势。要素禀赋及其结构的变化导致比较优势的变化，继而带动产业升级。一个经济高速增长的国家或地区，其产业发展总体符合该国家或地区的比较优势。该国家或地区经济的快速增长和要素禀赋结构的变化，会导致某些产业丧失其比较优势。这些产业会成为后来者的（潜在）比较优势。对有相似的要素禀赋及其结构的国家或地区来说，先行者成功的、富有活力的产业发展为后来者提供了发展蓝图。

如今新结构经济学的方法已经在国内的河北河间、吉林、西藏、新疆和田和伊犁、广东中山、山西大同和晋城、雄安新区等地区，以及吉布提、埃塞俄比亚、尼日利亚、哈萨克斯坦等国家取得了立竿见影的效果。我通过以下几个案例来介绍。

案例一，华坚鞋业在埃塞俄比亚的迅速成功。2011年3月，林毅夫教授向埃塞俄比亚时任总理梅莱斯汇报新结构经济学的研究成果，建议他以建设工业园的方法克服基础设施和营商环境不良的限制，并学习中国一把手工程的经验，到中国招商引资。2011年8月，梅莱斯照建议到中国东莞招商。华坚鞋业应邀于

2011年10月到埃塞俄比亚访问，当场决定在当地的东方工业园投资，并招募86个工人到东莞进行培训。2012年1月，华坚鞋业在东方工业园设立了两条生产线，雇用了600个工人，以两头在外的方式经营。2012年3月开始向美国出口，2012年5月成为埃塞俄比亚最大的出口企业，2012年10月开始盈利，2021年年底雇用人数达到2 000，到2013年年底雇用人数达到3 500。目前雇用人数已达8 000。华坚鞋业的迅速成功带来了滚雪球效应，埃塞俄比亚现在已成为吸引外国直接投资最多的非洲国家，2012—2017年，外商直接投资增加了4倍。在非洲普遍出现去工业化的情况下，埃塞俄比亚的工业产值增加了4倍，GDP年均增长9.7%，成为非洲乃至世界经济增长速度最快的国家之一。2017年9月，埃塞俄比亚政府授予了张华荣董事长"埃塞俄比亚工业之父"的荣誉称号。

案例二，C&H成衣在卢旺达的快速成功。受到埃塞俄比亚成功结构转型的鼓舞，卢旺达总统于2013年9月年亲自来北大咨询，学习并采用一把手亲自招商的经验。在原华坚鞋业总经理，现任联合国工业发展组织非洲工业化大使海宇的帮助下，2014年年底决定在卢旺达首都的经济特区设立C&H成衣厂，以两头在外的方式经营。2015年2月，雇用了200个工人开始培训，生产成衣出口，到2015年7月，雇用人数增加到了500。2015年8月，成衣开始出口，这是卢旺达第一次出口工业制成品。2017年年底，该企业雇用人数达到2 000，成为卢旺达雇用人数最多的企业。

案例三，新疆和田案例。新疆和田地区是我国最为贫困的地区之一。自然环境恶劣，所发展的是典型的绿洲经济，人均耕地面积为 1.2 亩，123 万适龄劳动人口中有约 60 万人处于失业、半失业状态。随着跨地区交通基础设施的改善，运输成本下降，东部地区工资上涨，和田已具备承接劳动密集型加工出口产业的条件。在新结构经济学研究院的推动下，2018 年 8 月，绍兴的鞋袜产业、河南许昌的假发和服装生产企业亨利达来到和田考察，2018 年 10 月，该企业在和田洛浦投资生产假发，2019 年 4 月，假发开始出口美国，目前雇用员工已达 3 000 人，成衣厂雇用 2 000 人。和田政府已经制定相应政策，计划在当地形成两到三个产业集群，以解决就业，和田的成功为其他绿洲经济的发展提供了经验。

同时，在"十四五"期间需要坚持两个方向：一是重点发展高端装备制造业，二是夯实数据密集型产业的基础。

首先，要重点发展高端装备制造业。在"十三五"期间，我国出台了一系列推动装备制造业的产业政策，我国装备制造业取得了很大的成就，在高铁、海洋工程装备等一些领域达到了世界先进水平。尽管我国高端装备制造业取得了瞩目的成就，但近年来的一些经济热点事件凸显了我国在某些细化领域同西方国家依旧存在不小的差距，如芯片制造相关装备（光刻机等）、航空发动机、部分材料加工设备等，我国高端装备制造业仍处于追赶阶段。随着互联网等信息技术的兴起，工业互联的引入也开始改变高端装备制造业的组织模式、生产方式和加工方式等，随着我国开始大力培育数据要素市场，工业互联和智能制造的加入为我国装备制造业实现追赶提供了有力支持。"十四五"期间也是我国由工业社会迈向智能社会的奠基时期，我国将基本上完成高端装备制造的自主设计、生产和制造等，度过高端装备制造业追赶阶段，从制造业大国迈向制造业强国，从追赶逐步迈向领先。

因此，在"十四五"期间，我国产业将呈现技术密集、资本密集和数据密集这三个特点并且不断向更加技术密集的方向跃迁，这就需要做好如下政策布局：一方面需要构建更加完善的要素市场化配置体制机制，国务院于2020年3月30日发布的《中共中央国务院关于构建更加完善的要素市场化配置体制机制的意见》中也明确表示要加快发展技术要素市场，其中包括健全职务科技成果产权制度、完善科技创新资源配置方式、培育发展技术转移机构和技术经理人、促进技术要素与资本要素融合发展、支持国际科技创新合作等。另一方面还需要通过软硬基础设施建设等降低交易成本，这样我国的高端装备制造业才能具有竞争优势，为完成未来的数字化智能化转型做好充分的准备。

为此，地方政府应该选择装备制造业链条上符合比较优势的产业，装备制造业是国之重器，涉及门类广、产业链条长，其转型升级对于我国整个工业体系的优化提升具有基础性、决定性作用。各地方政府可以根据图3-8中的上、中、下游来选择符合自己要素禀赋及其结构的产业链。每个地方政府总能在装备制造业链条上找到适合自己的发展产业。

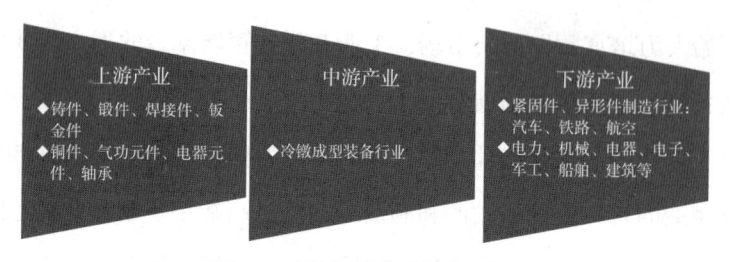

上游产业	中游产业	下游产业
◆铸件、锻件、焊接件、钣金件 ◆铜件、气功元件、电器元件、轴承	◆冷镦成型装备行业	◆紧固件、异形件制造行业：汽车、铁路、航空 ◆电力、机械、电器、电子、军工、船舶、建筑等

图 3-8 装备制造业的产业链

其次，要夯实数据密集型产业的基础。"十四五"时期将是数据密集型产业的快速成长期！数据将作为新的生产要素加入工业生产之中，这也是我国开始迈向智能社会的一个标志。同时，高端装备制造业的禀赋特点是资本密集和技术密集，而高度智能化的高端装备制造在此基础上还需要数据密集，因此在"十四五"这一承上启下的关键五年中基于数据禀赋发展高端装备制造业显得尤为重要。2020年3月，《中共中央国务院关于构建更加完善的要素市场化配置体制机制的意见》发布，数据作为一种新型生产要素被写入文件之中，与土地、劳动力、资本、技术等传统要素并列。文件指出，要加快培育数据要素市场，推进政府数据开放共享，提升社会数据资源价值，加强数据资源整合和安全保护。现在各地政府正在因势利导布局数据密集型产业，2016年2月，贵州率先成立全国首个大数据综合试验区；2016年10月，第二批大数据综合试验区先后成立，包括两个跨区类试验区（京津冀、珠江三角洲）、四个区域示范类试验区（上海、河南、重庆、沈阳）、大数据基础设施统筹发展类试验区（内蒙古）。现阶段，全国各地各级政府的数据意识显著提升，逐步认识到数据技术对经济社会转型的积极作用，先后成立了大数据管理机构和大数据产业园区。这对于大数据产业资源集聚、降低交易成本、促进规模经济效应具有重要意义。在"十四五"期间，政府应该因势利导夯实数据密集型产业，应当充分发挥我国的比较优势，理直气壮地支持和引领新工业革命，未来着力推进大数据技术产业创新发展，主要从以下四个方面着手：

第一，推进数据密集型产业的高质量发展。协同推进大数据战略与制造强国、数字强国战略，继续支持大数据国家新型工业化产业示范基地的建设，持续开展大数据试点示范工作，加快培育具有国际竞争力的创新型大数据企业。

第二，推动工业大数据的发展。推动建立纵向联动、横向协同的工作机制，确保重点任务落实到位，鼓励有条件的地方行业和工业企业能够围绕数据共享流通数据应用数据，先行先试分析、分类等重点任务，加快建设国家的工业互联网大数据中心，推动工业数据的聚集。

第三，提升数据管理的能力。随着互联网或工业互联网的发展，企业会产生更多的数据，企业产生的数据会成为整个数据资源的重要组成部分，所以需要着力提升企业对数据的管理能力。

第四，优化数据发展营商环境。深化"放管服"改革，营造鼓励创新、包容审慎、规范有序的产业发展环境，完善数据的确权、共享、开放等制度，激发数据要素资源的潜力，推动建立数据安全相关的法律法规制度体系，提升操作平台和个人信息的安全保障能力。

第五部分　地方政府谨防潮涌现象与产能过剩[①]

在政府制定"十四五"规划时需要谨防潮涌现象和产能过剩。潮涌现象是指由过度的剩余生产能力引起的投资过热、国际收支不平衡等突出问题。潮涌现象可以导致产能过剩，在行政干预、投资冲动等多重因素的影响下，我国在传统领域和新兴领域均出现了产能的快速扩张，但下游市场需求增速下降，产生了新一轮的产能过剩。产能过剩具有涉及行业广、持续时间长、影响程度深、化解难度大的特点，已经成为我国当前经济发展中面临的突出问题。如图3-9所示，在钢铁、水泥、电解铝、平板玻璃、船舶等行业，产能过剩问题表现得较为突出。

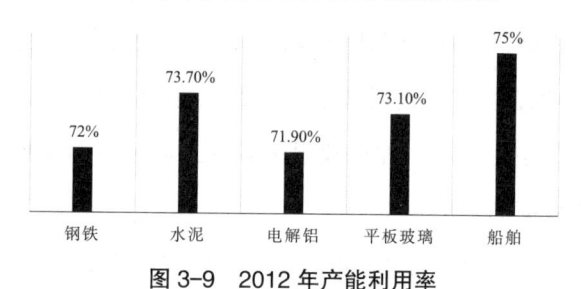

行业	产能利用率
钢铁	72%
水泥	73.70%
电解铝	71.90%
平板玻璃	73.10%
船舶	75%

图3-9　2012年产能利用率

数据来源：《国务院关于化解产能严重过剩矛盾的指导意见》，国发〔2013〕41号。

就光伏产业而言，2010年10月，国务院《关于加快培育和发展战略性新兴产业的决定》发布后，七大新兴产业频频出现在各地的发展规划中，全国31个省市自治区均把光伏产业和风电

[①] "潮涌现象"是林毅夫针对发展中国家经济发展过程中投向新产业以及产业升级过程中出现的经济现象提出的经济学术语。

产业列为优先扶持发展的新兴产业，全国 600 个城市中有 300 个选择发展太阳能光伏产业，100 多个城市建设了光伏产业基地。从 2005 年开始，我国的光伏产业以每年 44% 的增幅持续高速发展。根据中国新能源商会数据，2011 年我国的光伏产能已经达到 30GW，但是当期全球光伏市场需求只有 27.6GW，国内光伏产能已经超过全球市场需求。2000—2011 年中国光伏产品的出口额急剧上升，而且出口额居全球第一。

潮涌现象会带来一系列的危害，发达国家偶尔也会出现潮涌现象，最典型的就是 20 世纪 90 年代的信息产业和互联网泡沫。同资本市场的"羊群效应"类似，"潮涌现象"也会导致实体经济投资领域的"非理性繁荣"。这意味着对于中国目前产业升级过程中的所谓新兴产业，无论是国际的新兴产业（比如新能源、新材料和新医药等），还是国内的新兴产业（比如物流、旅游和消费品等），不应该盲目乐观。自 1998 年以来，我国钢铁、水泥、电解铝等行业外部环境前景良好，需求持续上升，技术趋于成熟，也正处于产业升级方向上，全社会对此有很强的预期，甚至达成了共识。大量的社会投资涌入这些产业并引发了大规模的产能过剩问题。产能过剩引发了价格下降、企业亏损破产、就业压力大、银行呆坏账持续增加等后果。

发展中国家的产业升级并非像发达国家的产业升级一样属于不确定事件，我们的企业和政府都可以通过相对准确的信息来做判断，政府对于整个经济中的投资、信贷总量、国内外市场的需求等信息比个别的企业和金融机构有优势，政府可以利用这种总量信息的优势，形成产业政策，从市场准入和银行信贷入手设定标准，并及时监督、检查这些标准具体实施的过程；同时，适时发布投资规模、信贷总量、市场需求情况等信息，让企业和金融机构了解整个经济的现在和未来总体情况的变化，避免潮涌现象在产业升级时太过严重。

第六部分　将"十四五"规划的编制与供给侧结构性改革相结合

中国已经进入新时代，经济已由高速增长阶段转向高质量发展阶段，这是经济发展的内在要求，中国正处于从人均收入8 000多美元向10 000美元、进而向更高水平迈进的历史阶段。在这种情况下，高质量发展的主要内涵，就是从总量扩张向结构优化转变，就是从"有没有"向"好不好"转变。从中国的实际出发，经济发展的主要矛盾在于供给体系难以适应需求体系的变化，供求之间存在结构性偏差，需要及时调整。因此，通过改革提高供给体系的质量，即进行供给侧结构性改革，是我们实现高质量发展的基本路径。

供给侧结构性改革的阶段性重点为"三去一降一补"。"三去"，具体是指在生产过剩的领域"去产能"，在房地产领域"去库存"，降低过高的杠杆率；"一降"是指在全社会降低成本；"一补"是指在整个经济结构中补上公共服务、基础设施和制度性短板。补齐如下三个突出短板：继续打好防范化解重大金融风险攻坚战，继续打好精准脱贫攻坚战，继续打好污染防治攻坚战。

"十四五"期间，供给侧结构性改革还会继续推行，但会有所调整，因为前面的"三去"基本上已经取得了阶段性成果，我们需要做的是巩固成果。第四项降成本和第五项补短板，需要在"十四五"期间多下功夫。就降成本而言，其指的是政府的管理成本、税收成本，其实政府已经逐步在给中小企业大幅度减税，把一年的营业收入在300万元以下的中小企业的所得税率降到了10%，把一年的营业收入在100万元以下中小企业的所得税率降到了5%。新冠疫情期间，政府又对企业进行了减税，这有利于民营中小企业的发展。在补短板方面，中国还有很多短板可以补。我们有一些产业是产能过剩的，而这些产业处于中低端环节，中国还可以升级到中高端产业。我们的基础设施还可以继续完善，尤其是城市内部的基础设施还不够完备。我们要改善环境质量，推动绿色发展。而且，中国要理直气壮地支持和引领新工业革命，中国还处在城镇化的进程中。这一点是中国作为一个发展中国家跟发达国家最大的不同。

"十四五"期间的供给侧结构性改革需要坚持以下三个方向：

一要稳预期。在全球经济增势减弱，新冠疫情何时结束尚不明朗，不确定性因素增多，中国经济面临下行压力，结构性矛盾仍然突出的情况下，经济发展面临多方面挑战，稳预期显得尤为重要。稳预期是稳定经济增长、消除不确定性的重要前提。

二要补短板。我国是一个储蓄规模庞大，债务规模适中的发展中国家。2019年，我国储蓄率为45%，是其他国家平均储蓄率的两倍；同期我国债务占GDP比重为254%，低于发达国家平均债务水平。我国的融资结构以债权型融资（主要是银行信贷）为主，因而我国国内债务规模上升有一定的合理性与必然性。因此，宏观政策一方面要防范"高杠杆"可能带来的风险，另一方面也不能一味地强调"去杠杆"，特别是不能刚性快速"去杠杆"。同时，也要全面客观地评价基建投资的商业模式，适度放松地方政府的债务约束，做好新基建的工作，发挥基建投资"补短板"、稳增长的关键作用。

三要"优监管"。要优化监管方式，把控好金融监管政策的推进节奏，重塑影子银行与民营企业之间必要的"毛细血管"；同时，也要重新梳理和审视资管新规，给市场调整留出时间，给表外转表内留出空间，也给健康的表外业务留出生机。

当前世界确实面临百年未有之大变局，我国进入了新时代，但同时全球暴发了疫情，中美贸易战还在持续，然而，任何变局都是"危"和"机"同生共存，如果我们应对得当，这将给中华民族伟大复兴带来重大机遇。

世界变局是我们的机遇，伟大时代是我们的底气。只要我们坚持稳中求进的工作总基调，坚持推动我国经济实现高质量发展，坚持以供给侧结构性改革为主线不动摇，贯彻落实"巩固、增强、提升、畅通"八字方针，实现"六稳""六保"，就能实现"创新、协调、绿色、开放、共享"的高质量发展。

助力中小微企业，共渡疫情难关[①]

改革开放40多年来，中小微企业的发展非常迅速，企业总量和规模不断增加、扩大，产业分布更趋合理，在国民经济和社会发展中的作用日益显著，已成为推动经济高质量发展的重要力量、支撑经济社会发展的基石和吸纳社会就业的主体。2018年年底，中小微企业法人单位在我国达到1 807万家，占全部规模企业法人单位（以下简称全部企业）的99.8%；拥有资产总额达到402.6万亿元，占全部企业资产总额的77.1%；年营业收入达到188.2万亿元，占全部企业年营业收入的68.2%[②]。数据显示，中小微企业占据市场主体的90%以上，贡献了全国80%的就业、70%左右的专利发明权、60%以上的GDP和50%以上的税收[③]。由此可见，中小微企业对经济发展有重要作用。中小微企

[①] 本文根据赵秋运发表于《公益时报》的文章整理。
[②] 资料来源：全国经济普查系列报告显示——中小微企业作用日益显著，http://www.acfic.org.cn/ddgh/bwzc/201912/t20191225_149490.html.
[③] 资料来源：小微企业对经济发展起重要作用 https://www.sohu.com/a/235752498_649045.

业稳则我国就业稳，中小微企业的稳定发展事关社会稳定和高质量发展。

自 2019 年 12 月开始的新冠肺炎疫情给中小微企业造成了较大冲击，此次疫情波及范围广，影响程度深，前所罕见。中小微企业所在的主要行业，尤其是零售、餐饮、住宿、旅游、居民服务和制造业等行业受新冠肺炎疫情的影响至深至巨，而它们靠自有资金来渡过难关的能力比较弱。受疫情影响，超过 90% 的中小微企业 2020 年春节过后延迟了开工、开业。有近 80% 的中小微企业的业绩指标大幅下降，原因不外乎交通管制和下游客户需求减少及上游原料供应不足，而资金流不足导致企业短期资金压力增大等问题也不可忽视[1]。某知名企业表示，其依靠自有资金经营难以维持超过 3 个月，众多中小微企业的处境更是堪忧。根据有关调查，如果疫情持续下去，只有约 28.87% 的小微企业认为可以依靠自有资金维持运转，另有近 25.56% 的小微企业认为其依靠自有资金能坚持运营 3 个月左右，也就是有近一半的小微企业仅能维持 1 个月或 2 个月[2]。

对于新冠肺炎疫情给中小微企业的生产经营所带来的负面冲击和影响，国家各部门、地方政府从财政、金融、社保等各方面给予它们一定的政策支持以助其渡过难关，比如，降低小规模纳税人增值税征收率、减免房租、降低企业用电和用气成本、完善

---

[1] 央广网："疫情对小微企业影响究竟有多大？" https://baijiahao.baidu.com/s?id=1658243857431733628&wfr=spider&for=pc.
[2] 数据来源：小微企业运行指数课题组对全国小微企业展开问卷调查，主要由经济日报社和中国邮政储蓄银行所发布，http://www.sinotf.com/GB/SME/TradeLaw/2020-02-15/0MMDAwMDM0MDk0MQ.html.

创业担保贷款贴息和融资担保、新增阶段性优惠利率贷款、对中小微企业贷款给予临时性延期还本付息安排，不盲目抽贷、断贷、压贷，还配合缓缴社保、返还失业保险等政策措施来帮助中小微企业渡过难关。尤其是对受疫情影响较大的交通运输、餐饮、住宿、旅游等行业的中小微企业，亏损结转年限在现行结转5年的基础上，再延长3年。上述一系列政策措施对缓解中小微企业困难发挥了重要作用。但我们也应看到，由于各种因素的制约，上述政策措施尚存在一定的不足，例如，许多中小微企业有1~2个月不经营，没有经营收入，减税降费对其帮助并不大。且由于国际、国内市场环境的变化、政策实施的时滞效应、用工成本上升，中小微企业减税的效果尚未能完全显现出来。另外，中国的中小微企业从银行贷款一向很难，一方面是因为小型贷款每笔贷款的单位资金交易成本、审核成本比大额贷款高；另一方面是因为在中国还缺乏完善的个人和企业信用体系，银行为了减少风险，贷款通常要求有抵押物，但中小微企业通常缺乏合适的抵押物。所以，尽管政府对中小微企业采取了一系列融资政策支持，但效果并不理想。

为此，除了政府和正规金融，中小微企业也亟须社会的帮助，包括减免租金和民间慈善基金的帮助等。在租金减免方面，海南省、江苏省等省份的部分企业对已经入驻的、符合条件的中小企业给予租金减免，而且即将新入驻的中小企业也同样享受减免优惠，帮助和支持中小企业共渡难关；在民间慈善基金方面，和的慈善基金会创办人家族对于疫情对经济的影响感同身受，认为小微企业是最脆弱的。2020年，2月6日，和的慈善基金会捐赠2亿元，并与广东省佛山市顺德区创新创业公益基金会联合推出"和衷共济"小微企2亿元应急支援计划[①]。该计划采取无偿资助模式，将重点支持顺德区内受疫情影响较大的零售、餐饮、住宿、旅游、居民服务及制造业等行业的个体工商户和小微型企业。该计划能够直接、简单、快捷地尽一份绵薄之力，支持小微企业渡过难关。2月21日，河仁慈善基金会在捐出1亿元之后，再次捐赠4 000万元，定向支援福州市抗击新冠肺炎疫情，助力中小微企业发展并渡过难关[②]。上述一系列做法是"人饥己饥，人溺己溺"文化价值观的体现，与政府及正规金融的渠道互为补充、相得益彰，值得提倡。

目前，在政府强有力的措施、一线工作者和全国人民的共同努力下，中国的新冠疫情基本得到控制，已停止进一步蔓延。截至2020年3月10日，在中国累计报告的8万例病例中，现存确诊病例17 781例，已有超过70%的患者康复并出院[③]。从数据上看，我国的新冠疫情的防控已经取得了明显成效，但国外新冠疫情的暴发才刚开始并逐步向全球扩散。目前新冠病毒已扩散至104个国家和地区，累计确诊已超30万，其中，除中国外，疫情最严重的是意大利，累计确诊达9 172例，韩国累计确诊

---

① 数据来源：和的慈善基金会捐赠2亿元，资助顺德个体户、小微企业共渡难关，https://www.thepaper.cn/newsDetail_forward_5820154.
② 数据来源：曹德旺创建的河仁慈善基金会捐赠一亿元支持湖北、福建抗击疫情，https://www.sohu.com/a/370022052_739730.
③ 数据来源：中国疫情得到控制，超过70%患者已经康复并出院，http://www.qhnews.com/newscenter/system/2020/03/10/013109735.shtml.

达7 478例，伊朗累计确诊达7 161例，部分国家已经开始封城，病毒全球大流行"已经变得非常真实"[①]。受此影响，全球股市恐慌情绪蔓延，尤其是欧美股市大跌，美股跌势可能要持续数月，纽约股市面临崩盘的危险，外部经济环境可能进一步变差。而我国作为全球第二大经济体、第一大贸易国，外部环境必然会影响到国内经济，我国需要有全民打长期战的心理准备，发挥企业自身、政府和民间各界力量的合力以共体时艰。

习近平总书记指出："当前中国处于近代以来最好的发展时期，世界处于百年未有之大变局，两者同步交织、相互激荡。"新冠肺炎疫情是这个大变局当中的一个考验，相信只要我们团结一致，和衷共济，必能打赢此次新冠疫情的战役，沿着中华民族伟大复兴的道路继续前进。

---

① 数据来源：全球疫情动态，https://www.sohu.com/a/378909266_162522.

解读《吉林报告》[1]

  2017年8月21日，北京大学新结构经济学研究中心课题团队发布了30多万字的报告《吉林省经济结构转型升级研究报告（征求意见稿）》，该报告建议发展以大农业产业集群、大健康产业集群、现代轻纺产业集群、现代装备产业集群以及新能源、新材料新一代信息技术为核心的融合型产业集群五大产业集群来统领吉林省未来的经济结构转型升级。关于是否以及如何发展轻纺产业这一政策建议，是否应该优化制度软环境等一系列的问题，银河证券首席策略分析师孙建波、北京大学新结构经济学研究院研究员付才辉、中国人民大学区域与城市经济研究所教授张可云、上海财经大学经济学院教授田国强以及中国社会科学院金融研究所公司金融研究室研究员张跃文等学者纷纷参与了这场讨论。

---

[1] 本文根据赵秋运2017年8月29日发表在腾讯大家的文章整理。

2017年8月21日,北京大学新结构经济学研究院国内智库组发布《吉林省经济结构转型升级报告(征求意见稿)》(下文简称《吉林报告》),一石激起千层浪,随后立即引起广泛关注与热烈讨论。

比如孙建波先生发表《林毅夫要把吉林带到坑里》的批评长文,并且怀疑报告中关于应该发展现代轻纺产业的建议,甚至质疑整个《吉林报告》所建议的产业政策是否真正遵循了吉林的比较优势。

后来,新结构经济学研究院的付才辉研究员立即给出了回应并附上了《吉林报告》的全文。还有一些批评认为《吉林报告》目前这个版本没有充分强调市场化方向的制度改革的重要性,进而批评新结构经济学的有为政府概念的合理性。

我们认为,吉林的首要问题在于产业结构中轻重工业比例失调,这主要是由于重工业赶超阶段所遗留下来的重工业比重过高。

当然,近些年来重工业的比例呈现不断下降的趋势,由2000年的78.27%下降至2015年的67.68%,同时轻工业比重正在上升,其比重由2003年的最低点19.88%持续上升至2015年的32.32%,提升了近13个百分点,但我们认为劳动密集型的现代轻工业的比重还是偏低,即赶超型的发展战略并未从根本上彻底得以纠正。

做出这个基本判断的基本依据包括:

其一,吉林2015年制造业就业比重仅为5.73%,远远低于全国平均水平，而浙江为 40.27%，天津为 28.19%。

其二，重工业不但资本更密集，对就业的吸收弹性也较低，而且比较偏向雇用男性劳动力，所以吉林 2015 年制造业中男女职工的比例为 2.31∶1，远高于浙江的 1.23∶1 和天津的 1.63∶1。这显然不利于缓解男女收入不平等的问题。

其三，吉林省 12 类轻纺工业加总在制造业中的就业占比仅为 17.29%，还不及汽车制造这一个产业的 30.15%。

其四，2015 年吉林省的第一产业的就业比重仍旧高达 35.5%，乡村人口比重高达 44.7%，而浙江省同年对应的比重是 13.2% 与 34.2%。也就是说，吉林存在大量的潜在劳动力可以从农业转移到轻纺工业。吉林省就业人员的平均工资水平在 2016 年为 56 098 元，比同年浙江省的水平低约 17 000 元。

这里，之所以将吉林与更加发达的浙江进行对比，主要有以下两个原因：第一，浙江省与吉林省是中央决定的配对互助的兄弟省份；第二，浙江具有比较发达的轻纺工业，近年来这些产业正在向外转移，其窗口期仅有 5 年。位于吉林的辽源袜业近几年发展迅猛，已经形成几百亿的产值规模，而浙江大唐的袜业集群正在衰落，仅 2016 年，就关闭或转移了将近 5 000 家，其中有不少转移到了吉林。

此外，数据还显示，吉林省轻工业 2014、2015、2016 年分别增长 7.8%、6.7%、9.2%，重工业 2014、2015、2016 年分别增长 6.0%、−0.2%、4.9%。而且，近几年吉林省的重工业的企业亏损面要比轻工业更加严重，并且主营业务利润率也比轻工业更低，这里除了有国有企业比重差异的因素，也在一定程度上说明轻工业企业平均而言有着更强的自生能力。而违背比较优势的产业结构在国际上的竞争力较低，因此出口程度也较低，吉林省近几年规模以上工业企业出口率远远低于全国平均水平，而总出口长期不足广东省的1%。

我们不禁要问，既然吉林在轻工业上要比重工业的平均绩效更好，那为什么就比重而言，轻工业还是那么低呢？我们认为其主要源于由赶超的发展战略所内生出来的扭曲的政策，这些政策导致制度软环境欠佳，进而导致商业投资情况不如意。比如，吉林省2013年实际利用外资签订合同数为101份，2014年为108份，2015年仅为70份，逐年递减，利用外商直接投资由2013年的18.19亿美元上升至2015年的21.27亿美元，与其他省份相比，提高的比例并不算高。

2016年10月18日，李克强总理在国务院振兴东北地区等老工业基地推进会议上曾说："我听东北一些企业家讲，现在想在东北搞一个项目，仍需盖200多个章，没有几百天根本办不成。还有不少企业家反映，东北的营商环境和南方一些地区相比确实存在不小的差距，东北地区必须全面对标国内先进地区，加快转变政府职能，更大力度推进简政放权、放管结合、优化服务改革，开展优化投资营商环境专项行动，推动'法治东北、信用东北'建设。"

政府的手向企业伸得太长，投资不过山海关，这一在民间流传甚广的说法刺痛了东三省的神经。在2017年东三省的政府工作报告中,"营商环境"成为高频词,各级政府誓言打造诚信政府、法治政府。要在白山黑水之间建立新的轻纺工业和电子工业,把潜在的劳动力比较优势转化为企业的竞争优势,就必须花大力气降低企业的交易费用,也就是发挥有为政府的作用,改善配套的硬的基础设施与软的制度环境。

民心网披露的东北的440件营商环境案例,有一半以上涉及工作效能相关问题,譬如办事拖拉、流程烦琐、服务态度差、机关作风散漫等。就是这些问题让企业家寒心、让先行投资者止步,从而让东北地区的营商环境"失分"。政府要下定决心纠正"乱为"之手,惩处"不作为"的官员,推进有效市场的维护与建设,以此提高吉林省对于民营企业的吸引力。

如何将吉林在现代轻纺工业上的潜在比较优势发挥出来,如何加长补短?我们认为,吉林的产业升级需要建立在良好的制度软环境之上,在良好的制度软环境的基础上发挥比较优势。

在《吉林报告》中,我们提出了以五大产业集群谱系来统领吉林省未来经济结构转型升级的建议:即通过整合农产品来打造吉林省物流仓储基础设施设备,加快长春和各地级市骨干蔬菜批发市场改造升级,依托珲春国际合作示范区和长白、延吉、长吉等开放试验区,建立农业开放平台,打造东北农产品品牌,让东北的优质农产品以高端品牌的应有姿态走向全国市场的大农业产业集群。

充分发挥东北的资源优势,以长白山、大兴安岭为重要生态依托,从打造全国健康食品加工基地、医药康养基地、冰雪旅游高地和大文化旅游基地四个思路出发，以打造一批文化、医药康养、工业旅游为特色的小镇为抓手，以支持集聚发展，鼓励形成大型龙头企业，带动市场力量为行业注入活力为途径；以大力发展农产品加工、中药加工的衍生产品，丰富产品市场；以提升创新能力为突破口，着力打造吉林省"食、医、养、娱、游"的大健康产业集群。

以推动东北老工业基地转型为契机，以国家产业布局为指导，发展精密仪器、精密机械产业，叠加一个以汽车、轨道交通、航空航天等移动空间装备为核心，辅之以精密仪器与装备和"专精特新"装备，依托服务于大农业、大健康与现代轻纺产业的先进农机装备、医药健康与体育运动装备、机器人和智能制造装备的现代装备产业集群。

鉴于吉林省轻纺业在劳动力成本上更占优势，承接沿海轻纺业转移有很大的发展空间，并且吉林省发展现代轻纺业具备一定的产业基础，积极因地制宜、因时制宜、因结构制宜，积极构建以重点打造纺织服装、木制品和家具、智能家电和消费电子及汽车电子为主导的现代轻纺产业集群。

此外，吉林省还可以根据其潜在比较优势叠加一个覆盖石化能源、冶金建材、汽车产业、信息产业与新能源、新材料、新一代信息技术等传统产业与战略性新兴产业的融合型产业集群。以新能源、新材料、新一代信息技术为核心的融合型产业集群不但可以为大农业、大健康、现代轻纺、现代装备产业集群提供能源、材料与信息化融合等支撑，还可以为传统石化、能源、冶金建材等下行压力加大的产业提供转型升级方向。

这五大产业集群将成为培育吉林省未来经济增长力量的主要源泉，挖掘出的经济增长潜力的大小将直接决定未来吉林省经济发展的状况。

当然，我们注意到，对于吉林在现代轻纺工业上是否存在潜在比较优势，是否需要政府因势利导地扶助这个产业，当前尚未形成社会共识。这些也的确值得通过进一步的学术研究来进行分析。

至于在产业升级的过程中，如何发挥政府在产业升级与结构转型中的有为的作用，包括如何纠正"乱为"，如何惩戒"不作为"，如何通过软硬基础设施的改善降低企业交易成本，从而推进"市场"的效率，如何将潜在的要素禀赋比较优势转化成企业的竞争优势。我们认为，在双轨渐进的改革中，原来产生的许多制度的扭曲和干预是为了保护、补贴没有自生能力的资本密集型大国企，随着经济快速发展，资本积累，比较优势发生了变化，多数国企已经符合比较优势，补贴由雪中送炭变为锦上添花，和国防安全有关的企业或战略型新兴产业仍需补贴，但数量少，可以由财政直接补贴。因此，我们可以将双轨制遗留的扭曲消除掉，这也是新结构经济学非常重视的方面。而并非像有些批评者误以为的那样，说我们轻视制度、忽略市场。

对于现代轻纺工业的投资引进，我们可以通过兴办产业园区，实施一站式服务，通过优化制度软环境来降低企业交易费用，从而使投资越过山海关，这样可以解决引发大家争议的投资制度或者体制缺位的问题，这也是新结构经济学所提倡的。

另外，就关于轻工业是竞争性产业，而不需要政府因势利导的说法，是值得商榷的，首先，我们所建议的五大类产业皆为竞争性产业，不仅轻纺产业，其他产业亦是如此。其次，一个产业要从具有潜在比较优势的产业变成具有竞争优势的产业，需要克服硬件基础设施和软件制度环境的制约，为此，需要有为政府的因势利导。

当然，《吉林报告》目前尚处于征求意见版本阶段，需要进行大量补充与修改，其建议也不一定都对。所以希望能够得到批评与反馈，集思广益，推进讨论，促进研究。我们所有人的目的都是一样的，都希望吉林省能够实现健康的产业升级与结构转型，老百姓能过上更好的日子。

有为政府与定西马铃薯产业发展经验：
新结构经济学的解读[①]

定西全市面积1.9万平方公里，海拔在1 640~3 900米，大部分土地是黄土丘陵沟壑，该地区降水量只有300多毫米，但蒸发量高达1 400多毫米，降水主要集中在秋季，春夏少雨，是典型的干旱高原地区，自然条件严酷，总体上并不适合农业产业的发展，那么如何解释定西的马铃薯产业能够发展壮大的内在逻辑呢？从新结构经济学的视角来看，一个地区的发展要成功，必须根据当地的要素禀赋结构所决定的比较优势来选择产业和技术，同时需要有效市场和有为政府两只手的共同作用，才能够把比较优势变成竞争优势，定西马铃薯产业的发展历程正是新结构经济学理论的现实解读，即定西马铃薯产业发展的成功主要可以归结为产业发展遵循了当地的要素禀赋结构所决定的比较优势，以及有效市场和有为政府有效结合的结果。

[①] 本文根据赵秋运在马铃薯种业振兴暨食品加工论坛上做的主旨报告整理，曾于2021年11月7日刊发于《定西日报》，作者为赵秋运、胡雅淇、王禽语。

定西马铃薯产业发展符合当地的要素禀赋结构所决定的比较优势，定西虽然资金缺乏、气候条件严酷，但是土地资源丰富、劳动力资源充裕。马铃薯自身的产品特征与定西的自然条件相匹配：马铃薯不怕旱，在黄土高原丘陵干旱区，其已被证明是当地所有能够种植的豆类、谷物类等粮食作物中产量最大、保险系数最高的作物；虽然雨水资源稀缺，但降雨量相对集中的7、8、9三个月正好与马铃薯生长期相吻合，为马铃薯的块茎膨大和品质提升创造了最佳适宜条件。定西广袤深厚的黄土资源，为大面积种植马铃薯提供了适宜的天然场所；马铃薯产业属于劳动密集型产业，定西丰富的劳动力资源为马铃薯产业提供了劳动力保障。

定西积极推动有效市场和有为政府的结合，借助因势利导的产业政策推动马铃薯产业的升级和转型。十九届五中全会指出，充分发挥市场在资源配置中的决定性作用，"更好地发挥政府作用，推动有效市场和有为政府更好结合"，定西马铃薯产业的成功正是有效市场和有为政府结合成功的实践典范。从1996年的洋芋工程开始，定西县政府在科技、育种、种植、运销、库存、加工等环节通过因势利导的产业政策，引进技术、优化结构、合理布局，遵循市场需求、不断升级生产技术、打造马铃薯产业链条、创新"公司+协会+基地+农户"等组织模式，定西政府的"有为"成就了其全国"马铃薯之都"之名，马铃薯及其产品更是销至全国及海外。

定西有为政府在马铃薯产业不同发展阶段，积极发挥因势利导的作用。政府采取相应的措施不断消除产业发展过程中软硬基础设施的瓶颈制约，帮助农民企业家将马铃薯产业由潜在比较优势产业变成具有显性比较优势、竞争优势的产业，定西有为政府因势利导的举措与作用主要包括四方面。

一是挖掘潜在优势产业，帮助产业落地。在产业未发展之前，定西政府请北京社科院、农科院专家到当地调研，专家指出，定西的土壤气候非常适合一种当地没有的马铃薯品种。政府引进品种在当地推广，在推广过程中，地方官员为了使农民相信土豆是本地区的比较优势并且能够带来优厚的收入前景，动员村干部在他们自己的土地上实验大规模种植土豆，向农户证明马铃薯的收益的确很好，增加了农户种植马铃薯的积极主动性。当地政府通过甄别马铃薯是本地具有潜在比较优势的产业、给农户提供成功典范，克服其思想上的约束，帮助马铃薯产业最终落地定西。

二是识别产业发展瓶颈，壮大产业规模。产业落地之后，经济增长面临新的瓶颈，比如价格信息的不对称、运输成本的增加以及储存条件的落后等，定西政府甄别和采取了相应措施，克服软硬基础设施的瓶颈限制。针对农户不知国家市场土豆价格、被中间商压低价格、随着中间环节增加导致利润空间减少的问题，县政府派人去国家主要土豆市场所在地的郑州，负责全国的土豆价格信息的搜集并及时将价格反馈回县里；针对当地火车运输能力有限的问题，县政府通过积极沟通，增加运输马铃薯的火车车皮数量，提高了产业的运输能力；针对土豆数量增加之后需要储藏的问题，当地的政府和市场上的人研究怎么样改善地窖，怎么样储藏，怎么样把土豆的运输不要季节化，并在土豆上做一些加工出口，这些克服发展瓶颈的措施壮大了马铃薯产业的规模，积极推动了当地整体经济的增长。

三是把握产业优化方向，引导产业升级。在产业规模发展壮大以后，马铃薯产业如何从生产力水平低的技术、软硬基础设施结构升级到生产力水平高的技术、软硬基础设施结构，定西政府从生产结构及技术结构等方面进行方向的把握与引导。比如生产结构方面，针对总量提升有限、产业发展不匹配全区地理水肥条件和市场需求实际，安定区实行"四大班子"领导抓督查协调、业务主管部门和各乡镇抓面积落实、农技部门抓技术服务的三级工作责任制，促进安定区马铃薯种植形成了"规模在北部，水平在东南，进步在西南"的优化生产格局。技术结构方面，依托甘肃省马铃薯工程技术研究中心、省内外大专院校、科研机构、爱兰薯业等专业化公司等，研发适合本地生长气候、土壤、水肥条件的菜用型、专用型、高淀粉型等多样化种薯、形成具有国内先进水平的陇薯、渭薯、武薯、甘农薯、青海薯等特色优良品种系列，并借助产业化经营，不断增强马铃薯产业加工转化增值能力，提高附加效益，推动产业向高级化阶段迈进。

四是配套宏观运行制度，畅通产业运转。在产业结构升级之后，定西政府采取了相关的措施，进一步从供给和需求双方推动硬的基础设施和作为上层建筑的各种软的制度安排在现有基础上推动内生变动。比如，区委、区政府通过搭建交流交易、信息发布、物流配载、价格监控"四大平台"，改变了博弈格局中的强弱态势，打破剥夺农民利益的"垄断低价"，对销售环节利润进行合理的再分配，极大地提高了农民的收益和生产的积极性，优化了产业运行的配套制度，保障了产业运转的畅通。

　　基于现有的产业基础，定西马铃薯产业未来发展重点在于产业结构的转型升级，通过品种优质化、生产标准化、销售品牌化、加工精深化、企业集群化走向产业的高质量发展之路。在农业微笑曲线上，附加值最高的一头是研发，一头是市场，未来以科技和市场为先导，在优良品种培育、产品由量到质提升、马铃薯品牌打造、深加工增加附加值、全产业链的建设、市场渠道拓宽、储藏条件改善以及资金有效支持方面，定西马铃薯产业要在充分尊重市场配置资源的主要地位的基础上，继续发挥政府因势利导的作用，生产上由提高规模向提高效率、提高质量改进，营销上由规模优势占领市场向品牌经营主导市场转变，促进马铃薯由低端产品为主向精深产品为主转变，推动产业结构的战略性升级，提高产业核心竞争力，借助马铃薯产业的发展，带动生产要素在县域范围内的流动，为加速农业现代化以及工业产业的布局、区域经济的发展提供支撑作用。

第四章

关于产业政策的讨论

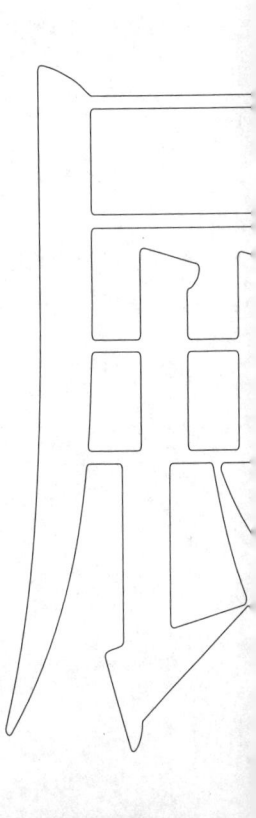

新结构经济学视角下的产业政策[1]

我今天的发言有三个部分，我一共有 15 分钟的时间。我想先花 7 分钟左右解释一下标题中的几个概念，这是第一部分。最近围绕着产业政策，围绕着有为政府，大家展开了一系列的讨论，我觉得非常好。但这里面有很多误解值得澄清，所以第二部分我会主要把时间花在澄清方面。第三部分的发言，因为今天在座的都是学界的前辈和同事，所以我会讲两篇我正在和林毅夫教授合作的学术论文，都是关于新结构经济学、关于产业政策、关于有效市场和有为政府的。

我想先解释一下"新结构经济学"。新结构经济学用现代经济学的方法，即新古典经济学的方法，来研究一个经济体的各种不同结构的内生形成与演化，以及它对经济发展的影响，这是新结构经济学所要研究的最关键的问题。它主要想强调的其实是一个基本的经济学的思考原则，即当我们分析一个国家经济发展的

---

[1] 本文根据王勇 2010 年 10 月 30 日在北京交通大学经济管理学院举办的产业政策问题研讨会上的发言整理。

时候，我们要看它所处的发展阶段。在不同的发展阶段对应的要素禀赋结构和由此内生出来的最优的产业结构、最优的金融结构，以及其他一系列结构都可能是不一样的，对应的，政府的最优政策也可能是不一样的。我们必须要把发展的阶段性和各种经济结构的内生性，以及它的动态演化性都充分考虑进来。这是我们整个研究思路的总体精髓。

具体到政策方面，这和我们以前考虑经济发展政策的方式有着很大的不同。以前的主流发展经济学理论通常的做法是这样的：假设我们要分析一个落后的国家怎么样才能变成富国，首先我们会看富国有什么。它有很先进的产业，很现代的技术，很好的法制，政府都规规矩矩的。然后我们再看对应的发展中国家的现状是什么，以及缺什么。我们发现通常发展中国家的产业非常落后，技术非常落后，法制不健全，政府也经常腐败。这么一对照，给出的建议就是，要发展经济，首先就是要尽快地建立最好的法制，尽快地建立各种各样与发达国家一样的制度。只要制度完善，就不用担心，经济自然会越来越好。

但新结构经济学强调的思路不太一样，我们的思路先是看一个发展中国家自己有什么，禀赋有什么，潜在的比较优势在哪里。然后再考虑在现有的条件下，怎么样能够降低交易成本，使潜在的比较优势发挥出来。在这个过程中，先以点带面，让经济先发展起来。经济发展了，政府的收入也就提高了，老百姓解决了温饱问题以后对于新产品、新服务的需求，对于其他民主权利的需求也会逐渐增强，进而引发进一步的制度优化与改革，经济发展和制度完善同时进行，使得百姓的福利一直不断提高。新结构经济学所追求的终极目标与现在主流发展经济学是一样的，最后都是希望能够达到一个经济繁荣、老百姓都充分享有各种权利的理想状态，但新结构经济学主张一边发展一边进行制度改革，这个是新结构经济学的改革视角与政策视角。

接下来，我来谈谈有效市场和有为政府。有效市场在经济学里面是一个广泛被接受的概念，指如果一个市场是有效的，那就意味着通过价格信号和价格体系就能使资源配置达到帕累托有效。有为政府，这是大家争论比较多的。什么叫有为？在我看来，如果全集是政府可以做的所有事情，那么去掉乱为和不作为这两个集合，剩下的补集就是有为的集合。我们看到批评有为政府的一种经常的做法是从中国拿出来一个政府"乱为"的例子，然后说"这就是你们新结构经济学倡导的有为政府，多么荒谬！多么危险！"这并不是我们所说的有为政府，那是乱为政府。有为、乱为、不作为之间的界限具体是什么？我认为这的确需要根据具体的情形、具体的问题来做具体的分析，很难一概而论。

对于有效市场和有为政府，在新结构经济学的理论范畴中，都是目标和理想概念。新结构经济学并不是说现实中的市场就一定是有效的，现实中的政府就一定是有为的。如果现实市场并不有效，那么我们就需要做市场化的改革，使得这个市场能够趋近有效。如果现实政府不是有为的，而是"乱为"或者"不作为"的，那我们就要考虑政治体制改革，使政府尽量减少不作为和乱为的行为，使它能够做一些有正面意义的事情。

在我看来，产业政策的定义就是政府有意识地去影响产业发展的一种非产业中性的政府干预，这就是我理解的产业政策的涵盖面。

以上是我发言的第一部分，主要解释标题里面的各个名词的定义与范畴。在第二部分，我想着重澄清一下对新结构经济学和对新结构经济学视角下的产业政策的一些常见的误解。第一个误解，是认为我们强调有为政府就是无限制地鼓吹要加强政府权力，是一个反市场改革的口号。刚才我从有为政府的定义中已经明确地指出，它其实有改革含义的，所倡导的也是能够发挥因势利导作用的政府。

第二个误解，认为新结构经济学在研究产业政策的时候假定政府是一个先知先觉的政府，是一个比市场更聪明的政府，而这个假设是不成立的，所以新结构经济学的整个理论基础是错的。我在这里必须强调的是，新结构经济学从来没有假设政府是一个比市场更聪明的政府。这里面我要举一个非常具体的现实中的例子，是我从北大国发院的同事张晓波教授那里听到的。这个故事是说中国的某些地方政府正确扶持产业发展的比较成功的案例，具有一定的代表性。

甘肃省安定县，是一个非常贫困的县，老百姓吃不饱肚子，一般性的经济作物在那个地方没办法获得好的收成，老百姓的日子过得很艰难。后来当地的县政府跑到北京，请北京社科院、农科院专家到当地做调研。专家说他们那里的土壤气候，其他的作物都不太适合生长，但非常适合生长一种特定的土豆。这个土豆是当地没有的，在政府帮助下引进来之后，效果果然非常好。土豆收成好，老百姓吃饱了，经济增长了。经济好不容易增长了，但新的瓶颈来了，什么瓶颈呢？农民有很多剩余的土豆，只能卖给中间商，可是中间商收购土豆的时候都是压低价格的，而当地老百姓不知道土豆的市场价格是什么样的。他们没有价格方面的信息，只好以很低的价格卖给中间商，生产积极性被压制了。这是产业发展的瓶颈，也是当地经济发展的瓶颈。

当地的几个农民一商量，说为什么我们不雇一个人去国家主要土豆市场所在地的郑州，让这个人专门盯着全国的土豆价格信息，然后反馈过来，这样就能克服价格信息不对称的问题。后来县政府说你们不需要做，我们来做这个事情。县政府便及时地把价格信息反馈到安定县，老百姓掌握全国土豆价格信息以后，中间商就再也不能压低价格了。土豆价格上升以后，老百姓种土豆的积极性也上升了，土豆产量持续提高，产业发展了，经济增长了。

现在新的产业发展的瓶颈又来了，是什么呢？运输能力。当地土豆只能依靠火车运出去，汽车不行，路太陡、太远，土豆又容易烂，民营企业家束手无策。但当地火车只有两节车厢，由铁道部统一管理，地方政府无能为力。巧的是县委书记有一个同学正好在铁道部工作，沟通了一下，把车厢从两节加到六节。有了六节车厢以后，运输能力这一产业发展的瓶颈问题解决了，大家的生产积极性又提上去了，土豆产业继续发展，当地经济继续增长。

因为安定县的土豆产业很成功，附近的县觉得安定县可以种土豆，我们自然地理条件差不多应该也可以种土豆，所以纷纷仿效。这下六节车厢也不够了，但已经没有办法再加车厢了，怎么办？这个时候，当地的政府和相关人士便开始研究怎样改善地窖，怎样储藏，怎样把土豆的运输"去季节化"，并考虑将土豆加工后出售，事后证明这些举措都对土豆产业的发展和当地整体经济的增长起到了非常正面的作用。

类似的产业发展的例子中国有很多，虽然只是一个县的某个产业的故事，但我想通过这个例子说明在具体的发展阶段，在具体的制度约束的条件下，怎样发展产业。首先，在这个故事里，政府比市场更聪明吗？没有！市场出现什么问题，产业发展遇到的瓶颈因素是什么，非常清楚、自然地呈现出来，所有人都明白。而且，政府并不具备预先精确判断未来的产业发展瓶颈的能力。其次，我们在讲产业政策的时候，一定要讲中央政府吗？不，地方政府也很重要。绝大部分县级领导都非常了解自己县里的龙头企业，了解县里发展得比较不错的产业，他们和企业家平时互动也非常多。再次，社会上还存在一个对新结构经济学以及我们主张的产业政策的普遍误解。误解者批评说新结构经济学假设的是一个雷锋式的好人政府、廉洁的政府。不，新结构经济学从来都没有假设政府一定是一个好人政府。我们只是假定政策制定者与执行者是理性的，是能够对激励机制做出反应的。政府官员自己管辖地的经济发展对他自己也是有私人的好处的，比如升迁。当这种私人好处超过官员努力的边际成本的时候，官员也就愿意配置资源去推动当地经济的发展。

在这个故事中，我谈到的政府干预是不是产业政策呢？是，因为政府的一系列做法都是主观上特意选择的，这是专门针对土豆产业的发展的政府扶持，提供的是产业非中性的公共服务和公共品，而并不是所有产业都平等享受的公共服务与公共品。实际上，地方政府也没有那么多资源对所有产业的特定的公共品与公共服务提供充分扶持。这个故事里，地方政府所体现的就是典型的"市场导向，政府扶持"的产业政策，而这正是新结构经济学产业政策最希望倡导的产业政策类型。

还有一个误解是关于有效市场和有为政府的。误解者批评说新结构经济学的理论假设市场是有效的，政府是有为的。不是这样的，我们从来都没有把这两个作为新结构经济学的基本假设，与之相反，我们一直说这两个都是奋斗的方向与应然目标，而非对现实的评价与实然描述。该怎么样去建设有效市场？我们需要进行市场化改革。怎么样建设有为政府？我们需要进行政治体制与政府治理改革，所以这两者本身都带有强烈的制度改革的含义。

另外，还有非常重要的一点，新结构经济学在讨论产业政策的时候，或者说讨论整个理论体系的时候，希望建立一个比较一般化的具有国际视野的体系，并不是只关注中国的中国经济学。比如说有为政府，如果我们放眼全球，看看过去50年世界各国的经济增长，我们就会发现，非洲的很多国家最大的问题不是计划经济的问题，不是政府干预过多的问题，而是政府能力过弱的问题。这几年佩尔森、蒂姆·贝斯利等著名经济学家把国家能力的概念从政治学引进来，发表了一系列重要的文章。非洲一些政府没有能力维持基本的竞争环境，提供基本的公共服务。对于这种类型的国家，有为政府是否会有些不一样的政策含义呢，还是说对这些国家也要强调有限政府呢？我想说的是，在讨论有为政府和有效市场的时候，我们的眼睛不能只盯着中国，脑海里只有当下的中国，而不看普遍性的学术含义，不允许新结构经济学在发展理论的时候提出一般化的理论概念。

我发言的第三部分是打算讲两篇我在做的相关学术论文，因为时间关系，只能简略提一下。第一篇论文与马歇尔外部性与产业政策有关，是我和林毅夫、鞠建东两位老师合作写的。现有的研究产业经济学的文献，为了简化问题，通常都假定劳动力是唯一的生产要素。这就意味着在这些文献中，经济增长且劳动力成本上升，对不同的产业影响是中性的，要素市场并不对产业的甄别产生指导性作用。而在我们的模型里面，把资本加进来了。每个产业的资本密集度不一样，我们希望推动的产业结构是与要素禀赋结构一致的，并且具有马歇尔外部性的产业。与 20 世纪 50 年代的旧结构主义强调的市场失灵不同，我们除了考虑具有马歇尔外部性的产业，更加强调要素市场本身的价格信号应该在产业甄别过程中发挥更重要的作用。与 20 世纪 80 年代兴起的主张政府干预越少越好的发展经济学主流思潮不同，我们认为这个过程中如果政府不及时采取因势利导的产业政策，积极协助产业的转型升级，将无法实现帕累托有效的配置和最优的经济发展。

第二篇文章讲的是结构转型、产业升级和中等收入陷阱，是与林毅夫老师合作的。那篇论文中也强调了结构分析的概念，我们把制造业分成低端制造业和高端制造业，把服务业分成生产型服务业、消费型服务业与社会型服务业，分析这些产业部门之间的投入产出关系。我们构建了数学模型，试图说明由于存在跨部门的外部性效应，如果单纯依赖市场，那么制造业内部的产业升级以及从制造业向服务业的结构转型都可能会出现过早或者过晚的情形，所以只有当政府做出适当干预才能达到帕累托有效的配置，跨越中等收入陷阱。

我们需要继续研究产业政策[1]

尽管世界上几乎所有国家的经济实践都在被执行着产业政策，但在经济学的学术研究中产业政策是一个常常令人望而却步的课题。不仅因为它的分析难，需直面政府和市场的双向互动因而涵盖面实在太广，而且话题敏感，常会遭到宗教激进主义者的意识形态式的抵触：政府失败要比市场失灵更严重，所以最好的产业政策就是政府无为而治，难道政府干预的苦果我们尝得还不够吗？因此，大多数经济学家在提到某个现实经济中的产业升级，提到产业政策时，还没有对这个问题进行具体的"诊断"，就已然开出了万能的政策"疗方"：政府不仅不要有新的干预，而且最好取消已有的干预。

在如今的中国公众网络媒体上，甚至经常出现一种非常可悲的现象：如果有经济学家胆敢公开支持政府的某项产业政策，马上就会受到人身攻击，被贴上"拍政府马屁"的道德标签；而只

---

[1] 本文根据王勇发表于2013年第61辑《经济学家茶座》上的文章整理。

要是批评政府产业政策的,那就是有良知和不畏权贵的"反腐勇士"。全无科学严谨之态度。如此造成的客观后果,就是对产业政策的研究主要集中在政府部门的政策性研究,非常缺乏比较独立的学院研究和基础研究,客观上使产业政策严重滞后于实践操作,产业政策的制定和执行缺乏足够全面的理论指导,进一步增加了产业政策失败的可能性,浪费更多纳税人的钱,陷入恶性循环。比如最近讨论较多的是我国光伏产业的失败,不少人据此主张所有产业政策都肯定会失败,所以政府就不应该推行产业政策,其潜台词就是也没有必要继续对产业政策进行研究了。这个逻辑非常有市场,但其荒谬性就如同看到有很多癌症患者没有被现代医学治好,就主张癌症是不可能被治好的,因而没有必要再对癌症做研究了。

市场失灵的理论分析和实证证据在经济学的教材上屡见不鲜,产业发展停滞与经济落后在很多国家更是活生生的事实。现实中也存在着政府的各种干预和产业政策,但遗憾的是,虽有不少产业政策成功的案例,更多的却是失败的情形。面对这些,"华盛顿共识"的支持者主张先把市场尽快完备起来,把政府干预尽快统统取消掉,这样我们就可以逼近满足福利经济学第一定理的新古典环境,剩下的就交给市场了,因为理论上产业升级与经济增长将会自动出现。

但中国过去30年的改革与发展的实践并未遵照"华盛顿共识"的疗方,而是采用更加实用主义的实验和试错的渐进方式,一方面以改革启动发展,另一方面又在发展过程中逐一地将每一阶段最直接遏制经济继续增长的瓶颈约束暴露出来，并通过及时的改革依次放松这些最紧迫的约束从而维持经济的高速增长。这种策略不仅在政治上更加容易获得每一步改革方向的民意支持，而且对政府的信息处理和执行能力的要求也相对较低，因为不需要政府事前就制订一份长期详细的针对各种可能性的改革计划，同时在财政上也可以平滑改革成本，可进可退。

我觉得，中国的产业政策也应该继续以这种非教条主义的方式进行，在绝大部分情况下都应该采取"市场主导加上政府因势利导"的策略。因为只有让"市场主导"才能最大限度地利用好分散在各经济决策者头脑中的零散信息，才能充分摸索当时的市场机会，毕竟商人们对商机的捕捉能力要远高于政府；另外价格信号和市场的充分竞争也是经济大规模资源优化配置的根本性机制。与此同时，政府也应充分听取广泛的商界意见和国内外专家学者的意见，试图找出有限的几项意见最为集中的遏制产业升级而市场本身又无法及时有效解决的瓶颈约束，然后政府就可以在充分研究的基础上，提供政策扶持或者制度改革，将这些瓶颈约束放松，给这些产业更大的生存可能性和成长空间。特别是当经济中的产业发展趋于停缓时，政府的适当作为就显得尤为必要。

最近，北大林毅夫教授、清华鞠建东教授与我在一项合作研究中讨论为什么产业政策在某些国家成功了，但在很多国家失败了。我们对现有的关于产业政策的研究文献进行了回顾，发现现有的模型基本上都忽略了最重要的一点，那就是如何帮助政府有效甄别具有潜在比较优势的产业。常见的关于产业政策的理论模型都做出了如下假定：存在一个传统产业，另外还有一个新产业具有马歇尔外部性，但由于协调失灵，市场无法自动升级到新的产业，所以需要政府干预。在那些模型中，哪个产业需要扶持被直接假设为共同知识，所以"目标产业如何甄别"这个最重要的问题就被直接抽象掉了。但事实上，具有马歇尔外部性的产业有很多，而且它们并非具有潜在比较优势的充分条件。比如苏联的航空航天产业，这是一个需要大量配套产业提供中间产品和服务的庞大产业，显然具有很强的马歇尔外部性，按照现有理论，这样的产业应该被扶持。事实上，苏联也的确是这样做的，该产业也建成了。但由于该产业资本非常密集，并不符合苏联当时要素禀赋的比较优势，因此在扶持过程中造成了很多资源配置的扭曲，轻工业被过分遏制而整体经济效率低下，经济增长缓慢，所以这种产业政策是以拖垮整体经济为代价的。现实中还有很多这样的产业政策失败的例子。归根结底是因为"产业甄别"的失败，失败的原因在于目标产业违背了该经济体的要素禀赋结构的比较优势。

基于上述认识，我们构建了一个新的产业政策的理论模型，明确引入要素禀赋结构，重点强调在不同发展阶段如何去甄别当时具有潜在比较优势的产业。我们认为，要素市场的价格信号本身就对如何甄别具有重要的指导作用：在一个资本相对稀缺的经济体中，劳动力成本比较便宜而资本比较昂贵，所以具有潜在比较优势的产业就应该是那些相对劳动密集型的但由于交易费用过高或者马歇尔外部性等原因尚未充分发展甚至尚未出现的产业。

随着经济的增长，要素禀赋结构发生了变化，产业目标也会随之变化。我们已经证明，正确的产业甄别再辅之以产业政策的因势利导，就可以使经济效率高于完全自由放任的市场均衡，而错误的产业政策，尤其是违背要素禀赋比较优势的产业甄别，还不如政府无为而治的市场均衡。遗憾的是，现有相关理论模型大都假定劳动力是唯一的生产要素，工资提高对于所有产业的影响是中性的，因此要素市场无法帮助甄别正确的产业目标。而我们的模型则强调一种"市场决定、政府扶持"的理论机制，强调在甄别目标产业时，需要充分利用相对要素市场的价格信号，并且政府在升级过程中积极扶持。这既不同于旧结构主义的"市场失败论"，也不同于新自由主义的"政府无用论"。

总之，作为经济学家，我们应该果断抛弃"产业政策究竟应不应该要"的意识形态的纠缠，着力研究如何帮助制定和执行正确有效的产业政策。我们必须反思现有文献的不足，结合当代中国的改革实践和其他各国成功和失败的产业政策的具体案例，从理论上帮助理解和促进产业结构的升级和经济的可持续增长。

产业政策与我国经济的发展：
新结构经济学的视角[①]

许多国家的产业政策失败，但是尚未见不用产业政策而成功追赶发达国家的发展中国家[②]和保持继续领先的发达国家[③]。发达国家和发展中国家的经济发展之所以需要产业政策，是因为推动经济发展的技术创新和产业升级既需要企业家的个人努力，也需要政府帮助企业家解决企业家自身难以克服的外部性和相应软硬基础设施完善的协调问题。由于不管是发达国家还是发展中国家的政府所能使用的资源都是有限的，不能对所有的技术创新和可能的产业升级都提供帮助，因此只能策略性地使用其有限资源，优先帮助能对经济持续发展做出最大贡献的产业。这种有选择性地使用资源来帮助某些产业的企业家克服外部性和协调问题的措施就是产业政策。

---

① 本文根据林毅夫发表于2017年第2期《复旦学报》（社会科学版）的文章整理。
② CHANG H J. Kicking Away the Ladder: Development Strategy in Historical Perspective[M]. London: Anthem Press, 2002.
③ MAZZUCATO M. The Entrepreneurial State: Debunking Public vs. Private Sector Myths[M]. London: Demos Press, 2011.

经济发展需要"有效的市场"和"有为的政府"之共同作用

一个国家经济发展的本质是人均收入的不断增加[1]，其前提则是越来越高的劳动生产率水平。劳动生产率水平的提高有两个途径：一是通过技术创新，提高现有产业中产品的质量和生产效率；二是通过产业升级，将现有劳动力、土地、资本等生产要素配置到附加价值更高的产业。根据新结构经济学的分析，这两者的实现需要有"有效的市场"和"有为的政府"的共同作用。

"有效的市场"的重要性在于，引导企业家按照要素禀赋的比较优势来选择技术和产业，生产出来的产品在国内与国际市场的同类产品中，成本才会最低，才会最有竞争力，企业才能获得最大的利润，整个经济才可以创造最大的剩余和资本积累，使比较优势从劳动或自然资源密集逐渐向资本密集提升，为现有产业、技术升级到资本更为密集、附加价值更高的新产业、新技术提供物质基础。企业家会按照比较优势来发展经济的前提，则是必须有一个能够很好地反映各种要素相对稀缺性的价格体系。[2] 如果有这样的价格体系，企业为了自己的利润和竞争力，就会按照要素禀赋所决定的比较优势来选择合适的技术和产业。这种价

---

[1] KUZNETS S. Modern Economic Growth: Rate, Structure and Spread[M]. New Haven, CT and London: Yale University Press, 1966. MADDISON A. The World Economy[M]. Paris: Organisation for Economic Co-operation and Development, 2006.

[2] LIN Y F. Economic Development and Transition: Thought, Strategy, and Viability[M]. Cambridge: Cambridge University Press, 2009. LIN Y F, CHANG H J. DPR Debate: Should Industrial Policy in Developing Countries Conform to Comparative Advantage or Defy It?[J]. Development Policy Review 2009, 27(5): 483-502.

格体系只有在充分竞争的市场中才会存在。所以，按比较优势发展产业、选择技术的前提是：要有一个"有效的市场"。

在经济发展过程中，"有为的政府"也必不可缺。首先，这是因为经济发展是一个资源必须随着要素积累、比较优势变化，不断从现有技术和产业配置到新的效率更高的技术和附加价值更高的产业的结构变迁过程。在技术创新和产业升级过程中，必须要有"第一个吃螃蟹"的企业家。如果没有其他必要的安排，第一个吃螃蟹的企业家倘若失败，将承担所有成本，并让后来者知道螃蟹不可吃，不去犯同样的错误；倘若成功了，后来者将会随之涌进，第一个吃螃蟹的企业家不会有垄断利润。也就是说，如果没有其他必要的安排，对于第一个吃螃蟹的企业家而言，失败的成本和成功的收益是不对称的；而从社会的角度看，不管失败或成功都能给后来者提供有用的信息。因此，只有政府给第一个吃螃蟹的企业家一定的激励，企业家才会有积极性去冒这个风险。[1] 发达国家的专利制度发挥的就是这种功能。发展中国家的技术创新和产业升级，一般是在国际的技术和产业链内部来进行，多数情况下不能给予专利，但是，仍然需要给第一个吃螃蟹的企业家以必要的激励。当然，这种激励需要找到其他合适的替代方式。

其次，第一个吃螃蟹的企业家成功与否，并不完全取决于企业家个人的勇气、智慧和企业家才能。例如，要进入一个新的产

---

[1] OFCE. Some Thoughts on Industrial Policy and Growth:working paper No. 2009-09 of OFCE-Sciences Po[R].Paris: OFCE, 2009. Romer P M. Endogenous Technological Change[J]. Journal of Political Economy, 1990, 98(5): part II, S71–S102.

业，所要求的从业人员的技能，和以往的产业不尽相同。第一个吃螃蟹的企业家如果完全靠自己来培训员工，后来的企业可以以稍高的工资聘走其所拥有的具备新技术的员工，而使第一个吃螃蟹的企业家蒙受损失。新产业所需的资本规模和风险也通常会比原有的产业大，需要有新的能够动员更多资本、有效分散风险的金融制度安排与其相匹配，这也不是第一个吃螃蟹的企业家自己可以解决的问题。随着技术创新、产业升级，资本密集度和规模经济的提高，市场的范围和交易的价值会不断扩大，交通、电力、港口等硬的基础设施和法律、法规等软的制度环境，也必须随之不断完善，这些完善显然超出了第一个吃螃蟹的企业家的能力之所及。随着一个国家的发展，技术和产业会越来越接近国际的前沿，新的技术创新和产业的升级需要与这些新技术和新产业相关的基础科学的突破。基础科学的研发属于公共产品范畴，倘若企业家发现不能申请专利，他们就不会有积极性持续地从事这方面研究。凡此种种困难，均需要一个"有为的政府"来协调不同的企业，加以克服，或是由政府自己直接提供相应的服务。只有这样，技术创新和产业升级才能顺利进行。

产业政策的必要性及其成败原因简析

在经济发展过程中，发展中国家的政府可动员和配置的资源有限，不可能满足各种可能的技术创新和产业升级所需的外部性补偿，以及完善所有相应条件的要求。因此，与企业一样，发展中国家的政府也必须对可能的技术创新和产业升级的经济和社会回报做出甄别,按"集中优势兵力打歼灭战"的精神,以"产业政策"集中有限资源,协助企业家从事那些回报最高的技术创新和产业升级。只有这样,才能促进经济最好、最快地发展,避免陷入"低收入陷阱"或"中等收入陷阱"。同样,发达国家的政府也必须对其企业家所要从事的新一轮的技术创新和新产业发展所需要的基础科研给予支持。由于发达国家可以用来支持基础科研的经费并非无限,因此,也和发展中国家一样,必须根据可能的回报来配置有限的科研资源,这种配置也是一种产业政策。正因如此,马祖卡托把发达国家的政府称为企业家型政府。

许多发展中国家的政府采用产业政策时经常会失败[1],究其原因,是因为发展中国家的政府容易出于赶超的目的,而去支持违反比较优势的产业,结果这些产业中的企业在开放、竞争的市场中缺乏自生能力,只能靠政府永无止境的保护补贴来生存。[2] 发达国家的产业政策也经常会失败,则是源于其为了就业的需要而去保护失掉比较优势的产业。成功的产业政策必须是针对有潜在比较优势的产业。所谓有潜在比较优势的产业,指的是该产业的要素生产成本在开放、竞争的市场中有优势,但是由于软硬基础设施不完善,交易费用太高,使总成本在开放、竞争的市场中没

---

[1] KRUEGER A O, TUNCER B. An Empirical Test of the Infant Industry Argument[J].American Economic Review,1982,72:1142—1152. Lal D, Against Dirigisme: The Case for Unshackling Economic Markets [M].San Francisco:ICS Press,1994. Pack H,Saggi K. Is There a Case for Industrial Policy? A Critical Survey[J].World Bank Research Observer 2006,21(2): 267—297.

[2] LIN Y F, Tan G.Policy Burdens, Accountability, and the Soft Budget Constraint[J].American Economic Review: Papers and Proceedings,1999,89(2): 426—431.

有竞争力的产业。政府若能针对这些产业中的先行企业给予外部性补偿并不断完善"软"、"硬"基础设施[①]，就能使具有潜在比较优势的产业迅速变成具有竞争优势的产业。

我国五种类型产业与政府的作用

当前，我国经济发展进入新常态。如何在"有效的市场"环境中发挥"有为的政府"的作用，推动产业从中低端向中高端，以及将来从中高端向高端升级，实现可持续的中高速增长？基于新结构经济学的视角[②]，根据现有产业与国际前沿的差距，可将我国的产业分成五种不同类型，政府因势利导的作用也由此而各有差异。

1. 追赶型产业

2014年我国人均GDP为7 500美元，同年美国的人均GDP是57 101美元、德国为44 999美元、日本是38 491美元，韩国是24 329美元。这种人均GDP的差距反映的是劳动生产率水平的差距，代表我国现有产业的技术和附加值水平，比发达国家同类产业的水平低，处于追赶阶段。我国的汽车、高端装备业、高端材料即属于这种类型。

对于追赶型产业，我国各地政府和金融机构可以在资金融通

---

① "硬"基础设施包括：高速公路、港口设施、机场、电信系统、电网和其他公共事业。"软"基础设施包括：金融制度、法规、人力资本、社会资本、价值体系和其他社会和经济安排。关于它们对经济发展的影响的进一步讨论见Lin (2010)。

② World Bank. A Framework for Rethinking Development: Policy Research Working No.5197[R]. Washington: WB, 2010.

和外汇获取上支持所在地的相关企业,像吉利汽车、三一重工那样,到海外并购同类产业中拥有先进技术的企业,以此作为技术创新、产业升级的来源。发达国家自2008年的国际金融危机以来,经济发展乏力,很多拥有先进技术的企业经营不好,低价求售,出现了许多好的并购机会。

在没有合适的并购机会时,各地政府也可以提供方便,支持所在地的企业像华为、中兴那样,到海外设立研发中心,直接利用国外的高端人才来推动技术创新。

另外,各地政府也可以筛选我国每年从发达国家大量进口的高端制造业产品,根据其地区比较优势,提供这些产业所需的基础设施,改善营商环境,到海外招商引资,把那些高端制造业产品的生产企业吸引到国内来设厂生产。我国现在的GDP规模约占世界的14%,在新常态下,每6.5%以上的增长意味着我国每年对世界贡献将近一个百分点的增长。现在世界每年的经济增长在三个百分点左右,也就是说,我国每年对世界市场容量扩张的贡献率达到了30%。如果地方政府能够根据这些高端制造业的需要提供合适的基础设施、人才培训、营商和法制环境,国外许多高端生产企业,会有很高的积极性到国内设厂生产,以满足我国不断扩大的需求,并以我国为基地来生产各种产品,供应给世界各地的市场。江苏省太仓市的中德企业合作园区2012年被工信部授予"中德中小企业合作示范区"的称号,到2014年年底吸引了220家德国企业入园,投资总额达20亿美元,就是一个很好的案例。在中高端产业的招商引资上我国仍处于大有作为的机遇期。

2. 领先型产业

我国作为中等偏上国家，有些产业，像白色家电、高铁、造船等，其产品和技术已经处于国际领先或已接近国际最高水平。领先型产业只有依靠自主研发新产品、新技术，才能继续保持国际领先地位。

自主研发包括两种不同性质的活动：新产品、新技术的开发和新产品、新技术开发所需基础科研的突破。企业开发的新产品、新技术可以申请专利，这类活动理当由企业自己来进行。但是，基础科研不仅投入大、风险高，且其产品是论文，属于社会公共知识，企业没有从事基础科研的积极性。

美国这样的发达国家的产业，绝大多数属于领先型产业，技术创新和产业升级所需的基础研究，绝大多数是由美国国家科学基金会资助高校，或是由美国国家健康研究院等政府支持的科研机构来进行，欧洲发达国家和日本也以政府的资金支持类似的机构 来进行这方面基础研究。我国自然也必须采取同样的方式来支持领先型产业的新技术和新产品开发所需的基础科研。

我国的中央和地方政府可以用财政拨款设立科研基金，支持所在地领先型产业的企业与科研院校协作进行基础科研，支持企业开发新产品、新技术。中央和地方政府也可以以资金支持相关行业的企业组成共用技术研发平台，突破共用技术瓶颈，在此突破的基础上再各自开发新产品、新技术。在企业新技术和产品开发取得突破后，中央和地方政府也可以 通过采购，帮助企业较快地实现规模化生产，以降低单位生产成本，提高产品的国际竞争力。

领先型产业需要到世界各地建立销售、加工生产、售后服务等网络，以开发市场。中央和各地政府也需要在人才培训、资金、法律、领事保护、投资保护上给予相关企业的海外拓展以必要的支持。

3. 转进型产业

这类产业有两种类型：一类是丧失比较优势的产业；另一类是在我国还有比较优势，但是产能有富余的产业。

劳动密集型的出口加工业是最典型的第一类产业。这类产业最主要的成本是工资成本。目前，我国一线工人的月工资是3 000~4 000元，相当于500~600美元。到2020年"十三五"结束，实现十八大提出的两个"翻一番"目标，加上人民币升值，普通工人的月工资至少会上升到1 000美元。这类产业在我国失掉比较优势是不可逆转的趋势。

面对这种挑战，我国劳动密集型出口加工产业中的一部分企业可以升级到品牌、研发、品管、市场渠道管理等高附加值的"微笑曲线"两端的产业。从事生产加工的多数企业则只能像20世纪60年代以后日本和20世纪80年代以后亚洲四小龙的同类产业中的企业那样，利用其技术、管理、市场渠道的优势，转移到海外工资水平较低的地方去创造"第二春"，把我国的GDP变为GNP，否则必然会因竞争力丧失、海外订单流失而被淘汰掉。这些加工企业在海外的成功也将给我国相关产业中附加价值比较高的中间部件和机器设备的生产企业提供海外市场,成为我国产业转型升级的拉动力。

我国各种劳动密集型出口加工产业,绝大多数在一些市(县)形成产业集群,这些产业集群所在地的地方政府可以采取以下两种因势利导的政策:一是提供设计、营销方面的人才培训、展销平台等,鼓励一部分有能力的企业转向"微笑曲线"的两端,对于经营品牌的企业则可以像对待高新产业研发费用一样,对其新产品开发的费用给予在税前扣除的待遇;二是协助所在地加工企业抱团出海,提供信息、海外经营人才培训、资金支持,以及和承接地政府合作设立加工出口园区等,帮助企业利用当地廉价劳动力资源优势来提高竞争力,创造企业的"第二春"。

根据这一思路,我国劳动密集型加工出口业应向何处转移?我国是一个13亿人口的大国,第三次工业普查显示,整个制造业的从业人员高达1.25亿人。对人口规模相对较小的越南、柬埔寨、老挝、孟加拉等国而言,我国的劳动密集型加工产业稍微往那些国家转移,马上就会带动其工资和我国一样迅速上涨,实际上这正是近些年来那些国家出现的情形。

从人口和劳动力供给而言角度,非洲现在有11亿人口,其中有大量的富余的农村年轻劳动力,和我国80年代初的状况一样,目前的工资水平仅为我国的1/10~1/4,是最合适承接我国劳动力密集型出口加工产业的地方。但一个地方要成为现代制造业加工出口基地,除了工资水平低,当地的生产企业还必须具备比较现代化的管理和技术能力,以及国际买家对当地企业的产品质量和按时交货的信心。非洲国家现在遇到的发展瓶颈是：基础设施薄弱，国际买家对非洲企业的管理、技术、产品质量和按时交货的能力缺乏信心。如果我国中央政府和劳动密集加工产业所在的地方政府在"一带一路"和"中非命运共同体"的合作框架下，能够帮助非洲国家学习和吸取中国在招商引资方面的经验，设立工业园区，改善基础设施，提供一站式服务，以发展产业集群的方式将我国的劳动密集加工企业吸引过去，非洲也能快速发展起来。

2012年东莞的华坚鞋业在埃塞俄比亚投资设厂并迅速获得成功就是一个很好的实例。华坚在国内的工资占总成本的22%，埃塞俄比亚工人的工资水平只有国内的10%，工人生产效率是国内的70%，工资总额实际上只有国内总成本的3%，下降了19个百分点。华坚所有的原材料来自国内，产品全部出口，物流成本从在国内占总成本的2%增加到8%，扣除物流成本高出的6个百分点，华坚在埃塞俄比亚的工厂和国内相比还节省13个百分点。埃塞俄比亚和许多非洲国家一样，目前处于工业化的早期，大量剩余年轻劳动力滞留在劳动生产率水平极低的农业和服务业，劳动密集加工制造业在未来10年或更长的时间里工资水平基本能够维持不变。去的企业多了，生产规模扩大，物流成本将会下降，所以，我国企业到那里投资的利润水平还会随着生产规模扩大而上升。

随着我国国内工资水平的上涨，许多20世纪80—90年代转移到我国大陆的台资、港资、韩资劳动密集型加工出口企业已经转移出去，我国内地的劳动密集型加工出口企业则因为不熟悉海外投资环境，缺乏海外经营管理人才而仍滞留国内。劳动密集型加工出口产业集群所在地的政府，可以给企业提供适合发展加工出口产业的国家信息，和承接地政府做好对接，帮助它们学习中国的招商引资经验，设立工业园区，营造良好的投资和经营环境，会同行业协会因势利导，协助我国的企业抱团到那里投资。我国的商务、外交等中央部门和进出口银行、开发银行、中非基金等金融机构也要在投资保护、签证便利和金融上给予走出去的企业以必要的支持。

转进型的第二类产业则包含钢筋、水泥、平板玻璃、电解铝等建材行业。这些产业近些年在我国发展很快，机器设备很新，技术相当先进，生产能力是按满足过去高速增长所需的投资的需要形成的。我国进入新常态以后，增长速度从过去36年年均9.7%的高速回落到现在7.0%左右的中高速，这些产业在国内也就出现了不少过剩产能。但是，这些产业的产品在非洲、南亚、中亚、拉丁美洲等地的发展中国家还严重短缺，我国政府可以像支持劳动密集型加工出口产业向非洲转移那样，以同样的方式支持这些富余产能产业中的企业以直接投资的方式将产能转移到"一带一路"沿线以及和我国关系友好、基建投资需求大的发展中国家，这样的投资既能使这些企业摆脱困境，也能帮助那些发展中国家发展，是一个双赢的选择。

4."换道超车型"产业

此类产业的特征是人力资本需求高、研发周期短，属于新兴产业。相对于一种研发周期可能历时 10 年以上且成本投入高达 10 亿美元的新药来说，信息、通信产业的软件与手机等，研发周期仅为几个月或一年，属于人力资本需求高、研发周期短的换道超车型新兴产业。在这类产业的发展上，我国拥有国内市场巨大、科技人才多，以及完备的生产加工能力，能够迅速把概念变成产品等优势，并已经出现了华为、中兴、阿里巴巴、腾讯等成功的企业。各地政府可以针对此类型企业发展的需要，提供孵化基地、加强知识产权保护、鼓励风险投资、制定优惠的人才和税收政策，支持国内和国外的创新型人才创业，利用我国的优势，推动换道超车型产业在当地的发展。

5. 战略型产业

这类产业通常资本非常密集，研发周期长，投入巨大，我国尚不具备比较优势。但是，其发展关系到我国的国防安全，大飞机、航天、超级计算机产业即属于这种类型。战略型产业有一个特性，即它不能完全依靠市场，需要依靠政府的保护补贴才能发展起来。过去，政府的保护补贴主要是通过对各种要素价格的扭曲和直接配置来实现。十八届三中全会提出全面深化改革，让市场在资源配置中发挥决定性作用，要素价格的人为扭曲将会被消除，今后应由财政直接拨款来补贴这类企业。在美欧等发达国家，不论国防安全型战略产业是民营或国有，也都由政府财政直接拨款来支持其新产品、新技术开发，并以政府采购和推广到其他国家来支持其产品的生产。

对战略型产业的扶持是国家行为，应该由中央而不是由地方财政来承担。但是，这种类型的产业无论落户在哪个地方，都会间接地促进那个地方军民融合的配套产业的技术进步和产业升级。所以，各地政府可以支持、鼓励配套产业的发展，并改善基础设施、子女教育、生活环境等软硬条件，来争取战略型产业落户当地，以实现战略型产业和当地产业转型升级的双赢。

结语

在经济新常态下我国仍然处于大有作为的战略机遇期。根据各种产业的特征，发挥好"有效的市场"和"有为的政府"两只手的作用，推动产业转型升级。即使在相对不利的国际外部环境下，我国的经济在"十三五"期间也仍然能够保持6.5%以上的中高速增长，到2020年前后应能跨过人均国内生产总值12 615美元的门槛，进入高收入国家的行列，为实现中华民族伟大复兴的中国梦立下一个重要的里程碑。

评"竞争政策还是产业政策"[①]

日本政策研究院前院长八田达夫教授认为竞争政策是日本在战后高速增长的原因。20世纪70年代初期，日本当局开始着迷于产业政策，造成了日本在20世纪70年代以后的经济低速增长。他的这种看法，我不敢苟同。

竞争政策和产业政策是两个不同维度的政策。前者是政府为保护和促进市场竞争而实施反垄断或放松管制的政策，后者则是政府为促进某一特定产业的发展而采取的政策。一个国家的市场竞争经常因企业的垄断和政府的行政管制而受到阻碍，有赖于国家采取反垄断或放松管制的竞争政策来消除。在经济的发展过程中，产业升级和新产业的出现经常会因先行者的外部性，以及所需相应软硬基础设施缺失等市场失灵问题的阻碍，而需要政府采取有针对性的政策，也就是产业政策，来给予克服。

新结构经济学将一个中等收入国家的产业分成五种类型：追

[①] 本文根据林毅夫发表于北京大学国家发展研究院官网的文章整理。

赶型、领先型、转进型、换道超车型和战略型。其中，第一、第二、第四种产业以及第三种产业中微笑曲线的两端，符合要素禀赋结构所决定的比较优势，企业有自生能力，要素生产成本在国际比较中相对较低，并不需要政府的保护、补贴，但是，要将比较优势发展为竞争优势，仍然需要针对其先行者的外部性和各个产业相关软硬基础设施缺失的瓶颈限制，由政府的因势利导降低交易费用，这四种产业政策和反垄断及放松管制的竞争政策是并行不悖的。

对于第五种战略型产业，则因为违反比较优势，企业没有自生能力，需要政府的保护补贴，才能把这种产业发展起来，这种产业的产业政策和竞争政策是不相容的。战略型产业，有的是因为国防安全的需要，在我国大飞机、航天、超级计算机产业即属于这种类型；有些是重要性和技术发展方向明确，如果我国现在不开始研发，那么专利都会被发达国家所掌握，将来我国想进入时，取得专利使用的权费用太高，或是外国为了阻碍我国的发展根本不授权我国使用，从动态的角度来看现在进入总体成本会较低，新能源、新材料、芯片等即属此类。

日本从战后到现在，产业政策和竞争政策一直都同时存在，八田达夫教授在论文中有选择性地使用了证据。八田达夫所指出的在20世纪70年代采用的错误的产业政策，大多数是保护日本在那时已经失掉比较优势的农业、采矿业、纺织业和造船业等产业的政策，这种违反比较优势又没有战略价值的产业政策有点儿像螳臂当车，失败是必然的。但不能因此否定日本从二战后直到现在采取了许多因势利导、将具有比较优势的产业发展成具有竞争优势的产业的政策，例如在产业政策协调下的大型寡头企业联合投资的研发联合体，对日本的技术创新起到了重要作用，其中超大规模集成电路的研发成功，就是这种模式最为典型的案例之一，从20世纪50年代到20世纪90年代，这样的产业研发联合体在日本有200多个。而且，以反垄断的竞争政策为例，日本大财阀因为二战时为军国主义服务，在二战后美军占领时期被解散，虽然1947年已经通过反垄断法，其后很长时间里，日本政府的政策是促进并购重组而不是反垄断。在二战后几十年的时间里，直到20世纪90年代之前，日本几乎没有反垄断的判例，这在通产省编的17卷《日本通商产业政策史》中，有非常明确的记载，所以，在20世纪70年代之前的快速发展并非全是竞争政策之功。日本在1973年后经济增长放缓，主要是日本经济已经从1950年时人均GDP只有美国的20%，增长到1973年时的70%，后来者优势的潜力已经用尽；1991年以来的长期停滞则是金融危机后未能进行彻底的结构性改革所致，也并不完全是20世纪70年代的那些产业政策之过。

第五章

中国如何跨越中等收入陷阱

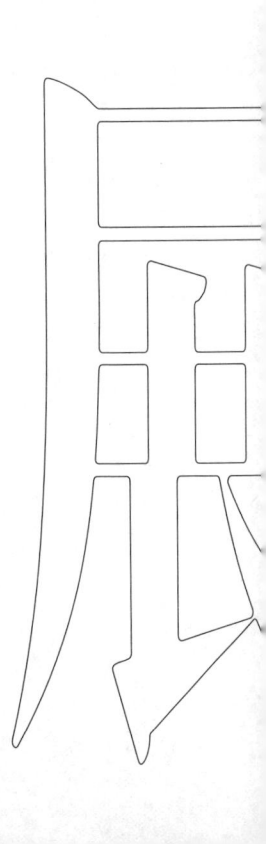

产业结构升级与共同富裕[①]

共同富裕的前提

谈共同富裕，我们需要先了解共同富裕的前提。它应是在富裕的基础上，达到尽量的"共同"，而不是为了共同丧失富裕。共同富裕不是共同贫穷，我们肯定不想回到原来"大锅饭"模式下的共同贫穷，所以我要特别强调两点。

第一，在保证更加富裕的基础上，使分配更加公平、更加体现人文关怀。虽然我们在改革开放以来取得了很好的经济成就，过去40年里，我们的GDP达到9.2%的年均速度增长，但是现在我们的人均收入依然不到美国的1/5，所以我们现在的主要任务依然是做大蛋糕，再在此基础上更好地分配蛋糕。只强调分配不强调增长，不符合我们当下的发展阶段。如果蛋糕不做大，分蛋糕的矛盾就会变得更加突出。当零和博弈的分配变成主要矛盾

[①] 本文根据王勇接受经济学家圈采访的发言整理。

后，就会更加不容易解决分配的问题，更加容易导致社会的撕裂与不稳定（王勇，2004）。反之，在做大以后再分蛋糕，就有更大的空间去补偿相关的利益损失者或补偿一些获益比较小的群体，实现共同富裕也就比较容易。所以韩文秀副主任在总结中国之所以取得经济发展成就的八个重要经验中，将"发展是硬道理"列在第一条，强调首先要发展。

第二，要达到共同富裕，关键是要能够有健康的、可持续的产业升级。这个才是达到共同富裕的最根本的动力。为什么这么说呢？

首先，我们要把蛋糕做大。宏观上国民总收入的提高，对应的是中观层面产业的升级。如果一个国家宏观经济增长停滞，一定是因为中观产业升级出现了问题，主导产业升级乏力，甚至很多产业都同时衰退（Ju, Lin and Wang, 2015）。整个蛋糕就无法做大，当然也就没有办法实现共同富裕。

其次，如果没有健康的产业升级，就没有足够多的就业机会，老百姓的收入也少，这样更加不容易实现共同富裕。特别是中国还是发展中国家，还有很多贫困地区。在这些地区，我们具有比较优势的产业，是一些劳动密集型的产业，如果这些产业发展得好，就能增加不少就业机会；但如果那些产业，尽管本来符合比较优势，却因为某些原因，比如政府没有发挥因势利导的"有为"的作用，比如没有及时提供相应的硬件基础设施，或者出现了一些政府"乱为"的行为等，使得潜在比较优势没有发挥出来的话，该产业中的企业还是形成不了竞争优势，产业发展不起来（王勇、林毅夫、鞠建东，2019）。这样，老百姓的就业机会就会变少，特别是技能相对低的劳动力的就业机会就更少，这就意味着比较穷的人更没有收入，这会放大收入的不平等。

所以稳健的产业升级是提高就业的根本保障。有很多产业的发展同时需要高技能和低技能的劳动力，健康的产业升级可以拉动对相对技能较低的工人的需求，降低失业率。特别是在经济相对欠发达地区，这种效应更明显。

再次，随着中国人均收入的提高，在更多的地区，产业升级正从原来的劳动密集型逐渐向资本密集型、技能密集型转化。因此，要想实现升级，需要的人力资本也就越来越高，需要更多的熟练劳动力，必须进行人力资本投资。这是产业升级的前提要求。

很多实证研究表明，要想提高老百姓的工资收入，很重要的一点就是要进行人力资本投资，比如学校教育、在职教育、技能培训等，也包括员工的健康。这些人力资本的投资可以帮助最贫困地区的人口摆脱贫穷，让他们有更多的就业机会，包括有更多的机会进入大城市，进入回报率更高的行业，让他们能够更快地成为中产阶层。

与此同时，我们也不能只讲教育不讲产业升级。按照新结构经济学的理论，在不同的发展阶段，人力资本投资水平也不尽相同，要符合该阶段我们的产业发展对于人力资本的需求结构，只有当人力资本的供给结构与产业升级对人力资本的需求结构足够好得匹配，才能真正促进产业的升级，并且让人力资本投资的回报率最高。如果在人力资本上过度投资，不仅会挤占其他社会生产活动的资源，那些获得过高人力资本的劳动力在本国找不到足够的工作机会，还容易引起社会矛盾；如果在人力资本上的投资不足，则会遏制产业的升级（Wang and Tang, 2020）。

最后，要让某些产业实现健康、可持续的升级，对于收入分配结构也有相应的要求，贫富差距不能过大。

不同产业的收入需求弹性是不一样，有些产业生产必需品，有些则是生产奢侈品。富人和穷人的消费结构也是不一样的。对于那些附加值比较高、收入需求弹性比较高、相对比较高质量的产品和服务来说，社会上的需求总量有多大，不仅受总收入水平的影响，也会取决于我们的收入分配。如果那些产品与服务只有少量的富人能够买得起，社会对于这些产品与服务的总需求就是相对较低的，企业就可能不愿意花钱发明或者采纳更加先进的、规模报酬递增的技术，因为这样的技术通常需要很大的固定成本投入，只有当社会总需求足够大的时候，追求利润最大化的企业才愿意做这样的需要很大固定成本的投资。而当社会总需求不足时，企业就没有办法大规模生产，从而会选择更适合小规模的生产技术，通常边际生产成本就会比较高，产业升级就会遇到瓶颈（王勇、沈仲凯，2018）。

需要说明的是，总需求不足的问题，不仅是那些不可贸易的服务业在升级时经常面临的约束，而且即便是对于那些可贸易的产品与服务，由于国际贸易成本的存在，以及产品研发期间通常只是在国内市场销售，所以内需依然是最关键的，国内的收入分配直接决定了对这些产品与服务的总消费需求。现在一直在讲"双循环",中国经常项目净出口占 GDP 的比重已接近于零,可以说已经非常低了,因此,总需求主要是依靠内需,包括内部的消费需求与投资需求。

对于这些相对高端的产业,要实现产业升级,就需要对全社会的收入分配进行干预,比如征收收入的累进税,从收入特别高的群体征税后转移给中产阶层和低收入群体,从而提高对这些相对高端的产品的总需求,以实现该产业的技术升级。市场需求变大,才能让生产规模变大,进而更加容易激发技术创新,从"干中学"中提高生产效率,从而可以进一步降低生产成本,提高产品质量(Matsuyama, 2002)。这样也更加容易打入国际市场,形成良性循环。反之,如果没有一个好的收入分配的结构,对应的这些产业的升级也将会被终止,停滞不前。所以说,以产业升级作为抓手,本身也可以用来指导如何让收入再分配政策更加有效率。换道超车型产业升级与共同富裕的关系

新结构经济学把产业分成五大类型:领先型、追赶型、转进型、换道超车型和战略型(林毅夫,2017;林毅夫等,2018)。这五大类产业中的第四类,就是换道超车型产业,是比较新的产业业态,比如一些"独角兽"企业,成长性非常快。(所谓"独角兽"企业是说创立还不到 10 年,但是市场估值已经超过 10 亿美元的非上市企业,如果超过 100 亿美元的话,就是"超级独角兽"企业。)

现在中国的"独角兽"企业越来越多,它们中的很多具有平

台经济和数字经济的特性,是数据密集型的生产技术,规模报酬的特点是非常强的。我们现在正在经历第四次工业革命,所以在产业升级时,我们非常希望努力地将数据技术、人工智能技术等很好地运用到产业中,但是同时,也容易使得这些产业产生垄断现象。经济学原理告诉我们,垄断通常会造成效率的损失,不利于市场竞争,也不利于产业的长期发展。所以为了产业健康升级,就需要在合理的区间进行反垄断,这样客观上对于收入分配也会具有正向的效果。

此外,对于这些数据密集型产业,老百姓是平台经济的数据提供者,老百姓在购买滴滴、美团等企业提供的服务的时候,主动提供了很多数据,但是这些含有顾客隐私信息的数据的所有权以及使用权其实很大程度上都被企业拿走了,而且企业会无偿地反复使用这些数据。要让数据作为生产要素真正能够有效地参与收入分配,首先就需要对数据的所有权和分配权进行规范。现在有国际文献研究表明,要取得经济效率和客户私人隐私保护之间的有效平衡,应该将数据的所有权归还给客户,而不应该将所有权赋予企业,因为后者没有保护客户隐私的主动激励(Jones and Tonetti, 2020)。把数据的所有权、分配权还给消费者,将会使得更广大的老百姓能够从这种数据密集型的产业中获得更多的收入,也将会进一步促进收入分配的优化。

以上对于产业升级与共同富裕之间的关系的探讨,说明健康可持续的产业升级是实现共同富裕的重要抓手。

共同富裕中的税收结构问题

关于共同富裕,我想说的第三点是税收结构问题。中国的税收结构和美国不一样,很多税种主要是针对企业征税。但美国很多是对居民的收入或行为征税,比如征收消费税。

税制上的差异会导致很多内生政策的差异。主要对企业征税的国家,从政府的角度来讲,它的税源主要来自企业,政府就会想方设法招商引资,对企业好一点,希望更多企业进来;但如果税收很大比例来自消费者,那么政府就希望更多的人进来,而不是更多的企业进来。这两种不同的税制会影响地方政府很多决策和激励,也会影响到户籍制度、人口政策、产业政策等,进而对收入分配造成很大的影响。

随着中国经济结构与人口结构的不断调整,中国的税制也需要及时做出相应的改革与调整(王勇,2019)。这是一项艰巨的任务,需要尽量减少政策漏洞,减少套利型避税。长期以来,主流经济学中有个比较盛行的重要观点认为,对企业或资本征税,对富人征税,其实就是对投资征税,会降低投资回报率,从而降低经济增长的速度(Lucas, 1990),所以从效率的角度更应该征收消费税,特别是对价格需求弹性较低的消费品征税。

此外,经济学家们通常认为,在市场经济中,收入与能力以及努力都是存在正相关关系的,如果征收收入的累进税,就是对高能力和工作更努力的人征更多的税,从而挫伤他们的工作积极性,非常不利于把蛋糕做大。

所以经济学家们一直在研究在信息不对称的条件下如何获得效率与分配之间的平衡，找到最优的税率 (Mirrlees, 1971; Kochelakota, 2010)。在我们国家，虽然我相信大多数富人是因为能力与努力，加上对机遇的把握，才变成富人的，但是不可否认的是，也有相当一部分人并非主要因为其能力或者努力而致富，而是靠着贪污或者裙带关系，寻求到政策套利机会而发家。这部分富人群体导致人们容易形成仇富心理。如果能够长期深入地依法反腐败，并且将反腐败缴回的赃款的一部分固定用于扶贫，那么对于改善收入分配，缓解社会矛盾也将起到积极作用，而且有利于改善富人的社会形象，树立正确的致富观。

我们在讨论收入分配的时候，需要考虑税制本身如何改革，需要意识到税制本身不仅会影响把蛋糕做大的初次分配，影响对收入分配进行直接法律强制调整的二次分配，也会影响在自愿基础上的三次分配。美国之所以有这么多富人愿意做慈善和捐赠，至少有部分原因也是捐赠可以免税，与其被政府以税收方式强制拿走，还不如主动选择以自己偏好的方式回馈社会。

促进共同富裕需要继续深化市场改革

要促进共同富裕，非常重要的一个方面就是继续深化市场化改革，特别是要素市场的一体化改革。

只有劳动力、资本、土地等生产要素能够充分地参与市场配置，才能够提高要素的使用效率，更好地做大蛋糕，同时也使得要素的所有者因为要素回报率的提升而增加收入。同样技能的一个劳动者，如果可以到一个新的城市工作，可能会获得比之前高得多的收入，该劳动者也非常想去这个新的城市工作，可是由于各种行政壁垒的限制，这种好事却没有发生。同样是一块钱，如果金融结构有效率，就会被配置到回报率较高的生产活动上，而如果没有效率，就可能会配置到回报率很低的活动上。同样是一块地，在有些地方被抛荒闲置，在另一些地方却寸土寸金，供不应求，为什么就不能通过市场化改革避免这种浪费与资源错配呢？

此外，如果没有良好的市场环境，就不会有更多人去参考创新创业，那些本来具有企业家才能与天赋的人便无法成为企业家，那些原本可以创造出来的工作岗位没有出现，这些都不利于富裕，更不利于共同富裕。

共同富裕要将有效市场和有为政府相结合

最后，我想强调的是，在追求共同富裕的道路上，特别需要将有效市场与有为政府相结合。有为政府的一个发力点，就是因势利导、促进产业升级，对于五类不同产业，政府应该采取的最适宜的政策是不同的 (林毅夫，2017；王勇，2021)。新结构经济学主张"市场主导、政府因势利导"的产业政策。在帮助西藏地区发展经济时，以前主要是通过中央政府转移支付，直接给西藏财政与物资方面的支持。后来则改变了思路，逐渐形成对口干部援藏，发达省份或者央企与西藏各市县形成一对一的长期的合作关系，分批次派遣有能力的干部援藏，在一些关键岗位上发挥重要作用，从以前的财政与物资支援升级到知识的支援、政府管理能力的支援。援藏干部到位以后，根据当地实际情况与需要，再向对口提供支援的政府提出针对性更强的需求。在后来实践中我们发现，这种援助的效果非常好，从原来的"授之以鱼"变成了"授之以渔"。这种帮助经济欠发达地区的模式，也比较符合中国的政治体制和具体国情(Wang and Ren，2021)。

当然，新结构经济学中提到的有为政府，是区别于"乱为"政府，也区别于"不作为"政府的（王勇、华秀萍，2017）。政府有为以"市场有效"为依归。如果政府做得过度了，那就变成乱为。如果应该做而不去做，就是"不作为"。关于有效市场，最关键的还是生产要素的全国市场一体化改革，需要进一步提高效率，否则，收入分配既不会有效率，也不会有公平。

中国的目标不应只是跨越中等收入陷阱[①]

新结构经济学是由林毅夫教授提出来的。过去60年，很多发展中国家的经济发展得非常不好，主流经济学界对发展的理论进行了反思。2008年，世界银行发布了一份报告，对现有的经济增长发展理论在指导发展中国家的经济增长上的作用做了评估，发现借鉴作用非常有限，也就是说现有理论非常不完善。中国作为最大的发展中国家，在过去40年里，经济发展可以说非常成功。世界上85%的人生活在发展中国家，面对现实的需求和理论现状，林毅夫教授总结中国的本土发展经验，同时结合其他发展中国家经济发展的经验和教训，提出了新结构经济学。2008年、2009年国际金融危机之后，经济学界也对现有的经济理论做了反思，新结构经济学就是诞生在这样的背景下。

新结构经济学试图帮助学者、政策制定者和大众来理解为什么不同的国家经济发展的绩效不一样，为什么看上去类似的政策

---

① 本文根据王勇2018年9月接受网易研究局的专访发言整理。

在不同的国家，或者在同一个国家的不同时点或不同地区，效果差别这么大；为什么中国能够取得经济增长方面的成功，而其他很多发展中国家没有做到；为什么会出现中等收入陷阱的现象，等等。

新结构经济学的目标首先是帮助大家理解这些问题背后的机制，同时也希望能够因地制宜、因时制宜、因结构制宜地提出对应的政策建议。林毅夫教授提出"知成一体"，也就是说，不但要知道，还要做成，如果没有做成就说明没有真正地知道。我们现在的目标是一方面促进理论的发展，另一方面，希望对改善中国乃至其他发展中国家的经济绩效、政策效果做出贡献。

林毅夫教授、付才辉和我三个人写了一本书《新结构经济学新在何处》。我想，新结构经济学新在什么地方，这个答案一直在续写，因为理论一直在进步着。到目前为止，我们觉得新结构经济学主要新在主体的思路上。现有的主流经济增长理论在分析一个国家特别是发展中国家的经济发展，并给出政策建议时，它的理论参照系是发达国家，无论分析对象处于什么发展阶段，不管是低收入还是中等收入，根据主流理论给出的药方都是一样的，即看发达国家是什么样的，然后对照一下自己，缺什么补什么。但这样容易采用赶超战略，容易忽略自身的结构特点。

新结构经济学的思路不是说缺什么补什么，它的出发点首先是看这个国家有什么，处于怎样的发展阶段，经济结构如何。其中，经济结构包括要素禀赋结构、金融结构、贸易结构、技术结构等。知道自己有什么，然后看潜在比较优势在哪里，影响潜在比较优势转化成竞争优势的障碍在哪里，可以让政府集中资源协助市场把这些障碍去掉，在发展过程中，逐渐向发达国家靠近。总的来说，新结构经济学的思路就是首先看自己有什么，怎么把它做好，然后不断升级发展。

新结构经济学的新还有另外一个诠释，就是更具有技术性。新结构经济学是强调用新古典的经济学研究方法、主流的研究方法、现代的研究方法，来研究经济结构的决定因素，包括经济结构如何动态变化及对经济发展有什么样的含义，它不同于20世纪初的旧的结构主义学派，旧的结构主义没有意识到最优的产业结构其实是内生的。我相信随着新结构经济学的理论进展和实践的不断更新，新的内涵会越来越深、越来越广。新结构经济学不同于新供给经济学，它们在有些问题上是一致的，比如都认为现有的一些理论存在不足，都认为结构重要。至于二者之间的区别，首先，新结构经济学不仅是智库机构，同时还是学术机构。我们在大学有训练良好的教授，会在国际上发表一些正规的学术论文，会给学生授课，因此，学术性更强一点儿。其次，从观点上来讲，新结构经济学强调的结构不只是供给结构，还包括要素禀赋结构、产业结构、金融结构、技术结构、空间结构、贸易结构等一系列的结构。很多时候既有供给又有需求，我们强调的是一般均衡的思维，需求与供给是动态的，有时候会互相转化。而且，我们不只关注中国，也关注处在不同发展阶段的其他发展中国家，希望新结构经济学能够变成一个更加一般化的理论，希望我们的理论有朝一日能够进入更多的主流教科书。所以我们的目标定位可能有所不同。

林毅夫老师在做产业划分的时候，五大类产业中就包括换道超车型产业，也包括领先型产业。新结构经济学的成员们也在研究技术结构，包括我本人在内也在研究创新，研究技术的内生性，不是说永远像以前那样模仿。

在换道超车型的产业，或者在已经领先的产业必须要自己研发，因为已经处在世界最前沿了，比如家电、化肥，我们的技术已经处于世界最前沿了，当然需要自己做技术的创新。还有比较优势，比较优势不仅仅是指要素禀赋结构的比较优势，还有技术的比较优势、制度结构的比较优势。

过去新结构经济学更多地强调物质资本和劳动力的比重，现在逐渐把人力资本、其他的社会资本都引进来，根据一个国家不同的产业和发展阶段，来看应该在多大程度上去做自主研发技术或者模仿。

新结构经济学具体应用到中国的政策分析时，应该结合中国正在同时发生的四个结构性过程来考虑：

第一个过程是，随着人均收入的提高，经济结构从农业到工业再到服务业的转型。先有农业，然后农业的比重不断下降，出现工业化，紧接着工业比重也不断下降，进入服务业。第二个过程是，中国从原来的计划经济向市场经济的转轨。第三个过程是，中国从原来的封闭经济逐渐走向开放经济，我们在贸易自由化方面已经做得相当不错，当然还有很多事情可以继续延伸。第四个过程和中兴芯片事件相关，中国作为世界最大的发展中国家，经济总量位居世界第二，逐渐崛起成为世界性强国。但现存的国际治理体系是 1945 年二战刚结束的时候确立的，以美国为主导。随着中国和其他新兴市场的发展，势必会对现有的治理体系产生冲击。

我认为，目前中国是人类历史上唯一一个同时经历这四个过程的大国，这就意味着，我们面临的很多问题和挑战是教科书里面找不到的。从新结构经济学来看这些问题时，我们要分析这在多大程度上是战略问题、地缘政治问题，在多大程度上是经济问题。

芯片产业属于战略型产业，收益回报不仅是看单个企业的盈利，而且要考虑外部性。如果上游的一些核心产业因为非经济的原因被控制，导致其他产业发展不起来，那就说明它有外部性，这个时候政府应该发挥更加有为的作用。

事实上我们早就提出了这些观点，很遗憾的是，一些评论人士对新结构经济学不了解，以为我们还在强调小米加步枪的那些禀赋结构。

有为政府是新结构经济学里一个非常重要的概念，引起了很多讨论，但是有些争论很大程度上由于一部分人还不了解新结构经济学是怎么定义有为政府的。用林毅夫老师的话来说，就是"市场有效以政府有为为前提，政府有为又以市场有效为依归"。

首先，市场有效是以政府有为为前提的，特别是一些发展中国家市场还不够完善，出现了毒奶粉、食品卫生等问题，如果没有政府的监督管理，是不可能发展好的。其次，政府有为又以市场有效为依归，也就是政府的行为要对市场进行补充，不能越过合理限度，如果越过，就是乱为，如果政府根本就没有做到那一点，那就是不作为。很多人批评有为政府，是因为把它等同于"乱为政府"了。事实上，有为和乱为是不一样的。

此外，有为政府还有一个非常重要的含义：逐渐推动市场化改革，把原来的扭曲去掉，逐渐推动市场化的过程本身也需要政府去作为，我把这个过程也定义为政府有为的过程。也就是说，我认为，如果一个政府没有办法把现存的一些非常大的扭曲改革掉，它就不是新结构经济学意义上的有为政府。所以我们讲的有为政府是非常具有改革含义的政府，遗憾的是，很多人在评论新结构经济学有为政府的时候把它当成乱为政府，认为只是强调政府。

现阶段的中国经济中，市场准入等方面的制度成本还是比较高，如何才能降下来？这就需要回到我之前提出的四个结构性过程，其中，第二个结构性过程就是从原来的计划经济向市场经济转轨的过程，我们这条路还没有走完，的确存在着很多制度上的扭曲。新结构经济学不只是希望当一个批评者，还希望能够给出建设性的改进办法。对于制度的扭曲，首先找原因，比如有些地方对重工业有很多的保护，这可能是源于之前制定的赶超战略，要优先发展重工业。这样一来，如果不纠正赶超战略的目标，而只纠正它的手段，可能会做得更糟。

至于第三个和第四个结构性过程，政府在做决策的时候，可能要考虑地缘政治、国防等因素。比如一个地区的土地规划，的确需要政府协调，在什么地方建楼，在什么地方搞绿化，等等。

总的来说，我们在讲制度成本时，首先要找出导致形成制度壁垒的原因是什么，抓住了源头，再考虑怎么改。

另外，政府的有为应该以市场的有效为依归，对之前市场不完善的地方，比如毒奶粉或者其他的食品安全问题，政府应该有所作为，应该抓得严格一点儿。如果是政府不允许某些企业进入，或者给企业的税负太重、干预过多，那政府就应该把乱为的手收回来。

《吉林报告》在国内引起了热烈讨论，这个报告是我们国内智库团队做的，我没有参与撰写，但参加了发布会，也听了一些讨论。引起讨论是非常好的，因为大家都在为吉林想办法，这当然是好的。但很多批评《吉林报告》的人，没有真的读完这份30万字的报告。

新结构经济学讨论具体制度政策时，首先是结合一个地区的产业升级来做，考察这个地区的禀赋结构。想把一个地区的潜在比较优势转变成企业的竞争优势，需要改善制度；具体到某个产业，需要看这个产业的企业为什么发展不起来，到底遇到什么瓶颈，政策卡在什么地方，这是在为制度改革找抓手。

吉林的劳动力成本和浙江相比真的要低很多。浙江大唐被称为"世界袜都"，现在有很多工厂转移到了吉林，而且非常成功，比如辽源袜业。其次，我们主张发展现代轻纺，现代轻纺并不是有人想象的像张艺谋拍的20世纪七八十年代的电影里出现的那样一些陈旧的东西，而是包括一些附加值相对比较高的产品。比如吉林的冰雪运动很受欢迎，冰雪运动需要服装，溜冰、滑冰、滑雪又需要一些很好的机械装备，这些高端设备也是现代轻工业，但它们的附加值比以前高很多。

说到对这个问题有没有新的认识，我想，新结构经济学的方法论我还是坚持的，也非常认同。具体情况还要具体分析，企业家都是理性的，如果一些产业从浙江转到吉林的成本，甚至比转到埃塞俄比亚的成本还高，他们当然更愿意转到埃塞俄比亚。吉林的劳动力成本的确相对较低，有发展现代轻纺产业的空间。吉林的冰雪旅游产业、大健康、大农业，可以配套一些现代轻纺产品，这可能还是有潜在比较优势的。但政府必须把现存的一些扭曲去掉，改善企业的经营环境，使潜在的比较优势变成企业的竞争优势。

很多人批评新结构经济学不讲制度改革，要知道，林毅夫老师是最先把新制度经济学引进国内的学者，所以他对制度的重要性是非常了解的。但新结构经济学的方法论还是主张渐进式的改革，而不是休克疗法，我们是从产业结构的角度来做分析的。

一些新兴市场国家经济大幅震荡，比如土耳其、阿根廷遭遇了货币大幅贬值。从新结构经济学角度来看有些波动是从全球的金融市场或者贸易市场传递过去的，一些新兴市场国家可能过早地把资本项目对外开放，经济好的时候热钱都涌进来，经济也越来越好，但遇到问题时，资本就迅速逃出，这样一来，新兴市场国家的经济波动就会非常大。其实不同国家应该根据自己所处的发展阶段，来决定在多大程度上开放金融账户。

土耳其经济波动也有地缘政治的原因，它和美国之间有一系列的冲突。产业结构也是一个关键因素，土耳其、阿根廷是典型的落入中等收入陷阱的国家，之所以危机不断，首先是因为它们的产业还不够健康。如果有比较扎实的、符合自己能力的比较优势产业，就算国际市场有波动，经济也能保持一定的稳健性。但如果自身产业脆弱，而且不符合比较优势，就特别容易受到国际风波的干扰。从新结构经济学角度来讲，这个震荡对中国和其他发展中国家的借鉴意义在于，首先要看自己的产业是不是符合比较优势，符合比较优势的产业在国际市场上是有竞争力的，这样就能承受国际市场的波动。其次，一个发展中国家或新兴经济体应该如何去开放资本账户，这也是需要审慎考虑的。

总的来说，发展中国家必须要反思自己的要素禀赋结构、产业结构、金融结构以及贸易开放程度，从中吸取教训，避免陷入中等收入陷阱。

很多人在问，中国会不会跌入中等收入陷阱？这首先取决于我们怎样定义中等收入陷阱，新结构经济学所理解的中等收入陷阱是一个相对概念，比如中国相对于美国的人均收入之比会不会超过55%，而不是经济增长速度到底是大于零、等于零还是小于零。

我本人对于中国经济的增长持谨慎乐观态度，如果按照世界银行的高收入国家的标准为人均国民收入1.2万美元左右，我相信中国迟早会跨过中等收入国家这个阶段，几乎没有悬念。这并不意味着我们的目标只是避免陷入中等收入陷阱，因为高收入国家之间的差别也非常大。我们更应该关注的问题是，中国相对于美国的差距能不能以理想的速度尽快缩小，中国经济能不能持续保持中高速增长。

这需要我们从政策角度对遇到的问题进行反思，倒逼一系列的改革。现在，我们主要的改革是要素市场的改革，包括劳动力市场、资本市场、土地市场、户籍制度等，其中一些改革已经超越了地方政府的能力权限，需要中央政府来协调。目前看来，下游的很多产业，国有企业基本已经退出了。但很多上游的产业，比如能源、金融、电力、通信等，国有企业的比重还很高，其中一些产业应该允许民营企业进入，降低行政进入壁垒。一系列国有企业改革都需要中央政府下定决心，在市场化方面做更深入的改革，不能再改革空转。

总的来说，打铁还需自身硬，要借助这样一个时间窗口凝聚改革共识，推进未完成的改革，向市场化方向迈进。

走出"中等收入陷阱"[①]

围绕着中国的经济增长速度是否需要保6，国内不少学者进行了几轮辩论，笔者也参与了这场举数字、讲逻辑、心平气和而又开诚布公的君子之争。所争论的，远远不只是单纯6%这个数字，而是不同学者与业界分析师、观察家对于中国的经济结构、身处的国内外宏观经济形势以及中国的经济政策与改革现状等诸多方面做出的不同判断与评估。尽管GDP增长速度因为无法直接反映经济与社会发展的很多重要方面而屡遭诟病，但它依然是当前用来衡量经济发展速度的无可替代的、最重要的定量指标。1979—2018年，我国真实GDP年均增长率为9.4%。正是这么高的增长率，让中国从改革开放之初人均收入还不如非洲撒哈拉沙漠以南地区平均水平的1/3的最贫困状态，一跃变成人均收入将近10 000美元的世界第二大经济体，让接近7亿人跳出了贫困陷阱。2008年全球金融危机以来，中国贡献了全球经济增长

[①] 本文根据王勇发表于2019年1月2日《南方周末》的文章整理。

的 30%。如果中国（不含港澳台地区）的人均收入超过 12 000 美元这条高收入门槛线，那么中国（不含港澳台地区）将成为二战结束以来，继中国台湾与韩国之后第三个成功从低收入跨越到高收入的经济体，并且将使全世界生活在高收入经济体中的人口比重从现在的 15% 增至 34%，这不仅是中国的成就，也是整个人类社会的成就。而这一切，如果没有 GDP 增速的保证，全都不会发生。

  本文的目的，是要探讨一下中国未来 10 年 GDP 增长所面临的主要挑战。但在此之前，很有必要再说明一下我们为什么需要去关心 GDP 增长率。当下，社会上有不少人似乎被我们过去 40 年的高增长率给"宠坏了"，误以为高增长是很容易做到的事情，误以为我国已经到了不需要强调 GDP 增长的发展阶段了，误以为只有不强调 GDP 增长才能更好地促进体制改革与社会全面发展，甚至以为好像只有不强调 GDP 增长速度才能显示出自己的格局更高一样。我认为这是非常可笑、危险、可悲的想法，需要极力纠正。之所以可笑，是因为我们的人均收入水平还不如美国的 1/5，也不如全球平均水平，就开始嫌自己太富了、赚钱太快了。之所以危险，是因为如果失去了 GDP 的必要增速，那么如何分蛋糕将代替如何做大蛋糕成为经济发展的主要矛盾，既不利于增量改革也不利于社会稳定。之所以可悲，是因为持有这样观点的人没有放眼全球各国的经济发展历史，不了解实现经济增长的不容易，可能不知道 1960 年的 101 个中等收入经济体到 2008 年国际金融危机之前只有 13 个跳出了中等收入陷阱，可能不知道还有很多经济体依旧困顿于低收入陷阱而无法自拔，可能不知道一旦跌入低速增长，再想回到中高速增长，是难上加难的事请，可能不知道 GDP 的低增长率的抽象数字背后对应的现实是大量失业、饥饿、疾病、死亡，是一张张绝望无助的脸庞，是我们国家不想再回到的悲惨情境，可能不知道自己轻言 GDP 增速的不重要其实如同在说"何不食肉糜"。醒醒吧，GDP 增长速度不是万能的，但没有它是万万不能的。

回到现实，2018 年中国的真实 GDP 增速为 6.6%，是 1991 年以来最低的。2019 年 GDP 增速为 6.1%。事实上，过去十几年中国 GDP 增长速度就呈单调下滑趋势，从 2008—2011 年每年都在 9% 以上，到 2012—2014 年每年都不到 8%，再到 2015—2018 年每年都低于 7%，这样的下滑速度不能说不快，形势不能说不严峻。展望未来的 10 年，中国的经济增长将会怎样？我认为有三大挑战。

挑战一：作为最大的中等收入国家，必须有效应对"三明治"效应。一方面，我们存在很多追赶型的产业，技术上同美国等发达国家相比还存在差距，在很多高端产品与创新能力方面还都受制于来自发达国家的"压制"效应。另一方面，随着我们的劳动力等要素成本的提高，有越来越多逐渐失去比较优势的转进型产业会被劳动力成本更低的发展中国家比如越南承接过去，意味着我们还受到发展中国家的"追逐"效应。如果我们国家不能及时、快速地提升我们的科技创新能力，就无法有效应对"压制"效应；如果我们国家不能提升生产效率，优化资源配置，就无法有效应对"追逐"效应。而且,来自南北两面的"三明治"夹力是可以通过国际贸易的一般均衡效应互相强化的,并且会受到国际地缘政治因素的影响。面对已经发生重要变化的国际环境,我们国家必须保持定力,弥补技术短板,加速创新能力的培养,确保在维持开放经济的条件下产业升级得以足够快速地顺利进行,避免陷入中等收入陷阱。

挑战二:作为最大的转轨经济体,必须坚定切实推进市场化改革。本质问题在于如何不断调整、处理好政府与市场之间的关系,啃下三块"硬骨头"。

第一块是国有企业改革。当下的国有企业改革与20世纪90年代国企改革的最大的不同之处,在于"垂直结构"与"水平结构"的差异。所谓"垂直结构",是指目前我们的国有企业主要集中在关键的上游产业,包括能源、金融、电力、通信等,并且市场结构受制于某种行政垄断,产业主要是资本密集型的,而下游的消费型制造业与消费型服务业基本都对民营企业和外资企业放开了,由民营企业主导,市场结构更加接近充分竞争,与上游产业相比劳动力更加密集。同时,我们直接出口的商品有90%来自下游的民营企业。因此,在这个"垂直结构"下,下游民营企业的生产效率越高,出口越多,上游的国有企业面对的产品与服务需求就越大,赚钱越多。而20世纪90年代的国有企业改革主要是发生在下游产业中的"国退民进",失去保护补贴的下游国企与新进入的民企在同一产业内竞争,所以是"水平结构",此时下游产业中的民营企业生产效率越高,对国际市场越开放,则同产业中的国有企业越亏损，与"垂直结构"中的情形截然相反。而在"垂直结构"下，随着我们的劳动力、土地等要素成本的上升、人民币的升值，下游民营企业的生产成本越来越高，如果所购买的上游的金融、能源、电信等中间产品与中间服务的质量不够高，价格不够低，那么下游民企将在国际市场上失去成本优势，无法与发达国家和发展中国家的企业进行贸易竞争，从而会遏制整个经济的产业升级和经济增长。因此，打破上游那些非直接涉及国防安全的产业的行政垄断，降低进入壁垒，允许民营企业，包括外资企业的适当准入，促进市场竞争，提高上游产品与服务的效率与质量，不仅对上游产业的发展有利，而且对整个下游民营部门和总体经济增长都有利。然而，上游国企同时又承担了在经济下行时期的保就业、保增长等一系列政策性负担，导致我国经济下行时产生的僵尸企业和过剩产能主要集中在中上游产业，其中国企占很大比重，越是上游的产业，僵尸企业的比重越高，企业的杠杆率也越高。如何稳步推进"竞争中性"，给民营企业更多的市场准入机会，妥善地剥离非国防战略型产业中的国有企业的政策性负担，引入更多市场竞争，这是难点。

第二块硬骨头是调整产业政策的制定与执行。随着我国不同地区的经济发展阶段差异性的扩大，各自具有潜在比较优势的产业的差异性也在增大，同时地方经济的总量也在快速提高，不少省份不论人口还是 GDP 都抵得上欧洲的发达国家。因此，对于绝大多数产业的产业政策，应该更多地由地方政府去主导、制定与执行。央地各级政府之间的事权、财权等一系列关系就需要重新定位，包括对地方官员晋升考核标准也需要与时俱进地进行调整。此外，随着产业离世界技术前沿的距离越来越短，领先型和换道超车型产业的比重会不断上升，这些产业需要通过自主研发才能升级，投资回报的不确定性大幅度增加，此时政府在制定和实施产业政策时，要更加充分地依托市场化机制分散风险，更好地发展风险投资等金融市场，尽量避免自己越俎代庖。当然，对于类似大型飞机等战略型产业，我们要发挥好我国集中力量办大事的体制优势，中央政府应该参与，以提高各地区之间分工协作的效率。

　　第三块是户籍与土地制度的改革。与此相关的更为本质的微观问题是，如何让我们的公民更加平等和公平地获得良好教育、医疗、养老、失业保险保障等公共服务的权利、获得公平的就业和创业的权利。这一改革直接影响的宏观问题包括如何促进要素的自由流动，改善资源配置的效率，降低城乡收入差距，解决三农问题，提高社会阶层的流动性，促进城市化与区域经济一体化。这一改革涉及的难点之一在于不同地方政府之间，不同地区的居民之间，存在局部利益冲突，因此需要中央政府来推动要素市场与公共服务全国一体化的改革。

　　挑战三：作为长期快速增长的新兴市场经济体，必须时时防范经济与金融风险。回顾2008年由美国的次贷危机引发的国际金融危机，1998年亚洲金融危机，以及1990年日本房地产泡沫破裂直接引发的金融危机，最近的这三次大的金融危机都在反复启示我们：世界上很多国家在经历了较长时间的快速增长以后，容易积累系统性的金融风险，引发 GDP 增速断崖式下降。我们国家的房地产市场存在的潜在泡沫风险，地方政府的负债率上升，企业的杠杆率上升，人口老龄化带来的政府税收与养老负担的双重冲击，特别是当经济增速趋势性下降时，投资平均回报率下降，这些都可能会导致金融风险的集聚和爆发。此外，随着我国资本账户的渐进开放，特别是对"一带一路"国家的长期基础设施投资，跨国资本流动频率与规模都在提高，其中不排除某些长期投资项目的违约风险，也不排除国际金融危机通过国际资本市场传递到我国的可能性。因此，我们国家的金融市场的发展与监管需要同步进行，如何在开放经济条件下既提高金融普惠服务，又防控系统性金融风险，是一大核心挑战。

从 2018 年底开始算起，距离 2030 年还有整整 12 年，如果按汇率计算人均真实 GDP 要在 2030 年达到 20 000 美元，那么所要求的人均真实 GDP 最低年均增速为 6.18%。如果平均年增速为 5.5%，那么 2030 年人均 GDP 将达到 18 518 美元。我觉得，2030 年人均真实 GDP 达到 20 000 美元的概率是有的，但前提是既不发生系统性金融与社会危机，也不发生地缘政治或军事的极端冲突，还要求我们能够较为成功地应对前文所指出的包括老龄化在内的三方面主要增长挑战与潜在风险，这是相对乐观情景下的预测。

"十四五"时期面临的"中等收入陷阱"及解决思路[①]

一、我国"十四五"期间需要谨防的陷阱

中国至今仍然是一个发展中国家,而且由低收入国家进入中等收入国家行列的时间并不久。"十四五"时期,我国面临着由中等收入向高收入过渡的关键阶段。在中等收入阶段继续前进时,我国需要谨防落入中等收入陷阱,这已经成为人们关注的热点问题之一。在中等收入阶段,原有的增长机制和发展模式中的矛盾爆发出来了,原有的发展优势逐渐消失了,迟迟不能越过人均GDP超过10 000美元这道门槛而进入高收入国家的行列。我国"十四五"期间可能需要谨防如下陷阱。

第一,我国面临着"发展的制度陷阱"。我国尚处于从传统社会走向工业化社会的过渡时期。在我们从低收入国家行列进入中等收入国家行列时,可能还保留着较多的传统社会的特征,传

---

① 本文根据赵秋运发表的文章整理。

统势力和传统的社会组织形式还发挥着很大的作用。这些特征和势力往往在农村，尤其是经济落后的山区、边缘地区表现得相当顽强，它们成了我国经济发展的制度障碍，也就是"发展的制度陷阱"。

第二，我国面临着"社会危机陷阱"。"社会危机陷阱"是由我国贫富差距扩大、城乡收入差距扩大、地区收入差距扩大和缺乏社会管理创新所造成的。

第三，我国面临着"技术陷阱"。我国之所以面临"技术陷阱"，主要同技术上难以有重大突破有关。如果技术上没有重大突破，缺少自主创新，缺少产业升级，缺乏技术先进的优势产业，是难以使人均GDP越过中等收入阶段与高收入阶段之间的门槛的。

二、我国"十四五"时期迈入高收入国家的关键举措

"十四五"是进入新时代以来，全面建成小康社会后的第一个面向高质量发展的五年规划，也是我国积极引领新工业革命，有望在期间进入高收入国家行列的一个五年规划，意义十分重大。站在这个历史时刻，我们要在把握机遇、迎接挑战，向着实现中国梦的宏伟目标迈进。我们必须要统筹好国内、国外两个大局，全面深化改革开放，抓住机遇、努力发展、补齐短板，争取进入高收入发展阶段。

第一，要继续深化农村土地改革，助力城镇化和乡村振兴。

党的十九大报告中提出,对于农村土地制度,要"巩固和完善农村基本经营制度,深化农村土地制度改革,完善承包地'三权'分置制度"。对此,我们还需要从以下几个方面努力:首先,要深化农村集体产权制度的改革,将农村土地改革与城镇化和乡村振兴结合起来。在新型城镇化推进过程中,有机结合农村土地改革、现代农业产业发展与乡村建设,为推动乡村产业兴旺、促进城乡融合发展、实现乡村振兴战略目标,发挥积极促进作用。对集体建设过程中土地的所有权、使用权、收益分配进行明确规定,平衡集体和农户间的关系,保障农民应得利益。其次,要深化承包地的"三权分置"改革,进一步明确三权产权的权益内涵、边界及期限。最后,可以探索建立农村土地股份合作社,完善相应补偿机制。土地股份合作社有利于促进农业的产业化、规模化、集约化生产,促进农民增收。

第二,建立健全金融市场,更好地服务实体经济。深化金融供给侧结构性改革,确保金融市场在实体经济发展中发挥良好的作用,将"放管服"改革作为深化金融改革的重要内容,实施层级管理,划分中央与地方的金融职权,构建多层次、广覆盖、有差异的金融体系;管住金融机构、金融监管部门主要负责人和高中级管理人员;优化实体经济发展环境,继续改善小微企业和"三农"金融服务,最大限度地激发市场活力,增强金融服务实体经济能力。同时,应该积极稳妥防范、化解金融风险,把防范、化解金融风险和服务实体经济更好地结合起来,推动我国金融业健康持续发展。

第三，要激发民营企业的活力，消除民营企业发展的障碍。民营企业经过多年的发展，已经成长为国民经济的重要组成部分，同时也为我国产业升级和结构优化做出了巨大贡献。然而，目前民营企业的发展还存在着诸多障碍，如市场准入障碍、无法平等获得要素资源、产权无法得到有效保护等。因此，为了促进我国民营企业的发展，必须消除其发展障碍与自身问题。一方面，政府要有效落实促进非公有制经济发展的政策，为民营企业创造平等的市场准入条件，同时进行要素资源市场化改革，保证民营企业能够平等获得资源；推进管理体制改革，限制权力滥用，以打消部分民营企业走歪门邪道的念头，打造政府和企业之间"亲近""清明"的关系。另一方面，民营企业自身可以从外部引入职业经理人，建立起科学有效的管理机制。

第四，提高科技创新和技术能力，鼓励创新型企业上市。创新是引领发展的第一动力，是建设现代化经济体系的战略支撑。现阶段，我国经济已由高速增长阶段转向高质量发展阶段，对推动大众创业、万众创新提出了新的更高要求。为此，一方面，政府要承担好创新创业环境的营造者的角色，通过简政放权释放企业创新活力，通过营造公平的市场环境、加大财税政策支持、优化服务等措施来激发企业创新活力；另一方面，要增强创新型企业引领带动作用，推动高校科研院所创新、创业的深度融合，健全科技成果转化的体制机制，推动更多的科研技术成果转化为实际的生产力。

第五，调整对外开放战略，深度融入国际化。改革开放以来，我国一直推行经济对外开放的政策。出口导向工业化发展模式的成功，使我国在全球经济合作中获得了巨大的经济利益，同时也给世界各国的经济带来了利益共赢。近年来，我国在国际合作方面成绩斐然，确立了"一带一路"这一重点经济开放战略，推动与沿线国家的合作对话，建立了新型全球发展伙伴关系；同时，为适应国际经济新形势和新秩序，我国加快了双边、多边自由贸易区的谈判。但中国国内劳动力成本上升、制造业过剩、产业挤出性转移，以及国际政治经济格局发生的一系列转折性变化，使我国不得不调整、改进对外开放战略。在新形势下的对外开放中，我们要注意以下几个问题：其一，转变对外经济发展模式。从传统的出口导向的工业化发展模式，转向产业升级与出口替代型的后工业化时代经济发展模式，同时实现从劳动密集型制造业向资本技术密集型制造业和服务业升级。具体措施包括推进智能制造，加大数字化转型；鼓励硬技术研发，形成中国自主技术和品牌；鼓励民营企业在国外建立销售网络，收购国际知名品牌，形成自己主导的贸易渠道。其二，要为中国的和平发展创造良好的外部条件。多边层面上，中国应该坚定不移地支持多边贸易体系，推进贸易自由化和便利化。区域合作层面上，要针对区域一体化趋势，制定好并落实好区域合作战略。其三，把握好国内国际双循环，为我国最大限度地争取有利的国际循环，更好地服务于国内大循环，形成相互促进的发展新格局。下一步，我国要从战略高度谋划机制和规则建设，扎实稳步推进。通过机制和规则建设，实现高质量的对外开放和国际合作。

第六，按照由要素禀赋结构决定的比较优势发展产业，理直气壮地引领新工业革命。引领新工业革命是中国实现到21世纪中叶建成社会主义现代化强国的第二个百年奋斗目标的必要条件。随着中国轻工业启动阶段（1978—1995年）和重工业发展阶段的完成（1996—2010年），以及高端装备制造业追赶阶段（2010—2025年）的即将完成，中国将进入数据科技创新阶段（2026—2050年），装备制造业和数据密集型产业属于新工业革命的重要组成部分。在引领新工业革命上，我国不仅拥有一定的产业、技术等物质条件，还在人力资本、市场规模和产业门类方面存在比较优势，而且比美国更有比较优势。除了营造公平竞争的市场环境，还要发挥有为政府的作用，理直气壮地采用产业政策，深化改革开放，努力发挥自身优势以引领新一轮工业革命。

我们相信，在以习近平同志为核心的党中央的坚强领导下，中国必将经受住各种严峻考验，创造无愧于历史、无愧于时代、无愧于人民的宏伟业绩，如期实现"两个一百年"奋斗目标，不断从胜利走向新的胜利！

第六章

中国经济学家世纪的到来

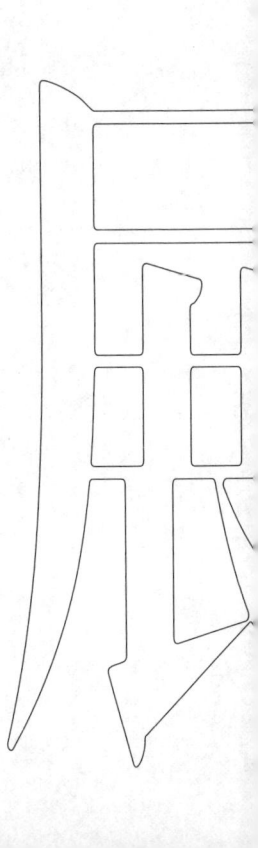

关于中国经济学理论体系建设的思考与建议[①]

习近平总书记在 2016 年 5 月 17 日召开的哲学社会科学工作座谈会上提出："哲学社会科学的特色、风格、气派，是发展到一定阶段的产物，是成熟的标志，是实力的象征，也是自信的体现。"他还指出，"我国是哲学社会科学大国，研究队伍、论文数量、政府投入等在世界上都是排在前面的，但目前在学术命题、学术思想、学术观点、学术标准、学术话语上的能力和水平同我国综合国力和国际地位还不太相称"。他号召"要按照立足中国、借鉴国外，挖掘历史、把握当代，关怀人类、面向未来的思路，着力构建中国特色哲学社会科学，在指导思想、学科体系、学术体系、话语体系等方面充分体现中国特色、中国风格、中国气派"。经济学在我国哲学社会科学中属于显学，改革开放以后国内各大学大力从西方引进现代经济学，投入的力量最大、师资力量最强、每年招收培养的学生最多，相形之下传统的马克思主

---

① 本文根据林毅夫发表于 2021 年第 3 期《大学与学科》的文章整理。

义政治经济学已经被边缘化了。本文论述构建中国特色、中国风格、中国气派的中国经济学理论体系对实现中华民族伟大复兴的必要性，提出以马克思主义为指导来构建中国经济学理论体系的两种范式，并针对当前经济学学科设置存在的问题提出改进建议。

一、构建中国特色、中国风格、中国气派经济学理论的必要性

任何经济学理论都来自经济学家对其所在国家经验现象的观察与总结，或为了解决其所在国家面临的突出问题而提出。在总结经验或为解决突出问题而提出理论时，必须从其所在国家成千上万的经济、政治、社会、文化变量中"抽象"出几个变量以构建因果逻辑，"舍象"其余变量，被"舍象"的变量并非不存在，而是"存而不论"，成为理论成立的暗含前提，用控制论的术语来说，这些被"舍象"的变量就成为这个理论的"状态变量"。换句话说，任何经济学理论都有时代和社会属性，都被内嵌于这个理论所产生的国家和被提出时国家的发展阶段，及其相应的产业、社会、制度、文化结构之中。

现代经济学自1776年亚当·斯密发表《国富论》从哲学中独立出来成为一门社会科学开始，到20世纪30年代约翰·凯恩斯发表《就业利息和货币通论》创立宏观经济学，世界经济学的研究中心一直在英国，那段时期的经济学大师不是英国人就是在

英国工作的外国人，他们提出的理论主要是总结英国的现象或是针对英国的问题，所以凯恩斯以前的理论，都是"内嵌"于英国的发展阶段及其相应的产业、社会、制度、文化结构之中的，都是具有英国特色、英国风格、英国气派的理论。这些理论被提出来并在世界上流行，是因为工业革命以后，英国是世界上最强大的国家，发生在英国的现象或问题在世界上会有最大的影响、受到最大的关注，所以说，它们是英国"发展到一定阶段的产物，是成熟的标志，是实力的象征，也是自信的体现"。二战以后，随着世界经济中心转移到美国，世界经济学的研究中心也转移到美国，引领世界经济学理论思潮的大师，基本上不是美国人，就是在美国工作的外国人。他们提出的理论基本上也都是总结美国的现象或是针对美国的问题，所以，这些理论同样"内嵌"于美国的发展阶段及其社会、经济、文化结构当中，也是具有美国特色、美国风格、美国气派的理论。

理论的适用性取决于理论成立的前提，那些被一个理论"舍象"的变量中，如果关键的变量发生变化，理论成立的暗含前提也就发生了变化，原来的理论很可能就不再具有"认识世界、改造世界"的功能，需要由新的理论取而代之。这里举两个例子来说明。

第一个例子是宏观经济学。20 世纪 30 年代发生全球经济大萧条。约翰·凯恩斯为了解决这个突出问题，提出了凯恩斯主义，于是，宏观经济学从现代经济学中独立出来成为一门子学科。凯恩斯主义主张以积极的财政政策和货币政策来刺激需求、创造就业、推动经济增长。到了20世纪70年代，美国政府实行凯恩斯主义刺激政策，结果造成了"滞胀"，也就是出现了通货膨胀，但是，就业和经济增长率并没有增加。凯恩斯主义无法解释"滞胀"的现象，其政策措施也失去了"改造世界"的功能。于是，凯恩斯主义的宏观经济学理论就被芝加哥大学教授、诺贝尔奖获得者罗伯特·卢卡斯提出来的理性预期理论所取代，这一理论一反凯恩斯主义的主张，认为政府的任何干预、刺激都是无效的。盛行一时的凯恩斯主义之所以被取代，原因在于凯恩斯主义出现的背景是经济大萧条，当时世界各国存在大量的过剩的产能和不充分的就业，政府的扩张性财政和货币政策可以刺激需求，促进生产、就业和经济增长。到了20世纪60年代，供给和需求基本恢复均衡，不存在过剩的产能和不充分的就业，暗含前提发生了变化，政府再采用扩张性的刺激政策只能带来通货膨胀而不能增加就业和推动经济增长。

  第二个例子是最近国内热门的话题——产业政策。美国开国元勋之一亚历山大·汉密尔顿（1755—1804年）在担任美国财政部长时，极力反对当时盛行的英国古典经济学家亚当·斯密提出的自由放任贸易政策，他主张并使用了产业政策来保护和发展美国的制造业，那时美国还处于以农业为主的阶段，为了追赶工业化的英国，汉密尔顿给予国内制造业关税保护和税收优惠。后来在产业政策理论的确立上有重要地位的德国历史学派奠基者之一弗里德里希·李斯特（1789—1846年）在19世纪20年代到美国访问、工作时，看到美国的工业化在汉密尔顿提出的保护主义政策下迅速发展。回到德国以后，李斯特也积极倡导德国采用保护主义来发展工业，认为由此德国才能够从农业国变成制造业强国，追赶上先进的英国。但是，为何现在美国的主流经济学回归到了亚当·斯密倡导的自由贸易，反对保护主义，德国等西欧国家也跟着附和呢？原因是条件变了，到了20世纪，尤其是二战以后，美国和18世纪末的英国一样，已发展成为世界上最发达的工业化国家，德国等西欧国家的工业也处于世界的最前沿，它们的制造业不需要保护，而且，为了方便它们的产品进入其他国家的市场，自由贸易取代保护主义成了美欧工业化国家的主流思潮。然而需要指出的是，现在美欧等发达国家并不是不扶持产业的发展，发达国家新产业的出现，有赖于基础科研的突破和新产品新技术的开发，企业对于开发新产品、新技术有积极性，因为成功了可以获得专利。基础科研的成果是论文，属于公共产品，企业对此没有积极性，但是，没有基础科研的突破，新产品、新技术的开发就会成为无源之水，不可持续。所以，美欧等国家的经济学界在理论上从追赶阶段倡导的贸易保护主义政策转变为自由贸易政策，政府在扶持新产业发展的政策措施上则从关税保护、财政补贴等改为对基础科研的支持。

从上述例子可以看出，西方的主流理论总是在一定的条件下被提出来，盛行一段时间以后，随着条件的变化，就会被新的理论所取代，这些所谓的主流理论并非"百世以俟圣人而不惑"。发展中国家和发达国家的经济基础不同，具有比较优势的产业、发展的瓶颈、机遇和合适的制度安排、政策措施也就不一样。例如，经济要发展，劳动生产率水平要不断提高，技术要不断创新、产业要不断升级。发达国家的产业和技术位居世界最前列，发达国家的技术创新和产业升级都需要靠自己发明。自己发明靠自主研究和开发，所以，西方发达国家现在盛行的是探索如何促进自主研发新技术发展的内生增长理论，保罗·罗默还因此获得了2018年的诺贝尔经济学奖。发展中国家的劳动生产率水平比发达国家低，产业和技术同发达国家有差距，因此技术创新和产业升级的定义是在下一期生产的时候所用的技术比现在好，所进入产业的产品价值比现有产业的产品价值高。发展中国家有许多从发达国家引进技术、产业，消化、吸收后再创新的机会，利用这种"后来者优势"来进行技术创新、产业升级的成本和风险比自主研发低，在此条件下，引进、消化、吸收是比自主研发更有效的创新方式。所以，并不是发达国家盛行内生增长理论，发展中国家就应该根据这样的理论来制定技术创新和产业升级的政策。

另外，在进行一个国家的增长核算时，在成本方面，美欧通行的方法是只统计用于生产活动的资本和劳动，而不统计为获得新技术进行研究和开发时投入的资本和劳动，后者的投入对产出的贡献在增长核算中就表现为不能用生产活动的资本和劳动的投入来解释的剩余。1987年诺贝尔经济学奖获得者罗伯特·索洛把这种剩余称为TFP（全要素生产率），并以此来代表技术进步。发展中国家在引进技术或产业时，通常是以购买包含有新技术的设备来实现，这样的技术进步和产业升级体现为资本量的增加，因此在增长核算中就不会表现为TFP。比较发达国家和发展中国家的经济增长及其来源，可以发现一个有趣的现象。发达国家，像美国，2/3的增长来自TFP，但是，经济增长率很低，每年只有3%左右。发展得好的发展中国家，像中国，经济增长率可以达到发达国家的3倍，甚至更高，但是TFP很低。那么，到底是以自主研发来获取技术进步并有高TFP但增长率低好，还是以引进技术设备来获取技术进步并有高增长率但TFP低好？答案是，发展是硬道理。发达国家如果没有TFP就没有技术进步，为了实现经济增长，它们只能自己从事高风险、高投入、低回报的TFP的研发。发展中国家既然有通过引进低风险、低投入、高回报的技术设备以实现技术创新和产业升级的机会，就不应该有TFP崇拜，等产业技术接近或达到世界前沿时，依靠自主研发来取得技术创新和产业升级才会成为必要的选择，那时，TFP也自然会水到渠成地成为经济增长的主要来源。

那么，今天的发展中国家是否只要遵循过去处于追赶阶段的美国、德国采取的办法，采用汉密尔顿、李斯特等经济学家提出的理论和政策就可以？其实也不尽然。因为在18世纪末19世纪初，美国、德国和当时世界最先进的英国的发展差距并不大，根据麦迪逊的历史统计数据，按1990年的国际元计算，在1820年时，英国、美国、德国的人均国内生产总值（GDP）分别为1 706元、1 257元、1 077元，分别约为英国的74%和63%，和英国相比资本并不算短缺，英国工业革命时的先进制造业是具有轻工业性质的纺织业和与其相关的设备制造业，美国、德国已经具备发展那些产业的资本禀赋条件，也就是已经具有潜在比较优势，它们需要解决的是对先行企业家给予外部性补偿和完善制造业发展所需的软硬基础设施。所以，美国、德国政府可以以当时英国的先进制造业作为本国产业政策要追赶的目标，给企业家提供上述帮助，从而使要优先发展的产业迅速从具有潜在比较优势变成具有竞争优势。二战以后，为帮助刚摆脱殖民地、半殖民地地位的发展中国家实现工业化、现代化，发展经济学从主流经济学中独立出来成为一个新的子学科，第一代发展经济学是结构主义，主张发展中国家的政府采用进口替代的产业政策来扶持先进制造业的发展以追赶发达国家，这个理论的政策目标及提出的措施和汉密尔顿、李斯特的理论相似。但是，按照结构主义制定政策的发展中国家，即使在政府的保护补贴下把一些先进制造业建立起来了，却普遍遭遇企业效率低下、经济发展停滞、危机不断的现实，最终造成经济发展不可持续，和发达国家的差距越来越大，并没有像美国、德国那样迅速成为先进的工业化国家。相同的政策目标和措施导致了两种截然不同的结果，原因在于二战以后推行结构主义贸易保护政策来发展制造业的发展中国家，人均GDP普遍不到美国的10%，不具备发展当时美国具有比较优势的资本密集型的重工业的要素禀赋条件，这些产业违反发展中国家的比较优势，拔苗助长的结果是企业在开放竞争的市场中缺乏自生能力，即使靠政府强力的资源动员和保护补贴把这样的产业建立起来，也会因非常没有效率而走向失败。

我最早思考需要构建中国自己的经济学理论的问题是1988

年，这一年，中华人民共和国自成立以来第一次出现了18.5%的高通货膨胀。1987年，我刚从美国芝加哥大学获得博士学位回国，在美国所学的理性预期宏观经济学理论主张用提高利率来抑制投资和消费需求以治理通货膨胀，这种理论认为总需求减少了，通货膨胀率自然会降下来，而且，只有好的投资项目能付得起高的利率，会被保留下来，差的项目则会被淘汰，这样也有利于资源的有效配置。然而，我国当时推行的是"治理整顿"，不动利率，而以行政手段砍投资、砍项目来压低总需求和通货膨胀率。从西方主流理论来看，这种行政手段难免因为信息的缺失而导致好的项目被砍掉，差的项目被保留，是错误的政策。但是，中国政府如果果真如此不理性，怎么能够在1978—1987年维持了9年平均每年9%的增长？在一个发展中国家，要实现一年9%的增长都不容易，何况是9年，在一个转型中国家这更是难上加难。从结果来看，中国政府是很理性的。经过仔细思考以后，我发现这是因为中国经济的前提条件和美国这样的发达国家不一样。中国作为一个转型中国家有大量的违反比较优势、大规模的、关系到国防安全和国计民生的资本密集型国有企业，这些企业在开放竞争的市场中没有自生能力，要依靠低利率的补贴来维持生存。如果政府为了治理通货膨胀提高利率，这些企业亏损增加，为了维持其生存只能由财政给予补贴，财政补贴造成财政赤字，政府只能靠增发货币来弥补财政赤字，结果又将引发新一轮的通货膨胀。发达国家可以用提高利率来治理通货膨胀，是因为发达国家不存在大量需要用低利率来补贴但又不允许其倒闭的企业，所以条件不一样，有效的治理措施也就不一样。

当发达国家的条件变了，适用的理论也会随之改变。既然发达国家的理论不能做到"百世以俟圣人而不惑"，发达国家和发展中国家有许多不同的条件，那么，如何能期望来自发达国家的理论在发展中国家"放诸四海而皆准"？而且，今天的发达国家在还处于发展中国家阶段时的条件，和今天的发展中国家的条件也不完全一样，所以，不能拿它们那时提出的理论和政策"依样画葫芦"。经济学的理论在发展中国家要发挥"认识世界、改造世界"的功能，不能只靠"西天取经"。

不过，发达国家的主流理论在发展中国家作为批判的武器特别有力量，以发达国家的理论来看发展中国家，可以指出发展中国家这里不对，那里不行。这主要有两个原因：第一，这些理论来自发达国家，发展中国家的知识分子和社会精英容易认为发达国家的制度和经验是先进的，发展中国家的制度和经验是落后的，发达国家做的就是对的，发展中国家不按那样做就是错误的；第二，这些理论一般是理想条件下的理论，转型中国家存在很多扭曲，扭曲有各种代价。发展中国家存在许多问题，很容易使发展中国家的知识分子和社会精英认为发展中国家的问题是因为没有采用发达国家先进的制度和按发达国家先进的理论来制定政策所致。在社会上普遍存在"西天取经"的心态下，用发达国家主流的理论作为批判发展中国家落后和扭曲的依据，就站在了道德的制高点上，可以获得许多掌声，也可以迷惑在生活上难免有这样那样不如意的一般群众，很容易形成社会思潮，在一些突发事件的推波助澜下就容易导致屡屡在苏联和东欧国家出现的颜色革命。

但是,按照发达国家的主流理论制定政策的发展中国家尚未有成功的先例,颜色革命使原来的社会经济问题更为恶化。极少数成功实现追赶的发展中国家和地区,在追赶阶段的政策从其所处时代的主流理论来看却是错误的。例如,19世纪美国的汉密尔顿和德国的李斯特所倡导和推行的贸易保护主义政策,从当时盛行的英国古典经济学自由贸易理论来看是错误的;二战以后,亚洲四小龙推行的发展传统小规模的劳动密集型加工业的出口导向政策,从当时盛行的主张采用进口替代发展先进的大规模制造业以追赶发达国家的结构主义理论来看是错误的;我国改革开放以后推行的渐进双轨制的转型政策,从当时盛行的新自由主义所主张的"华盛顿共识"休克疗法理论来看也是错误的。

中国的知识分子应该清醒地认识到,任何理论都内嵌于产生这个理论的国家所处的发展阶段的经济基础及其相应的上层建筑,不同发展程度的国家的问题即使看起来相似,照搬发达国家盛行的理论来解决问题,也常因为理论所内嵌的暗含前提在发展中国家不存在或是有差异,而导致"淮南为橘,淮北为枳"的问题。

要解决中国作为一个发展中、转型中国家现在和未来的问题,实现中华民族伟大复兴,我国经济学家就必须像18世纪末美国的汉密尔顿,以及19世纪初德国的李斯特那样,放弃照搬发达国家盛行的理论,而是实事求是,了解自己国家所要解决的问题的本质，以及自己国家的经济、社会、政治、文化的特性，提出属于自己的具有创新性的理论，使理论"认识世界、改造世界"的功能在我国统一起来。根据这样的努力提出的理论必然具有中国特色、中国风格、中国气派。

我国现在是世界第一大贸易国、第二大经济体，到 2025 年前后应该会跨过人均 GDP 12 700 美元的门槛成为一个高收入国家，使生活在高收入国家的人口占世界人口的比重由 15% 增加到 34%，我国的经济学界应该有自信来总结自己的发展经验和为解决自己的新问题提出系统性的新理论。同时，届时我国的发展水平和欧美等先进的老工业化发达国家相比，也不到他们的 1/4，我国还处于追赶阶段，出现在我国的问题，仍然需要继续解放思想、实事求是地提出符合我国经济、政治、社会、文化特性的理论来解决，这样才能实现在 2050 年把中国建设成为社会主义现代化强国的目标，实现中华民族的伟大复兴。

按购买力平价计算，我国现在已经是世界第一大经济体，到 2035 年建设成社会主义现代化国家时，按市场汇率计算也必将成为世界第一大经济体。像 20 世纪初世界经济中心从英国逐渐转移到美国一样，在 21 世纪，世界经济中心也必然逐渐转移到我国。18 世纪以来，世界经济中心一直是世界经济学的研究中心和大师辈出的中心，我们也应该有实力和自信，迎接世界经济学的研究中心向中国的转移。正如习近平总书记在哲学社会科学工作座谈会上所指出的："这是一个需要理论而且一定能够产生理论的时代，这是一个需要思想而且一定能够产生思想的时代。

我们不能辜负了这个时代。"提出具有中国特色、中国风格、中国气派的经济学理论体系是中国经济学界的时代机遇，也是时代责任。

二、创建中国特色、中国风格、中国气派经济学理论体系的两种范式

我国是社会主义国家，习近平总书记在哲学社会科学工作座谈会上的讲话指出："坚持以马克思主义为指导，是当代中国哲学社会科学区别于其他哲学社会科学的根本标志，必须旗帜鲜明加以坚持。"以马克思主义为指导来构建具有中国特色、中国风格、中国气派的经济学理论体系有两种可能的范式：一种是我国大学和研究机构里的政治经济学教研工作者所采用的方法，以马克思主义为指导，吸收现代经济学的一些成果，用马克思主义的立场、观点和方法来研究中国的经济现象和问题，以提出有别于西方主流的新的理论体系；另一种是像我近些年提倡的新结构经济学那样，以马克思主义为指导，用辩证唯物主义和历史唯物主义的观点和视角，借鉴现代经济学的分析方式来研究中国的经济现象和问题，以提出新的理论体系。

这两种范式有两个共同点：以中国的经济现象和问题为研究对象，以马克思主义为指导。

首先，新的理论来自对新现象的总结和为解决新的突出问题而提出。具有中国特色、中国风格、中国气派的经济学理论一定

来自对中国经济现象和中国问题的研究。这样提出的理论创新才能内嵌于中国的经济、社会、文化结构，才能在我国的经济社会发展中实现"认识世界、改造世界"功能的统一。正如习近平总书记在哲学社会科学工作座谈会的讲话中指出的："只有以我国实际为研究起点，提出具有主体性、原创性的理论观点，构建具有自身特质的学科体系、学术体系、话语体系，我国哲学社会科学才能形成自己的特色和优势。"

其次，马克思提出的辩证唯物主义和历史唯物主义，是马克思主义世界观和方法论的核心。辩证唯物主义认为物质决定意识，意识反作用于物质；历史唯物主义是辩证唯物主义在人类社会发展上的运用，阐明了经济基础和上层建筑之间的关系，指出不同发展程度的国家由于生产力水平不同，生产关系和适宜的软硬基础设施也不同，因此，即使面临的问题（如何创新技术，如何升级产业）相同，所需要的政策措施和制度环境也不一样。只有紧紧把握住马克思主义的这一核心观点，才不会误把适用于发达国家某个发展阶段及其结构特性的理论当作"放诸四海而皆准"的真理，在根据自己国家的现象和问题来构建理论时，才会有意识地去深入考察、理解自己国家所处的发展阶段，及社会、经济、文化结构的特性和这些特性对经济运行的意义，提出的理论才能够不仅具有中国特色、中国风格、中国气派，而且，也才能在解决我国的问题上实现"认识世界、改造世界"功能的统一。

反之，如果不以马克思主义为指导，即使研究的是中国现象，构建的理论也不能真正揭示中国经济现象的本质，解释其"道理、学理、哲理"。例如，中国改革开放这 40 多年来在经济发展上取得了举世瞩目的成绩，国外主流杂志上有不少相关文章，这些文章运用了复杂的数学模型，也有中国的经验数据的佐证，但多数发现采用了西方主流的产权理论的观点，把中国改革开放在经济发展上的成功归功于私有化。从表面上来看，这样的观点似乎有道理，改革开放初期，我国 80% 的 GDP 是国有企业创造的，现在国有企业创造的 GDP 只有 25% 左右，其他 75% 是民营企业创造的。国外盛行的产权理论认为民营企业比国有企业更有效率，我国转型的成功是由于把没有效率的国有企业掌握的大量资源重新配置到了有效率的民营企业。这种理论还认为我国现存的不少问题，如腐败和收入分配不公，是由于还没有完全实现私有化，没有效率的国有企业仍然需要政府的保护补贴，由此带来了干预扭曲。这样的文章似乎很有说服力，甚至可以在国际最有影响的杂志上发表。苏联、东欧在转型前和我国一样，所有的企业都是国有企业，现在它们的企业都已经私有化了，如果这样的文章真的揭示了我国改革开放取得经济稳定和快速发展的道理和学理，按照上述理论苏联和东欧转型后应该发展得比我国好。可是，它们却遭遇了经济崩溃、停滞、危机不断，我国则实现了稳定、快速发展；而且，困扰我国的腐败和收入分配问题它们也都有，并且普遍比我国严重。同时，上述理论如果真的揭示了我国转型成功的道理、学理，我国国有企业在国民经济中不仅比重要下降，产值的绝对量也应该下降。但是，实际上国有企业的比重虽然与改革开放初期相比下降了不少，绝对量却增加了10倍。所以，我国转型成功的道理不在于把资源从"没有效率"的国有企业配置到了"有效率"的民营企业。

要揭示我国作为一个发展中、转型中国家经济现象背后的"道理、学理、哲理"，要解决我国的经济问题，只有坚持马克思主义的视角才能认识到不同发展阶段国家的结构的内生性和转型中国家存在的各种扭曲的内生性，以及这种内生性对发展、转型和经济运行的影响，基于这种马克思主义的认识论才能真正把握现象的本质。以我国转型成功为例来说明，由于我国采取了务实的渐进双轨转型，对于关系到国防安全和国计民生的许多大型国有企业，在转型期给予必要的保护补贴，同时放开对符合我国比较优势的劳动密集产业的准入并对其进行因势利导，我国的经济才维持了稳定且快速的发展，在这个过程中，符合比较优势的民营经济发展得更快。随着经济的发展，对道路、交通、通信、电力等基础设施的需求增加，我国国力增强，也更有能力投资于关系国计民生和国防安全的产业。可见，我国的国有企业发展速度虽然慢于民营企业，但也同样在发展。

这两种范式的区别在于，是用马克思主义政治经济学的方法来分析和论述，还是借鉴现代主流的新古典方法来分析和论述。前者侧重于对生产关系的分析，有利于论述社会主义制度的优越性，对经济运行的研究则较少；后者侧重于以理性人的视角来分析，有利于研究经济运行的规律，但忽视了不同发展程度的国家结构差异的内生性及其对经济运行的影响。前者可以吸收现代经济学的成果，充实经济发展、转型和运行规律的研究；后者可从辩证唯物主义和历史唯物主义的视角出发，从每一时点的要素禀赋及其结构这一物质存在作为切入点，来分析不同发展阶段决定国家生产力水平的产业结构、技术结构的内生差异，进而分析这种内生差异下不同发展程度的国家的劳动分配、生产关系，以及作为上层建筑的各种合适制度安排和经济运行的规律。主流的新古典经济学缺乏历史唯物主义的视角，把存在于发达国家的产业、制度、文化、意识形态等结构作为唯一的结构，把发展中国家的各种问题都映射到发达国家的结构平面来分析，只要和发达国家存在不同便被认为是扭曲，形象地说，现在主流的新古典经济学是一个二维的经济学。新结构经济学秉承辩证唯物主义和历史唯物主义的世界观和方法论，是一个三维的经济学，它认为不同发展程度的国家具有不同的要素禀赋、产业、制度等结构平面。从一个生产力水平低的平面向生产力水平高的平面的升级属于发展的问题，从一个有扭曲的平面向没有扭曲的平面的转变属于转型的问题。新结构经济学的转型和传统的新古典经济学的转型目标不同，前者以转型到与各自发展水平相适应的制度安排为目标，后者以转型到发达国家的制度安排为目标。另外，不同平面的经济运行规律有不同的特征，例如，在技术创新和产业升级上，到底是应该自主研发，还是引进、消化、吸收、再创新等，对于不同发展程度的国家来说是不同的。

  上述两种范式所构建的经济学理论体系类似于我国传统哲学体系中的宋明理学和禅宗。在我国，自汉武帝罢黜百家、独尊儒术以后，儒学成为我国的正宗哲学，但是魏晋南北朝以后，社会动荡，入世的儒学不能解决世人内心的空虚和对生命终极意义追求的问题，到了唐朝，按照唐宋八大家之一韩愈的说法，知识分子非佛即道，虽然为了考取功名必须研习儒学，但是内心信奉的不是道家的玄学就是佛家的出世哲学。直到宋明理学吸收了佛家的心性之学和对人生以及宇宙终极真理的探索，才使儒学得以复兴，这犹如马克思主义政治经济学，吸收了现代西方主流经济学理论的精华，从生产关系的研究扩展到经济运行规律的研究。新结构经济学则像禅宗，佛教原为外来的出世宗教，与入世的中国本土文化存在巨大冲突。到了唐朝，六祖慧能发展了禅宗，吸收了儒家"仁"的核心精神，主张人人皆有佛性、见性成佛，把佛学从出世的关心自己的解脱变成入世的普世关怀，虽然保留了佛学的话语，但因为吸收、丰富了中华民族文化的内涵而成了中华民族文化不可分割的一部分。新结构经济学以马克思主义为指导，秉持辩证唯物主义和历史唯物主义的世界观，运用现代经济学通行的方法来总结我国的经济现象，分析出现在我国的突出问题，因此，类似于禅宗的做法。

中国经济学理论体系发展的这两种范式，可以说是你中有我，我中有你，虽然表述的方式不一样，但是研究的对象和指导的原则是一样的。政治经济学沿袭了马克思主义的语言体系，符合我国作为社会主义国家的意识形态，有利于把人民的思想、认识和行动统一到党和国家的政策主张上来。新结构经济学的论述方式和国外通行的新古典经济学的方式一样，有利于在国内知识界、舆论界和西方主流经济学进行理论竞争，让学习者比较和了解何者能够更好地将"认识世界、改造世界"的功能在我国的经济实践中统一起来，也有利于在国外传播中国智慧、中国道路、中国方案，提高中国的话语权和影响力。

三、经济学学科体系存在的问题和建议

学科设置和学科体系发展密切相关，目前我们经济学的学科设置存在三个方面的问题，极不适应以马克思主义为指导，构建具有中国特色、中国风格、中国气派的经济学理论体系的时代需要。

第一个问题是，教育部公布的学科目录有 14 个门类，经济学是其中的一个，经济学门类又分为理论经济学和应用经济学两个一级学科，这个设置方式暗示理论经济学的作用在于认识世界，可以不涉及如何改造世界，应用经济学的作用在于改造世界，不用在认识世界上做出努力。这样的设置方式完全违背了马克思辩证唯物主义所主张的认识世界和改造世界是两个不可割裂的过程的看法。认识世界的目的是改造世界，而改造世界则建立在对客观世界发展规律的认识之上，并且，要不断从改造世界的实践中提升对世界发展规律的认识。在教育部公布的 14 个学科门类当中，只有经济学门类把理论和应用分别设置为一级学科。

第二个问题是，经济学的二级学科共有 16 个，其中政治经济学是理论经济学的二级学科，国民经济学是应用经济学的二级

学科，只有这两个二级学科还保留了马克思主义的内涵和特色，仅占16个二级学科中的1/8。这一设置使各大学在经济学学科的资源配置和人才培养上将马克思主义的指导地位边缘化了。而且，在其他14个二级学科中，只要外国没有这样的专业设置，我国就也没有这样的专业设置，以至于有些对我国的经济社会发展至关重要的领域没有被列入二级学科。最为明显的就是我国作为一个发展中国家，发展经济学对我国的重要性不言而喻，但是，理论经济学和应用经济学这两个一级学科都没有把发展经济学设为二级学科。在国外，发展经济学曾经盛行一时，二战以后为了指导众多摆脱殖民地、半殖民地地位的发展中国家实现工业化、现代化，发展经济学从主流经济学中独立出来了，许多大学都有发展经济学的专业设置。但是，到了20世纪70年代以后，一方面，按照西方主流的发展经济学理论来制定发展政策的国家经济发展停滞、危机不断，和发达国家的差距越来越大；另一方面，新自由主义的思潮盛行，认为发展中国家只要按照发达国家的体制和理论来发展和运行其经济就可以了，发展经济学这个子学科因而式微。在美国除了威廉姆斯学院和范德堡大学就没有其他大学专门设置发展经济学的学位项目，受此影响，我国也就没有将发展经济学列入二级学科。在我国经济学学科设置中亟须重新确立马克思主义的指导地位，并且根据我国社会经济发展的需要重新思考经济学一级学科和二级学科的设置。

第三个问题是教材。我国现在各大学经济学学科所用教材基本上不是翻译自英文原版，就是根据英文原版来编写的，介绍的是总结英国、美国等发达国家的社会经济现象或为解决其突出问题而提出，并内嵌于其经济、社会、文化、意识形态的主流理论，这样的理论忽视了不同发展程度国家结构的差异性、内生性，以及存在的各种扭曲的内生性，以至于在发展中国家作为批判的武器很有力，但是作为改造世界的武器则经常苍白无力。习近平总书记在哲学社会科学工作座谈会上指出，"学科体系同教材体系密不可分。学科体系建设上不去，教材体系就上不去；反过来，教材体系上不去，学科体系就没有后劲"。我国当前经济学的教材体系很不利于具有中国特色、中国风格、中国气派的经济学理论体系的建设。

学科设置是指挥棒，各大学的师资、学生和资源都按照学科设置来配置，目前坚持马克思主义指导地位的政治经济学和国民经济学只是16个二级学科当中的两个，要招聘老师、培养学生都很难。要建设以马克思主义为指导的中国经济学理论体系，亟须改变当前经济学的学科设置。为此，我建议在经济学这一学科门类设置三个一级学科：政治经济学、新结构经济学、西方经济学，在三个一级学科之下再根据我国社会经济发展的需要设置若干二级学科。这三个一级学科中，前两者以马克思主义为指导来总结中国的经验，进行理论创新，并以此来编写教材，培养学生；后者仍然沿袭现在西方的主流经济学理论体系。三个一级学科的设置有利于立足中国、借鉴国外，有利于相互之间以其理论体系"认识世界、改造世界"的能力来竞争影响力和话语权，有利于"在指导思想、学科体系、学术体系、话语体系等方面充分体现中国特色、中国风格、中国气派"的经济学理论体系的建设和确立。

吾道不孤[①]

今天从早上到现在，我自己讲了许多话，也听同事、朋友、同学们讲了很多关于我的话。此时此刻，我心里只有三句话。第一，我是一个特别幸运的人。第二，我内心充满了感激。第三，我们是非常幸运的一群人。

首先，为什么我是很幸运的人？我深深地感受到我生活在一个非常幸运的大时代里，1952年，我出生时的台湾非常贫困，在成长过程中我目睹了台湾经济发展的奇迹。1979年，我刚到大陆的时候，大陆比我出生时的台湾还贫穷，后来大陆经济飞速发展，让我再次目睹了人类经济史上的奇迹。

中国的发展奇迹，让我有幸到世界银行工作，登上了小时候从来不曾想象过的国际舞台。那几年我经常访问世界各地贫困落后的国家，考察非洲的农村时不禁让我想起小时候住在小县城里，暑假到舅舅家帮忙做农活儿的场景，放牛、在田里捡稻穗的

[①] 本文根据林毅夫在庆祝林毅夫回国任教30周年学术研讨会上的总结发言整理。

影像不时涌现心头。有几次非洲农村的小孩，看到世界银行的副行长来了，还有一群大人陪着，他们也跟在后面，用充满羡慕的眼光看着我。小时候我也曾经有过类似的经验，舅舅家的村子里偶尔会有地方的小官来视察，村里的大人前呼后拥，我曾经也是跟在后面看热闹的许多小孩之一。我常想，非洲那些小孩将来会不会像我一样，有机会受到比较好的教育，有机会看到生他们养他们的国家摆脱贫困，有机会走上国际舞台……如果我没有赶上台湾和大陆大发展的时代，我会不会成为台湾一个小县城里庸庸碌碌的人？我的下一代会不会还是跟在大人后面看热闹的小孩？我有幸生于贫困，长于欣欣向荣的大时代，世界上许多国家的小孩，他们没有像我这样的幸运，他们可能生于贫困，长于贫困，甚至也死于贫困。

　　生活在两岸中国这个大时代里的不只是我一个人，能得到各位今天的赞誉，反思自己一路走来的经历，我觉得主要是因为我从小就遇到了很多在关键时刻帮助我的贵人。我家有六个孩子，我排行居中，上有兄长、姐姐，下有妹妹。我特别幸运，小时候不仅得到父母格外的呵护，而且兄长、姐姐也无私地帮助我，在我受教育、成长的过程当中，他们已经工作了，会省吃俭用给我买书、给我零用钱，照顾我、鼓励我。

　　结婚成家后，天涯旅居，聚少离多，妻子无怨无悔地一路跟随我。子女在成长的过程中对我也特别谅解。就像各位刚才讲的，在中国经济研究中心，我的办公室经常是朗润园里最晚关灯的，常年回到家里已是凌晨，孩子都已经熟睡了。他们读小学时，必须在五点起床七点赶到学校上早自习，一个星期难得见一次父亲的面，他们也没抱怨过我没有像其他父亲一样陪他们做作业，参加家长会。

我成长的过程中，从小学开始，到中学、大学，老师们也都格外关心我、帮助我。我特别感激小学时的李锡楼老师，是他发现了我这只丑小鸭；中学的莫凯老师让我了解到"人为刀俎、我为鱼肉"的民族悲哀；如果没有芝加哥大学舒尔茨教授的慧眼，我大概不会成为一名经济学家。

我在工作上也得到了很多同事和朋友的帮助。从军校毕业后到部队当了连长，当时的营长让我认识到青年人的担当。到了大陆以后，我得到了许多领导的关心，特别是在1982年接到舒尔茨教授的邀请到美国读书时，国家领导人能够以培养人才的胸怀放行。我从美国回来后，当时国务院农村发展研究中心的主任杜润生老先生，以老一辈革命家的胸怀来接受一位从海峡对岸过来的年轻人，给予我信任和重用。发展所的同事，包括当时的所长王岐山以及陈锡文、杜鹰、周其仁等人也不把我当作外来的人。开始时，我确实不了解中国的国情，如果说我现在对中国经济问题把握得比较好，都是因为在发展所那几年从他们那里补了作为研究中国问题的经济学家最欠缺的一课。在发展所工作时，我同时也在北大兼职当副教授，曾与平新乔、孙来祥等当时也都正处青春年华的同事共同推动北大经济学教育的革新。

后来中国经济研究中心成立了，成立初期，其他几位创始同事对中心的发展做了诸多贡献。双学位的构想是易纲提出来的，海闻作为主管行政的副主任设计了许多制度安排，张维迎给国内带回了博弈论，后来周其仁、宋国青、卢锋的加入提升了政策研究的水平，因为胡大源的无私奉献才有了 MBA 和 EMBA 的项目，以及中心持续发展所需的资金。张佳利、邢惠清、赵普生、行桂英、陈曦等给中心打造了一个服务教学科研的行政文化。正是因为有这样一群有共同的情怀、责任和抱负的青年人，才创造出了中国经济研究中心这段历史。

在研究的道路上，我也得益于很多朋友的帮忙，蔡昉和李周是我早期的主要研究伙伴。澳大利亚国立大学的郜若素、德莱斯戴尔，香港科技大学的郑国汉、雷鼎鸣，大陆的韦森、张军、史晋川、巫和懋、张晓波、鞠建东、文一等则帮我在切磋中前进。同样重要的是学生们，从他们那里，我体会到了什么是教学相长，刘明兴、张鹏飞、胡书东、盛柳刚、陈斌开、徐朝阳等为我在芝大的约翰逊讲座和在剑桥大学的马歇尔讲座提供了许多帮助。新结构经济学研究中心成立后，在徐佳君、王勇、付才辉、陈曦的同心协力下，短短一年多的时间里，就在国内、国外产生了不小的影响。

要不是有这样的一个伟大的时代和这么多人的帮助，不可能有今天的我。上个月，《解读中国经济》的第十种语言版——阿拉伯语版在阿联酋的国际书展上发布，主办方举办了一个对话会，和我对话的是阿布扎比的文化局局长，他说这本书结构宏伟、逻辑清晰，特别有助于读者了解中国经济的过去、现在和未来，问我是如何写出来的。我回答，其实这本书不是为了帮助读者了解中国,我写这本书,去做那些研究,是为了帮助我自己了解中国,我很高兴在帮助我自己增进了解之外,也能够帮助其他人了解中国。作为一位研究经济发展的学者,我何其有幸能够两次亲历人类历史上的增长奇迹,在帮助我自己了解这些奇迹背后的道理和其他发展中国家的成功的经验和失败的教训时,我积累了许多和现在主流理论不一样的观点,抱着野人献曝的心情,我称之为"新结构经济学",我希望这些研究也能够帮助世界上许多仍然深陷贫困陷阱的国家找到一条走向繁荣的道路,我衷心希望前面提到的曾经跟在我后面的那些非洲小孩也能够生于贫困、长于欣欣向荣。

今天这个会最让我高兴的是,我感受到了"吾道不孤"的喜悦,在各位的发言中,我觉得我们有了中华民族的伟大复兴不是一个遥不可及的梦的共同认识,我很高兴大家都赞同21世纪会是中国经济学家的世纪。今天与其说是庆祝我回国任教30周年,不如说是在座的各位以及我自己的一个新的起点,大家一起推动中国经济学科的发展,贡献中国的智慧于世界,"己立立人,己达达人"。我们现在做的仅仅是一个起点,未来的天地会更宽广,未来的成就会更大。我今年65岁,按现代人的标准还只是青年,但和在座的许多同学们比,就像毛主席曾经讲的,"世界是你们的,也是我们的,但是归根结底是你们的"。今天最主要的意义在于,未来的世界是属于中国经济学家的世界,是我们在座的每一个人的世界,尤其是年轻学者的世界。

21世纪，世界经济学研究中心在中国[①]

夏斌先生、各位学界的朋友，我首先要感谢当代经济学奖，把2019年的奖项授予我和魏尚进，我也要恭喜2018年的获奖者王江教授和熊伟教授。

来领奖之前，夏斌先生就问我想在这个会上讲讲什么，后来我想，我发表的文章大部分人都看过了，所以我就说，我谈谈中国经济发展和经济学的理论创新吧。

当我想谈这个题目时，我就想到1995年《经济研究》创刊40周年时邀请我写的一篇祝贺文章，标题是《本土化、规范化、国际化》，其含义是，如果我们用规范的经济学的方法来研究中国本土的问题，所取得的成绩应该就是国际性的贡献。

这次获奖是凭借我于1992年发表在《美国经济评论》上的一篇关于中国农村改革的文章，那篇文章就是用规范的经济学方法来研究本土问题的。它所取得的成绩，通过这次获奖而得到了

---

① 本文根据林毅夫在第二十届中国经济学年会上的发言稿整理。

肯定。在国际上，那篇文章也算是被引用率最高的文章之一。

在那篇文章中，我还做了两个预测，我预测21世纪，中国会是世界经济学的研究中心，21世纪会是经济学大师，引领思潮的大师，在中国辈出的世纪。

1995年，在中国经济学家中，在国际上有影响力的，我算来算去不超过5个人。而从国内来看的话，1995年在国内受过完整经济学教育的，到底有几个人？（海闻跟我在中国经济研究中心，当时我们只有6个人，）全中国加起来不超过10个人。那时的我们，在大量地学习西方经济学。

我在那篇文章中预测了21世纪中国会是世界经济学的研究中心、21世纪会是经济学大师在中国辈出的世纪。那时候，我想很多人都认为我是异想天开。但这并不是胡猜乱想，我是根据经济学的发展史和经济理论的本质来做的论断。

我想在座的各位都是读经济学的，现代经济学自1776年亚当·斯密出版《国富论》才从哲学中独立出来，成为一个社会学科。从1776年到二战以前，世界经济学的中心是英国，引领世界经济思潮的大师不是英国人，就是在英国工作的外国人，其他地方不是没有，但数量少得多。二战以后，世界经济学研究中心是美国，引领世界经济学思潮的大师不是美国人，就是在美国工作的外国人，其他地方不能说没有，但跟美国比起来，要少得多。

为什么世界经济学的研究中心和大师产生的中心，会呈现出时空的相对集中性呢？我想这是由经济学理论的本质决定的，因为任何理论其实都是一个非常简单的因果逻辑，包括你用很复杂的数学模型，也是在写一个很简单的因果逻辑，而且这个逻辑应该是越简单越好，而不是越复杂越好。

既然逻辑越简单越好，你怎么能说哪个经济学家提出的逻辑重要，所以他就是大师，另外的经济学家提出的逻辑不是那么重要，所以他们就是一般的经济学家。怎么来判断这些逻辑的重要性？这不决定于逻辑本身，而决定于它所解释的现象，对现象的解释包括对过去经验的总结或是对当前问题的意识或解决思路。但什么叫重要的现象？发生在重要国家的现象，就是重要的现象。

我们知道亚当·斯密出版《国富论》的时候，英国已经是欧洲最发达的国家，工业革命刚开始。一直到二战以前，英国都是世界经济的中心，发生在英国的经济现象，就是最重要的现象。我们所读的亚当·斯密、李嘉图的作品，都是在研究英国的现象，因为英国重要，它的现象重要，解释那些现象的理论就是重要的理论，提出这些理论的经济学家，就是大师级的经济学家。

一战以后，世界经济中心逐渐向美国转移，到了二战结束的时候，美国一个国家的经济总量占全世界的一半。这个时期发生在美国的现象的重要性，就比发生在英国现象的重要性高一些。随着世界经济中心向美国转移，到二战以后，基本上我们能想到的大师级的经济学家都转移到了美国。

1995年，中国还那么穷，才刚刚开始引进西方经济学，我怎么有那个底气预测21世纪中国会是世界经济学的中心、21世纪会是经济学大师在中国辈出的世纪呢？

1994年，北大成立了中国经济研究中心，我跟海闻等几位教授推广现代经济学在中国的传播，还出版了一本名为《中国的奇迹》的书。在这本书里，我们提出了一个判断，中国当时是很穷，但只要沿着当时所采取的"老人老办法、新人新办法"的渐进双轨的改革方式，一方面维持经济稳定，一方面在市场领域发挥比较优势，充分利用后来者优势，那中国应该可以实现稳定、快速的发展。

1995年中国的经济规模占世界的比重很低，还不到5%，但在那本书中，我们预测按照购买力平价计算，到2015年的时候，中国的经济规模会超过美国，变成世界第一大经济体；按照市场汇率计算，中国的经济规模在2030年会超过美国，变成世界第一大经济体。

即使未来我们超过美国，成为世界第一大经济体，由于我们的人口数量是美国的4倍，我们的人均GDP才是美国人均GDP的20%~30%，我们还是有后来者优势，我们的经济还可以比美国和其他发达国家发展得更快，所以世界经济中心向中国转移，是不可阻挡的。

正因为我相信自己在《中国的奇迹》里做出的判断，相信我对经济学的本质的分析是正确的，所以我预测，21世纪世界经济学的研究中心会在中国，当世界经济中心在中国，世界级的经济学家，不是中国人，就是在中国工作的外国经济学家。就像从亚当·斯密以后一直到二战以前的英国一样，或者是与二战以后的美国一样。

我很高兴自己在《中国的奇迹》那本书中大胆地提出了这一论断。那时大家都认为林毅夫太乐观了，但实际上，到了2014年，按照购买力平价计算，中国的经济规模已经超过了美国。按照市场汇率计算，中国的经济规模将在2030年超过美国，基本上已经成为世界上的共识了。

我对中国经济的判断基本是正确的。那么，要如何让世界经济学的研究中心转移到中国来呢？要让世界经济学的研究中心转移到中国来，让经济学大师在中国辈出，必须研究中国现实的问题。但在研究中国现实问题的时候，怎么来研究才能真正做出理论创新的贡献呢？

在这里我提两点，第一，要了解中国与发达国家的发展程度是不一样的，从产业结构到金融结构、法律结构都有差异，而这些差异是内生的。第二，中国是一个转型中国家，有很多扭曲，这些扭曲都有代价，而且这些扭曲也是内生的。

我在这里简单讲两个例子，我们的金融应该服务实体经济，但发达国家的实体经济与发展中国家的实体经济是不一样的。如果你读过现代主流经济学教科书或者文献，会发现公司理财是金融研究的主要课题之一，另外一个是资产定价。公司理财会讲股票市场、风险资本、银行等，这对发达国家的资本密集型产业是非常合适的。对于它们的技术创新必须靠自己发明，这也是非常合适的。可是在中国，50%的税收来自微型、小型、中型企业，70%的GDP来自农户加上微型、小型、中型企业，80%以上的就业来自农户、微型、小型、中型企业。我们所学的公司金融理论，怎么解决这样一个实体经济的金融需求？我们都知道金融要服务实体经济，如果你不了解这个结构差异，你的研究虽然可以在国际顶级期刊上发表，却不能解决中国这样一个发展中国家实体金融的需求。

我再讲另外一个，结构的扭曲性是内生的，最令人印象深刻的是，在1988年，中国第一次出现了18.5%的通货膨胀。大家都认为，只要提高民用利率，增加投资成本，减少消费意愿，总投资一除下来，通货膨胀就可以解决了。

理论上讲得非常清楚，这是不错的办法，只有好的投资项目会被保留下来，坏的投资项目会因为高利息而被淘汰掉。消费也一样，只有重大消费被保留。但中国当时民用利率不动，采用的方法是治理整顿，用行政手段砍投资、砍项目。如果政府用行政手段砍投资、砍项目，一定会导致很多好项目被砍掉。

我自己也看到过好的项目被砍掉，当时北京二环内的新大都饭店计划盖一个18层的新楼，盖到13层时就被砍掉了，变成了烂尾楼。1988年，北京的饭店非常少，那么好的楼变成烂尾楼，不就是乱作为嘛，当时写了一篇公开文章批评中国政府不懂宏观治理。如果不写公开的文章，我可以向政府高层提建议，就说提高民用利率就可以解决这些问题。

中国的GDP从1978年到1987年，维持了9年平均每年9%的增长。一个发展中国家取得一年9%的增长很难，而我们取得了连续9年的稳定、高速增长。其他转型中国家一转型经济就崩溃了，而中国则实现了稳定、高速增长。中国政府绝对不是不理性的，但它的决策选择跟我读的理论模型里面的政府的理性的选择不一样，是谁错了呢？理论的假设条件不一样嘛，因为国外不像中国当时那样有大量规模很大、资本很密集、又没有比较优势的国有企业。如果没有廉价的资金，这些企业都活不了，用今天的话来讲，就都是僵尸企业。

对于这样的企业我们只有两种选择，一种是提高利率，让它亏损倒闭。但倒闭后失业怎么办，国防安全怎么办，当时里面还有电力、电信行业，如果让它倒闭，经济怎么运行？当提高利率后，这类企业的亏损增加，财政补贴就增加，财政赤字就增加，财政赤字一增加，就会导致货币化，并进一步导致通货膨胀。

如果你了解中国有很多内生性扭曲，就会发现很多标准的理论，在这样一个发展中国家是不适用的。我们现在读的主流经济学理论，对于中国的问题大概都有讨论，好像也都能解释。但我们知道，目前的主流经济学，绝大多数是单部门模型，认为发展中国家和发达国家只有量的差异，没有质的区别。即使是多部门模型，也是把发达国家的结构作为唯一的理想的结构。只要发展中国家跟发达国家的结构不一样，那就是扭曲，就必须根据发达国家的结构去改进。但我们发展中国家与发达国家相比，发展的条件不一样，顶部条件不一样，比较优势也不一样。所以我们要做原创贡献，一方面要研究实际问题，一方面要了解结构的差异，而且这种差异是内生的。要了解我们有很多扭曲，这些扭曲也是内生的。

如果从这两个角度来做研究，你会发现有很多进行理论创新的机会，而且随着中国经济规模的扩大、在世界的影响力扩大，我相信这些研究的重要性会越来越大。我相信随着中国变成世界最大的经济体，研究中国的经济学家，不管是在座的各位，还是国外的老师们，都会从中国这些现象当中做出原创性贡献，那么大师级的经济学家就会从做这些提出有原创性的理论模型的经济学家中产生。

这是一个需要理论也必然产生理论的时代，这是一个需要思想也必然产生思想的时代，我们不能辜负这个时代，我们非常感谢这个时代，感谢有这么多志同道合的人，感谢主办方组织中国经济学年会这样一个活动来让我们交流研究成果，用当代经济学奖来鼓励我们做原创的研究。让我们不要辜负这个时代，抓住这个时代的机遇，做出原创性的贡献。

21 世纪是中国经济学家的世纪[①]

1994 年，我和易纲、海闻、张维迎、张帆、余明德等六人在北京大学创办中国经济研究中心，这是国内第一所以海外学成归国学者为主体成立的融教育、科研、政策研究于一体的实体机构，目的在于引进完整的现代经济学学科和理论体系，为中国社会主义市场经济的建设教书育人，立足本土深化理论探索，以贡献智慧于改革开放的事业。在北京大学成立中国经济研究中心以后，其他院校也纷纷引进人才或设立了同样目的的研究中心，不几年以现代经济学的理论来进行教育、科研、政策研究的事业在我国各高校蔚然成风。

到了世纪之交，从海外学成归国的经济学人以及国内自己培养的经济学博士、硕士人数渐多，从事经济学科研的队伍日趋壮大，我国亟需有一个新的、高水平的发表平台来倡导合乎国际规

[①] 本文根据林毅夫应邀为《经济学》（季刊）创刊 20 周年而作的文章整理，曾发表于《经济学》（季刊）2021 年第 21 卷第 5 期。

范的研究，并交流来自我国的科研成果。以此为目的，在2001年严复翻译出版《国富论》100周年之际，由北京大学中国经济研究中心主办、北京大学出版社以书代刊的方式出版了《经济学》(季刊)(以下简称季刊)，并于2010年获得了正式刊号。

季刊采用国际通行的匿名审稿制度，发表以严谨规范的方法所做的原创性理论和经验研究，以及对前沿成果的综述和评论的论文，经由创始主编姚洋教授以及其他主编、副主编和编辑部全体同仁的共同努力，季刊迅速得到经济学界同仁的认可，成为国内经济学界的顶级期刊之一。20年来，季刊为中国经济学科的发展做出了不可磨灭的贡献。

季刊在创办时还提出了"当中国成为世界上最大的经济体之时，研究中国经济所取得的成就也就是世界级的成就"的判断，并以此和学界同人共勉。这个判断最早是我在1995年《经济研究》创刊40周年时发表的祝贺文章《本土化、规范化、国际化——庆祝〈经济研究〉创刊40周年》一文中提出的。在那篇文章中，我大胆预测：我国经济学人只要以规范的方法来研究中国的本土问题，21世纪中国将会成为世界经济学的研究中心，21世纪将会是经济学大师在中国辈出的世纪。

上述文章发表时，在全世界有影响的华裔经济学家不会超过5位，从国内来看，北京大学中国经济研究中心刚刚创办一年，在国内年轻一代的经济学人中，受过完整的现代经济学教育的老师也就只有中国经济学研究中心那6位，我国的经济学界才刚刚处于引进学习西方经济学的早期阶段。当时我国经济界虽然仅处于萌发阶段，我对未来的预断则是源于对经济学理论创新本质的认识。

我们只要稍微回顾一下现代经济学的发展史，就不难发现，从1776年亚当·斯密出版《国富论》，经济学从哲学中独立出来成为一门独立的社会科学开始，一直到20世纪30年代，引领世界经济学理论思潮的大师基本上不是英国人就是在英国工作的外国人，二战以后一直到1995年我发表那个论断时，引领世界经济学理论思潮的大师不是美国人就是在美国工作的外国人。在那两段时期，其他国家即使有经济学大师也是凤毛麟角。

为何经济学大师产生的国家会有上述时空的相对集中性？我想这是由经济学理论的本质决定的。经济学的每个理论和任何其他学科的理论一样，都是一个非常简单的因果逻辑，理论的重要性不取决于理论的逻辑，而是取决于该理论所要解释的现象或要解决的问题的重要性。何谓重要的经济现象或问题？其实就是发生在世界上最重要的国家的经济现象或问题，因此，解释那个国家的现象或解决那个国家的问题的经济学理论就是最重要的理论，那样的理论的提出者就成为世界级的大师。

在亚当·斯密出版《国富论》的1776年，英国已经开始了工业革命，成为欧洲最大、最发达的国家，直到一战，英国都是世界经济的中心，那时发生在英国的经济现象或问题就是对世界影响最大、最重要的经济现象和问题。一战之后，世界经济中心逐渐转移到了美国，到二战结束时，美国的经济总量占全世界的一半，发生在美国的经济现象和问题就成了世界上最重要的经济现象和问题。经济学家在解释所处时代的现象或解决所遭遇到的问题时有近水楼台先得月之便，因此，绝大多数世界级的经济学大师也就出现在作为世界经济中心的国家。

1995年，中国是一个人均GDP按现价美元计算只有610美元的低收入国家，经济总量只是美国的9.6%，在全世界经济的占比只有2.4%，即使按购买力平价计算也只有6.1%，那时中国经济学界也才刚刚引进、普及西方经济学的教育，试图让中国的经济学科与世界接轨。不过就在1994年创立北京大学中国经济研究中心的同时，我和蔡昉、李周合作出版了《中国的奇迹》，书中预测我国只要继续解放思想、实事求是，沿着当时采取的渐进双轨制的转型方式，在维持经济稳定的同时，发挥比较优势以充分利用后来者优势，我国经济可以取得长期快速的增长，按照购买力平价计算，到2015年时，中国的经济规模会超过美国，按照市场汇率计算，到2030年时中国的经济规模也会超过美国，成为世界第一大经济体。而且，即使到那时，由于中国的人口是美国的4倍，人均GDP只是美国的25%~30%，因而中国还会有后来者优势，中国经济仍可以发展得比美国和其他发达国家快，世界的经济增长会主要来自中国，世界经济中心也就会转移到中国。

当中国成为世界经济中心的时候，出现在中国的经济现象和问题自然会是对世界经济影响最大的现象和问题，在了解中国的经济现象或解决中国经济的问题上，中国经济学家同样会有近水楼台先得月之便，因此，引领国际经济学理论新思潮的大师级经济学家也会随着世界经济中心的转移在中国出现。

我很高兴按购买力平价计算中国的经济规模已经在 2014 年成为世界第一。按市场汇率计算，中国经济规模在 2030 年左右超过美国也已经成为国际发展和金融机构的共识。那么，当中国成为世界经济中心时，引领世界经济学理论新思潮的大师在中国辈出的预测如何才能成为现实？在我看来，关键仍然是 1995 年那篇文章所强调的"本土化、规范化、国际化"，不过在以规范方法来研究本土现象或问题时，必须改变目前中国经济学界从"西天取经"时代遗留下来的、以现有的理论来解释出现在中国的经济现象或问题，或以中国资料来检验现有理论的习惯做法，中国经济学家在面对出现在中国的经济现象或问题时，必须把握中国作为一个发展中、转型中国家的特殊性，尤其是影响中国经济发展、转型、运行的各种经济结构与发达国家的内生差异性，以及存在的许多从主流理论来看属于扭曲的问题的内生性。

现代经济学自成为一门独立的社会科学至今，研究中心一直在发达的英国和美国，在将近 250 年中经过无数位经济学大师的努力，已经枝繁叶茂，关系经济发展、运行的方方面面确实都有成熟的理论。不过，任何理论作为一个简单的逻辑体系，必然由理论提出者经过抽象和舍象两个过程来构建，也就是，理论提出者从其所处国家成千上万的社会经济变量中，找出关键性的变量保留在理论中作为因变量，来解释所观察到的现象或解决所遭遇到的问题，而舍象其他非关键性变量，也就是对其他非关键性变量存而不论，这些被一个理论舍象的社会经济变量，就成了这个理论的暗含前提，或控制论的状态变量。这些被一个理论舍象的社会经济变量若发生了关键性变化，原来的理论就失掉了解释社会经济现象或解决社会经济问题的能力，而会被一个新的理论所取代。也就是因为这样，在英国、美国的经济学界江山代有才人出，各领风骚数十年，新的经济学理论和经济学大师不断涌现。

任何理论的适用性取决于理论的前提和暗含前提是否不变，来自发达国家的经济学理论，在发达国家随着社会经济条件的变化而不断推陈出新，因此，来自英美发达国家的经济学理论，不是"百世以俟圣人而不惑"的真理，在中国是否可以做到放诸四海而皆准？

发生在中国的许多现象或问题，虽然似乎都有现成的理论可以解释或解决，但中国作为一个发展中国家和发达国家相比，由于发展程度不同，许多发达国家的理论所舍象并作为暗含前提的社会经济变量，很可能有关键性的差异。即使中国经济规模达到美国的两倍，人均收入也只有美国的一半，因此，要素禀赋结构不同，具有比较优势的产业不同，规模经济和风险特性也不同，相适应的公司治理、金融、人力资本、监管、财政政策、货币政策等也会不同，这些不同是内生于一个经济体中每一个时点给定、随着时间可变的禀赋结构的差异。

另外，中国作为一个转型中国家，经济体系中存在许多从现有理论来看比较扭曲的社会经济变量，但是，这些扭曲的出现不是随机的，都是有原因的，也就是说，这些扭曲也是内生的。由于中国和发达国家在社会经济结构方面存在的内生差异，运用现有的主流理论来解释中国的经济现象时，难免"有失之毫厘，谬以千里"的问题，用现有的理论来解决中国的问题时，也难免会有"淮南为橘，淮北为枳"的遗憾。所以，运用现有的、来自英美国家的理论来解释出现在中国的经济现象或问题，或以中国的资料来检验现有的理论的做法，写出来的论文可以看似很严谨并符合现有理论的预期，进而容易被已经接受主流理论的国内外学界所接受和发表，但很可能没有抓住中国现象和问题的本质。

中国改革开放以后的经济发展被称为奇迹，也就是中国发展的成功和存在的问题不能用现有的理论来解释，然而成功和问题必然有其道理，把这些道理揭示出来就是推动经济学发展的理论创新。中国在未来的发展过程中还会有许多新经验和新问题，这些经验和问题仍然需要有抓住其背后因果机制的新理论来解释和解决。中国经济学界若能在做研究、写论文时把握住中国经济结构和扭曲的两个内生性，就能更好地了解中国过去、现在和未来的各种经验、现象和问题背后的道理、学理、哲理，就能产生许多和现有主流理论不同的新理论、新观点。这些年来我倡导的新结构经济学就是往这个方向所做的努力。

当中国在 21 世纪中叶前发展成为世界上最大的经济体时，中国的经济现象和问题也必然会成为对世界经济影响最大、最重要的经济现象和问题，这给了近水楼台的中国经济学家一个引领世界经济理论新思潮百年不遇的机遇。季刊自创刊以来，在过去 20 年已经为中国经济学科的发展做出了巨大的贡献，期盼未来季刊在倡导以规范的方法来研究中国的本土问题时，能够多发表自觉地把中国经济结构和扭曲的内生性作为研究切入点的理论和实证研究的论文。这样的研究成果才能够实现在中国认识世界和改造世界目标的统一，这样的理论创新才会令世界经济中心转移到中国时，世界经济学的研究中心也转移到中国，引领世界经济学理论新思潮的大师级经济学家在中国辈出的时代就会到来。只要思路对了，做出努力，21世纪必然会是属于中国经济学家的世纪。期盼季刊不忘初心，继续以此目标的实现为宗旨来办刊。

迎接世界级经济学大师在中国辈出时代的到来[①]

同学们，大家好。我是北京大学教授林毅夫。今天非常高兴来和各位谈谈我倡导的新结构经济学，以及大家会有一个非常好的时代，因为这将是一个经济学大师在中国辈出的时代，这是我想讲的主题。

我知道现在大家在家里抗击新冠肺炎疫情，同时又非常辛苦地准备高考。大家是年轻人，毛主席说你们像早上八九点的太阳，你们是国家未来的希望。高考对你们来讲是人生非常重要的选择，你们的选择不仅会决定你自己的一生，而且也会决定国家的未来。

每年有将近 1 000 万人准备高考，我知道有超过 100 万人会进入经济管理学科。当中单单学习经济学的，大概就会有 25 万人。我要提前恭喜这 25 万人，因为你们抓住了一个大好的时代，你们当中有很多人将来可能会成为引领世界经济学理论思潮

---

① 本文根据林毅夫 2020 年 3 月 28 日在众多线上平台"云开讲"的讲话整理。

的大师。

我想各位知道，经济学是在1776年亚当·斯密出版了《国富论》以后，才从哲学中分离出来，成为一门独立的社会科学。从亚当·斯密1776年将经济学独立出来一直到20世纪30年代，世界上著名的经济学大师基本上不是英国人，就是在英国工作的外国人。亚当·斯密、李嘉图、马歇尔、凯恩斯都是英国人，马克思是德国人，但他在英国工作。到二战以后，世界上著名的经济学大师基本上不是美国人，就是在美国工作的外国人，像弗里德曼、萨缪尔森、科斯、哈耶克都来自美国。为什么这些世界著名的经济学大师会集中出现在一个国家，而且集中出现在一个时代，这是由经济学作为社会科学的本质决定的。因为经济学作为一门社会科学，每个理论都是几个很简单的变量之间的因果逻辑体系，而且这个逻辑体系越简单越好。既然这个理论、逻辑越简单越好，怎么能说这个理论是重要，那个理论不是那么重要？决定因素是这个理论所解释的现象的重要性，一个现象越重要，解释这个现象的理论就越重要。什么叫重要的现象？发生在重要国家的现象就是重要的现象。

我们知道工业革命发生在18世纪末的英国，也就是亚当·斯密发表《国富论》的前后，一直到一战时，英国引领工业革命，它是当时世界上最大的经济体，是世界的经济中心。发生在英国的现象，就是最重要的现象。

在解释经济现象的时候，这个国家的经济学家往往是近水楼台先得月，因为经济现象错综复杂，怎么从错综复杂的现象中抽象出几个变量来构建一个理论呢？通常只有生长在这个国家，或者是工作于这个国家的经济学家才能够比较好地把握这些现象，这就是为什么当英国是世界经济中心的时候，它也是世界经济学的研究中心，是经济学大师辈出的中心。

我想各位同学也很清楚，后来世界第一大国变成了美国。随着世界经济中心的转移，世界经济学的研究中心也跟着转移，二战以后，美国的经济占当时全球经济总量的50%，美国的经济现象也变成了世界上最重要的经济现象。在20世纪五六十年代，报纸上经常用的一个比喻是，美国经济打个喷嚏，世界上其他国家的经济就会患重感冒。去研究美国经济怎么打喷嚏，会比去研究周边的国家怎么患重感冒所能产生的影响更大，所以世界经济学的研究中心就转移到了美国。从二战以后到现在，基本上我们能想到的世界经济学大师都是美国人，比如弗里德曼、萨缪尔森，或者是在美国工作的外国人，比如科斯、哈耶克。

按照这个规律，我相信世界经济学的研究中心会转移到中国来，我想大家都知道，中国原来是世界鼎盛的国家，我们的经济、社会、文化是领先于全世界其他国家的。但是18世纪工业革命发生以后，中国没有赶上世界的步伐，在很短的时间内，我们就从一个鼎盛的国家变成人为刀俎、我为鱼肉的落后的发展中国家。但是与各位一样，中国的知识分子向来是以天下为己任的，所以追求中华民族的伟大复兴，成了鸦片战争以后每一代知识分子的共同追求。经过几代人的努力，1949年中华人民共和国成立，1978年年底开始改革开放，我们迎来从1978年到2019

年前后40余年，平均每年9.3%的增长率。在人类历史上，还不曾有任何国家、任何社会以这么高的增长率持续发展这么长的时间。

过去这40多年真是发生了翻天覆地的变化。因为经过这40年的高速增长，根据世界银行、国际货币基金组织的统计指标，按照购买力平价计算，中国在2014年的时候已经超过美国成为世界最大的经济体。我在这里解释一下，什么叫购买力平价呢？也就是说同样1美元在不同的国家能够购买的东西不一样。举一个具体的例子，麦香鸡汉堡套餐在中国的售价是15元，换成美元是2.2美元。同样的套餐在美国要卖5美元，所以我们的物价比美国低，同样的1美元在中国能买的东西比在美国多。在比较各个国家的实际经济规模的时候，经济学家根据各个国家的物价水平计算每个国家同样的1美元能买到的东西，这就是购买力平价。按照这种方式计算，我国在2014年的时候就超过了美国，成了世界最大的经济体。而且长远来看，我们的经济还会以比发达国家更快的速度发展。我想各位在读书的时候也注意到了，我们的国家的增长率原来是每年9个多百分点，从2010年以后就逐渐下滑到6%左右。但6%左右是什么概念？发达国家过去100多年的增长平均每年是3%，2008年国际金融经济危机发生以后，它们的经济增长率又下了台阶，现在的增长率也就是2%左右。

我们有6%左右的增长，每年比它们高了4个百分点，所以国际上有很多研究机构，包括世界银行、国际货币基金组织预测，最慢到 2035 年，当我们把中国建设成社会主义现代化强国的时候，即使按照汇率（不调整物价水平的汇率）计算，中国也会变成世界最大的经济体。中国人口这么多，底子这么薄，怎么可能取得这样持续的快速增长呢？国内、国外都称这是一个奇迹。所谓奇迹是什么？就是不能用现有的理论来解释的现象，但这些现象的发生一定是有道理的。

从二战以后到现在，原来有 200 多个发展中经济体，都希望像中国一样实现工业化、现代化。但到现在为止，从低收入进入高收入的经济体只有两个，一个是中国台湾地区，一个是韩国，而到 2035 年之前，估计到 2030 年的时候，中国就会变成二战以后第三个从低收入进入高收入阶段的发展中经济体。更重要的是，那时中国将成为世界最大的经济体，发生在中国的现象会是最重要的经济现象。通过了解这个现象背后的原因所提出来的理论，将是最重要的理论。

2030 年、2035 年是什么概念？今年是 2020 年，大家在准备高考。你们进了大学先读四年本科，再读五年左右的研究生拿博士学位，如果从事经济学研究的话，2030 年就正好是你们的时代啊。那时候中国会是全世界最大的经济体，中国会是影响世界经济发展的最重要的国家。

了解中国的经济现象，提出它背后的原因的理论将是最重要的理论。提出这些理论的经济学家，就会是引领世界经济学理论思潮的大师。有这么一个时代，你们很幸运啊！就像毛主席说的，这个世界是你们的，也是我们的，但是归根结底是你们的！

重要的不是你们可以成名成家，而是你们提出的理论将会贡献于中华民族的伟大复兴。我们知道，现在生活在发达国家的人口只占世界总人口的15%，还有85%的人包括我们自己生活在发展中国家。你们提出来的理论，也会帮助世界上其他发展中国家实现与我们同样的追求：工业化、现代化、追赶上发达国家。

理论的功能是什么？是帮助我们认识世界，帮助我们改造世界。我想各位在高中的政治课上都学了这个道理。二战以后，很多发展中国家摆脱了殖民地、半殖民地的地位，开始追求自己国家的工业化、现代化。它们的知识精英跟我们一样，觉得自己对国家、对社会负有责任。当时整个发展中国家的知识界，其实包括我自己都有一种"西天取经"的心态，认为发达国家之所以那么成功一定有道理，把那些道理学会了，就可以回来改造自己的国家，让我们过上跟发达国家一样富足的生活。这是年轻人、有责任感的年轻人共同的愿望。确实有很多发展中国家的知识精英到英国、美国去学习，包括我自己。

但作为一个研究经济学的经济学家，作为一个对历史感兴趣的知识分子，我想说的一点是，我到现在没有看到任何一个发展中国家按照发达国家的理论去做，最终获得了成功。少数几个追赶上发达国家的发展中经济体所推行的政策，在发达国家的理论看来都是不正确的。以中国为例，我们1978年开始改革开放，当时国际上主流的经济学理论是新自由主义。新自由主义怎么解释二战以后发展中国家在努力追求工业化、现代化的道路上，付出那么大的代价却没能成功的呢？新自由主义的看法是，这些社会主义的发展中国家，以及拉丁美洲、非洲的很多非社会主义的发展中国家，它们的政府对经济干预太多，对经济造成的扭曲太多。这种政府对经济的干预，造成了资源的错误配置。政府对经济的扭曲，创造了很多所谓的租金，就会出现寻租的空间，用大家更能懂的话来说，就是在这些国家出现了腐败现象。有资源的错误配置，又有腐败，经济当然发展不好，所以他们按照新自由主义的思想，认为发展中国家付出那么大的代价没赶上发达国家的原因是政府对经济的干预。发展中国家应该和发达国家一样有完善的市场经济体系，政府从经济中退出，做一个有限的"守夜人"，除了教育、卫生、社会治安，其他都不管，都交给市场。

那怎么才能建立一个完善的市场经济体系呢？新自由主义认为价格应该由市场决定，要市场化，所有的企业都应该是私有的，这些发展中国家的国有企业都应该私有化，自由化，政府不要干预。

这个理论是非常严谨的，非常有说服力。有一个笑话经常被用来揶揄经济学家，就是拿一个问题问 5 个经济学家，会得到 6 个答案，每个答案听起来都很有道理，谁也说服不了谁。1992 年，当时世界银行的高级副行长兼首席经济学家劳伦斯·萨姆斯写了一篇文章，大意是一般经济学家对经济问题会有各种不同的看法，但是像社会主义国家或者是像拉丁美洲的政府干预太多的国家，经济学界有一个共识，就是这些国家的经济要想转型成功，必须根据新自由主义的"华盛顿共识"，用休克疗法，把市场化、私有化、自由化这些市场必须有的制度安排一次落实到位。

我国从 1978 年以后的转型，没有采用这种办法。我们是摸着石头过河，采用了渐进的双轨制。所谓双轨制就是老人老办法，原来的国有企业继续保持国有，继续给予保护补贴。新人新办法，有很多新的劳动密集型的加工出口产业，允许乡镇企业、私有企业进入，而且还积极招商引资，按照市场的方式来配置资源。所以在"双轨制"里，既有市场在配置资源，也有政府在配置资源。

20 世纪八九十年代国际上的共识是，只有政府退出，让市场来配置资源，经济转型才能成功。像中国那样的既有市场、又有政府的方式是最糟糕的制度安排，这种制度安排会比原来的计划经济还糟。由于政府的干预，中国会有大量腐败的机会，有了腐败以后就会有收入分配的不公平，就会有各种社会问题，所以国际上认为这是最糟糕的制度安排。

但 40 年过去了，我们回过头来看，腐败的现象有没有？确实有。收入分配不公平的问题有没有？确实有。但我国是过去这 40 年当中全世界经济发展最快的国家，而且是唯一没有出现系统性金融经济危机的国家。少数几个国家，像越南、柬埔寨，它们维持了经济稳定和快速发展，采取了和我们一样被认为是最糟糕的渐进转型的方式。

回过头来看，苏联、东欧和拉丁美洲的一些国家是按照当时国际主流的新自由主义所倡导的"华盛顿共识"，以休克疗法发展经济的。但它们出现了经济崩溃、发展停滞、危机不断的情况，没有像我们一样稳定、快速发展。我们出现的腐败与收入分配不公平问题，它们有没有？不仅有，而且普遍比我们严重。

从这种经验比较来看，新自由主义在讲我们作为一个转型中国家的问题时，讲得很清楚，头头是道，有政府干预就导致资源错误配置，造成寻租、腐败。但按照新自由主义的建议去做，结果更糟糕。

不仅是在转型方面如此，在经济发展上也是这样。二战以后，一些发展中国家取得政治独立，或者是摆脱半殖民地的地位以后，在追求国家的工业化、现代化，希望能赶上发达国家。

当时就从主流经济学中分出了一个独立的子学科叫发展经济学。第一代发展经济学被称为结构主义，结构主义的看法是什么呢？发展中国家为什么这么穷？因为生产力水平低。发达国家为什么生产力水平高？因为发达国家有先进的资本、很密集的重工业、大规模的产业，发展中国家的产业普遍是农业，以及小规模的制造业或者是矿产资源产业，生产力水平很低，所以它们落后，收入水平低。

发展中国家要赶上发达国家，就应该让生产力水平赶上发达国家，只有生产力水平提高了，收入水平才能赶上发达国家。生产力水平要赶上发达国家，就应该去发展和发达国家一样先进的现代化大产业。但是，这种现代化的大产业在发展中国家的市场经济中不能自发地发展起来，所以这一理论就认为市场不起作用，存在市场失灵。当时盛行的宏观理论是凯恩斯主义，凯恩斯主义强调政府的作用，所以在当时的宏观经济学的理论思潮影响下，发展经济学的理论就提出发展中国家必须由政府主导，直接动员、配置资源来发展现代化的大产业。

发展中国家原来都是出口农产品、矿产资源产品，进口工业制品，现在要它们自己去发展这种现代化的制造业，自己生产，这种战略被称为进口替代战略。20世纪五六十年代，绝大多数发展中国家听到这个理论都觉得很有说服力，所以基本都着力发展现代化大工业。但这么做的结果普遍怎么样？在政府的动员与支持下，这些国家实现了一段时间由投资拉动的经济快速增长，但这些产业建立起来以后不具备市场竞争力，经济就停滞了。停滞一段时间后就出现了危机，与发达国家之间的差距不仅没有缩小，而且还在扩大。

那些主流的思潮，比如结构主义的发展经济学或者是凯恩斯主义，在解释发展中国家的问题上很有力量。但按照这些理论的建议去做，结果却很糟糕。二战以后，少数几个东亚经济体没有按照主流理论的建议去做，这些东亚经济体在20世纪五六十年代发展的产业都不是现代化的大制造业，而是传统的、小规模的劳动密集型加工业。当时从结构主义的角度来看，发展传统、落后、小规模的加工业，生产力水平那么低，怎么可能赶上发达国家？

但回过头来看，缩小了跟发达国家的差距，甚至赶上了发达国家的就是在20世纪五六十年代那些推行从当时的结构主义来看是错误的发展政策的这些经济体，为什么会这样？我们学习理论的目的是什么？是认识世界、改造世界。而现在从发达国家学来的这些理论，在认识世界上很有力，可以把发展中国家存在的问题和问题产生的原因解释得一清二楚。可是按照这些理论的建议去做基本上都失败了，问题出在什么地方呢？

主要的原因是社会科学的理论和自然科学的理论一样，是否适用决定于理论的前提条件，只有前提条件成立时，这个理论才适用。这一点对自然科学来说不成问题，自然科学可以放诸四海而皆准。把一个圆球放在一个斜坡上，它一定会往下滚，不会从下往上滚。在海平面上烧水，达到100℃一定会沸腾，不管在美国还是在中国，一定是这样的。因为自然科学、自然现象的前提条件不会因时间、地点而变化。

但社会科学的理论来自对重要国家的社会经济现象的总结，我前面讲到，从亚当·斯密一直到凯恩斯，世界上著名的经济学家不是英国人就是在英国工作的外国人。二战以后，世界上著名的经济学家不是美国人就是在美国工作的外国人。他们提出理论都是为了解释所在国家的重要经济现象，在解释那些现象时，理论模型里只有一两个变量。可是一个国家、一个社会有很多社会经济变量，包括产业是什么、社会组织是什么，文化体系、价值体系、政治体系是什么，为了简化理论模型就把那些虽然存在但和解释这个现象没有直接关系的变量"舍象"了，暂时存而不论。存而不论的这些变量，就变成了这个理论的暗含前提。

如果这些被"舍象"的变量当中比较重要的变量发生了变化，那么理论也会发生变化，这就是为什么在发达国家经济学的理论像思潮一样会盛行几十年，过一段时间以后就会被另外一个理论取代。

各位想想看，如果发达国家的理论在发达国家都做不到"百世以俟圣人而不惑"，拿到发展中国家来怎么就能"放诸四海而皆准"呢？我们的社会经济文化条件跟发达国家不一样，而理论的适用是有前提的。有很多明的前提、暗的前提，明的前提容易理解，暗的前提是，理论其实都是"内嵌"于提出这个理论、产生这个理论现象的国家的社会、经济、文化结构的，将别的理论应用于这些暗含前提不一样的国家，就会出现"淮南为橘，淮北为枳"的问题。那些理论看起来很有说服力，但由于前提条件不一样，把它们应用于发展中国家难免会显得苍白无力。

在座的高三同学大概会有25万人要读经济学，有100万人会读经管学类，经管学类最重要的学科叫金融经济学。现在大学的金融经济学都会教现代金融，什么是现代金融？就是股票市场、风险资本、大银行、公司债等，大家认为这些是现代的，是有效的。

但各位想想看，金融的目的是什么？是服务实体经济。这些大银行、股票市场、风险资本、公司债放在发达国家很合适，因为发达国家的资本很丰富，它们的产业资本很密集，生产活动需要大量的资本，技术必须要靠自己发明，有大量的风险。大银行和公司债可以动员大量资本，股票市场也可以动员大量资本，风险资本、股票市场则有利于分散风险，所以，这样的金融策略对于发达国家很合适。

可是在发展中国家，70%、80%的就业都在小农户，微型、小型、中型的企业。它们所用的资本非常少，当然有风险，但是最大风险是企业家、经营者没有能力。这样的农户、企业能到股票市场去上市吗？能发公司债吗？能用风险资本吗？能借到大银行的钱吗？在座的很多同学可以去问你们的长辈，如果他们在经营中小企业，可不可以到股票市场上市，可不可以发公司债，跟大银行借钱容易不容易。答案应该都是否定的。按照发达国家的金融经济学所教的这些现代金融理论去制定金融制度，就会导致金融无法服务实体经济。

经济学从亚当·斯密之后又出现了很多大师，这些大师最开始的时候来自英国，英国当时是世界上最先进的国家，后来来自美国，美国也是世界上经济最先进的国家。他们研究这些最先进国家的经济现象，总结背后的道理，在总结这些道理的时候，把这些最先进国家的各种经济、社会、文化、政治条件作为暗含前提。如果拿到发展中国家来用，不出现"淮南为橘，淮北为枳"的现象才怪！

因此，我这些年来倡导的是主张进行自主理论创新的新结构经济学，我认为作为一个知识分子，要想贡献于国家社会的发展，必须要有理论的指导，而且这个理论必须是我们自己提出来的，必须总结于我们自己国家的经验。新的理论都来自新的现象，我们国家的现象是发达国家不曾有过的现象。怎样将中国的现象总结为新的理论呢？我提倡的新结构经济学认为，必须以马克思历史唯物主义为指导，马克思历史唯物主义讲什么？经济基础决定上层建筑，经济基础是生产力，以及生产力决定生产关系。

我们作为发展中国家，生产力水平比发达国家低，我们的生产关系与发达国家不一样，上层建筑，包括我前面讲的金融，以及货币、财政等制度安排与发达国家也不一样。而且，经济运行的规则也不会完全一样经济学的理论在阐述什么是适合的制度安排，经济运行的方式是什么。所以，在总结中国的经验现象时，新结构经济学以历史唯物主义为指导。

在研究方法上，新结构经济学选择用国际上现代经济学大家通用的研究方法来做研究。把认识到的现象背后的逻辑弄清楚以后，必须用严谨的数学模型来表述，必须用严格的统计数据来检验这个模型是否正确，这是我这些年倡导的新结构经济学的内涵。以马克思历史唯物主义为指导，让我们了解到发达国家与发展中国家的经济基础不一样，和经济运行相关的上层建筑不一样。然后用现在国际经济学界通用的方法来做研究，研究我们自己的经验，当然也包括其他发展中国家的成功的经验与失败的教训，以总结出新的理论。

我对于这一点的认识，是从1988年开始的。1986年，我在美国芝加哥大学拿到博士学位，之后到耶鲁大学做了一年博士后，1987年我回到了国内。当时我怀有"西天取经"的心态，认为我学了世界上最先进的经济学理论，可以回来指点江山。但1988年出现了中华人民共和国成立后的第一次通货膨胀，而且是18.5%的通货膨胀。过去比较高的是1985年8%的通货膨胀，在其他年份我们基本没有过通货膨胀。

当出现高通货膨胀时，按照我在芝加哥大学学到的理论，或者是国际上通行的理论，应该提高利率。把利率提高了以后，投资的成本增加，投资需求就减少了。提高利率后，储蓄的意愿就会增加，当前的消费就会减少。投资和消费的减少会导致总需求下降，通货膨胀的问题就解决了。提高利率以后，投资的成本增加了，只有付得起高成本的好项目会被保留下来。那些差的项目，付不起高利率，就会被淘汰掉，这样还有利于资源的配置。但当时我们国家没有按照主流理论去做，用的是"治理整顿"，用行政办法砍投资、砍项目。从经济理论来讲，用行政办法砍投资、砍项目一定会导致不少好的项目被砍掉。我当时看好像有很多这种情形，1988年，国内旅馆非常少，当时在北京二环路之内正在盖一个新楼，原本要盖18层，盖到13层的时候就被砍掉了。这是多大的资源浪费啊！

当时我想写一篇文章指出还有更好的办法，可以采用提高利率，用价格来配置资源的方式治理通货膨胀。可是后来又反思了一下，如果中国政府像西方主流理论认为的那样不理性，不懂得用价格来配置资源，而用行政手段来配置资源，那中国经济一定会搞得一塌糊涂啊。可是从1978年到1987年，中国平均的增长速度是9%，这是什么概念呢？一个发展中国家要实现一年9%的经济增长都很不容易，而我们实现了9年的高速增长。其他转型中国家经济都发生了崩溃，我们不仅没有崩溃，而且还实现了高速增长，那中国的政府一定是非常理性的。

这对我来讲是一个开悟，为什么？因为我们有大量的国有企业资本很密集，它们的生存需要补贴，我们是用低利率来补贴它们。如果把利率提高了，它们的成本增加了，就会亏损得非常厉害。用我们现在常讲的话来说，它们就会变成僵尸企业。让它们关了是否可以呢？有几个方面的原因决定了这样做行不通，第一是它们承担着大量的就业，如果把它们关了，大量的失业会造成社会不稳定。而且当中有很多企业跟国计民生、国防安全有关，不能把电力公司全关掉，也不能把通信公司全关掉，没有电力和通信，经济怎么运行啊？还有很多企业跟国防安全有关，如果把它们全关掉就无法保障国防安全了。

当时这些资本很密集的产业是违反我们的比较优势的，但它们又是跟国计民生、国防安全有关的企业，不能让它们倒闭，如果发生亏损一定要给予补贴。如果提高了利率，亏损就增加了，那财政就必须给予补贴，就会造成严重的财政赤字。财政赤字很大的时候就要多印纸币来弥补，多印纸币，又会引发通货膨胀。

发达国家没有这个问题，它们的资本很多，关系到国计民生、国防安全的资本密集产业在市场里能自己生存，它的前提条件跟我们不一样，所以理论跟我们不一样。从那时起，我基本上就不按照西方盛行的理论来看中国了。当中国出现现象、出现问题，我会按照中国的实际状况来想这个问题怎么产生、怎么解决。1994年的时候，我和蔡昉、李周合作出版了一本书，叫《中国的奇迹》。在这本书里，我们解释了中国为什么会出现计划经济体制？为什么会有计划经济？怎样实现转型？在转型过程当中，怎样取得稳定和快速发展？并且，这本书做出了一个预测，就是如果沿着解放思想、实事求是、与时俱进的道路走，中国在 2015 年的时候按照购买力平价计算会超过美国，按照市场汇率计算，到 2030 年的时候会超过美国。那时大家都认为我们太乐观了，而事实上，中国在 2014 年的时候按照购买力平价计算已经超过了美国，到 2030 年按照市场汇率计算中国将超过美国，已经成为世界上绝大多数的发展机构的共同认识。

此外，这本书里所讲的中国怎样改革，按照这条道路走会遇到什么问题、怎么解决，基本上与过去这 20 多年的实际情况相符。2007 年，我应英国剑桥大学的邀请，去做"马歇尔讲座"。我就是用新结构经济学解释中国、二战以后那么多社会主义国家和其他发展中国家，为什么绝大多数失败了，只有少数取得了成功。

2008 年，我到世界银行去当高级副行长兼首席经济学家。这是第一次由来自发展中国家的经济学家去当世界银行的高级副行长兼首席经济学家，过去担任这一职务的都是发达国家的著名的经济学家，包括前面讲的劳伦斯·萨姆斯，还有得过诺贝尔奖的斯蒂格利茨。

在工作中我发现世行的同事们很可爱，他们有很多来自发展中国家，接受了很好的经济学的训练。他们也都想帮助其他发展中国家发展经济、消除贫困。从 1945 年成立到现在，世界银行是世界上最重要的发展机构，我手下的经济学家有 1 000 多位，都受到过很好的训练，也有很好的意愿。这些发展中国家也普遍跟我们一样，有发展经济、消除贫困、追赶发达国家、实现繁荣的共同梦想，但实际上如果把中国改革开放以后减少的 8 亿多贫困人口刨除掉，世界贫困人口不仅没有减少，而且还在增加。

在世界银行，我发现只有好的意愿是不够的，只有漂亮的理论也是不够的，这些经济学家和我过去一样，接受的都是来自英国、美国的主流经济学教育，都拿主流经济学理论来看发展中国家，讲发展中国家的问题都可以头头是道。但是按照那样的方式去做，基本都不能成功。这个工作经验让我觉得有必要把我自己过去二三十年探索中国的改革开放和经济发展所得的理论正式命名为"新结构经济学"，以区别于主流的经济学。新结构经济学强调，经济发展的过程是一个结构不断变迁的过程，是从低水平的结构变成高水平的结构。以马克思历史唯物主义为指导，才能清楚地认识现象；从发展中国家自己的经验中总结出新的理论，才能适用于发展中国家；用现在主流经济学的方法来进行理论检验，才能和国际经济学界交流。

在担任世界银行首席经济学家一周年的时候，我提出了新结构经济学的理论概念。2010年，我应邀到耶鲁大学去做"库兹涅茨"讲座，那也是世界经济学界非常重要的一个讲座，在这个讲座上，我正式向国际经济学界推出了"新结构经济学"这个名称。

2012年，我在世界银行的任期结束，回到北大后就积极推动成立专门研究新结构经济学的机构，2015年，新结构经济学研究院成立。这是我国第一次有一个机构专门来研究、深化根据我国自己的经验总结出的理论创新体系。

提出理论是为了认识世界，更是为了改造世界，所以，我认为理论应该达到"知成一体"的水平。不仅要帮助我们认识世界，而且要帮助我们成功地改造世界。只有能够帮助人们成功地改造世界的理论，才是真正帮助我们认识世界的理论。

根据这样的一个指导思想，在北京大学新结构经济学研究院，我们不仅是在做经济学的理论研究，还在做经济学的实践。我很高兴非洲有不少国家请我去做咨询，非洲这些国家在二战以后和我们有共同的追求，过去走的很多路可以说是弯路，付出了很多代价却没有取得成功。现在我在埃塞俄比亚、卢旺达、塞内加尔、贝宁这些国家做实践，我很高兴根据来自中国经验的理论形成的政策，在那些国家取得了立竿见影的效果。

不只是非洲这些发展中国家，波兰也接受了新结构经济学的思想。波兰是东欧国家中率先转型的，转型时政府也曾按照新自由主义的理论，在经济发展的过程中选择了退出。2016年，波兰法律与公正党在选举当中胜出了。上台以后，该政党正式宣布以新结构经济学作为波兰经济政策的基础，而且效果非常显著。波兰的人口占欧盟总人口数的1/10，2018年，波兰在制造业新增的就业占整个欧盟的70%，这是立竿见影的效果。

新结构经济学是第一个来自中国，也是第一个来自发展中国家的经济学理论体系的自主创新，也可以说是社会科学理论体系的自主创新。新结构经济学以发展经济学为切入点研究经济转型，但它实际上是对现代经济学的一场革命。这场革命要改变亚当·斯密以来发展中国家都抱着"西天取经"的心态去学习西方理论的观念，这场革命的理论来自发展中国家自己的成功与失败的经验。中国作为发展中国家，条件与其他发展中国家是比较接近的，因此由我们总结出的理论对其他发展中国家也应该有更大的参考借鉴的价值，我们在非洲和在东欧的实践印证了这一点。

在北京大学由经济学院和新结构经济学研究院联手，设立一个新结构经济学本科实验班，用我们两院最优秀的师资力量来办这个班。办这个班是为了改变现在大学里的经济学理论与教科书都来自发达国家、理论都来自发达国家的现状，我们希望这个班所教的理论来自我们自己的创新。

我们的国家现在正在倡导这样的办学方向，2018年，教育部颁布了一个文件，强调新理科、新工科、新农科、新文科，新结构经济学的本科实验班是新文科的一个重要基地。教育部也在推动新时代国家基础拔尖人才培养项目，新结构经济学实验班也是我们国家新时代国家基础拔尖人才培养项目之一。2016年5月17日，习近平总书记召开了哲学社会科学座谈会，他邀请了10位学者去做汇报，我代表经济学界去做了汇报，我汇报的内容就和我刚才讲的基本是一样的。我在这个会上听到了习近平总书记的号召，总书记说这是一个需要理论，而且一定能够产生理论的时代，这是一个需要思想，而且一定能够产生思想的时代，我们不能辜负这个时代。新结构经济学实验班就是响应总书记这个号召，希望有志抓住这个时代的机遇，以理论创新来引领世界经济学的新思潮，成为经济学大师的时代青年加入我们，我欢迎各位！

中国经济学家一样能够获得诺贝尔奖[1]

经济学是社会科学之冠，中国特别需要好的经济学研究。中国的经济学研究，现在已经从原来的跟随国际主流，逐渐走向自主理论创新。从历史上看，经济学研究的中心通常也是世界经济的中心。随着我们国家经济的不断发展，世界经济的重心不断地从西方转移到中国来，我和林毅夫老师都有信心，我们相信这个世纪，特别是2050年之后，一定会有中国的经济学家获得诺贝尔经济学奖。所以，我非常期盼中国的经济学家们能够做出真正的、原创性的研究。

新结构经济学如何诞生

新结构经济学作为一项自主理论创新，肯定和现在主流观点、主要教科书的观点不同，这也是它在学术界引发很多争论、

---

[1] 本文根据王勇接受《新鲜计划——百名青年经济学家专访》专访的发言整理。

争议的原因。如果一个学说提出来以后，大家都没有反对，那么它可能也没有什么创新。

二战以后，很多亚、非、拉国家在实现民族解放以后，在政治上摆脱了半殖民地、殖民地的地位，这些国家都非常希望能够实现国富民强。所以在1945年之后，即20世纪五六十年代，发展中国家形成了一个思潮，被称为旧结构主义。

当时的观点是，发达国家的产业都非常先进，发展中国家只能出口一些农产品、矿产品，这种类型的产品附加值比较低，所以很不合算。怎样才能和发达国家一样呢？最好建立和发达国家一样先进的产业，所以当时包括中国在内的很多国家，想把发达国家产业快速地在国内建立起来，有一阵子中国还提出了"超英赶美，大炼钢铁"的口号。这样的想法、愿望很好，当时被很多国家普遍接受，但效果很糟糕。因为当时虽然强调市场失灵，强调政府作用，但大家没有意识到最适合发展中国家的产业结构应该是内生的，对发达国家有利的优势产业不见得对发展中国家有利，因为每个国家的禀赋结构不一样，比较优势不一样。

新结构经济学区别于第一代旧结构主义，旧的结构主义强调市场失灵和政府干预，但没有意识到禀赋结构的重要性，没有认识到产业结构的内生性。从20世纪七八十年代开始，又出现了第二代的发展经济学的思潮，现在我们把它叫新自由主义。

新自由主义认为政府干预造成的问题更棘手。因为第一代计划经济中大量的政府干预造成了很多的扭曲，所以应该减少政府干预，最快地学习模仿最发达国家的政治制度、产权制度等，提出了"华盛顿共识"，对很多社会主义国家提出了普遍的政策建议——"休克疗法"，只要以最快的速度建立和西方发达国家（美国、英国等）一样的政治体制、经济体系，就可以达到和发达国家一样的经济发展水平。但是我们看到的现实是使用"休克疗法"的苏联解体之后，俄罗斯的经济一蹶不振，还有东欧很多实行"休克疗法"的国家都没有发展好。我们中国在渐进的双轨制改革下，反而发展得比较好，但中国走的这条道路，在当时的主流经济学观点看来是完全错误的，是比计划经济更糟糕的。

第一代旧的结构主义是失败的，第二代新自由主义在解释很多现实现象上都显得苍白无力，它没办法解释中国为什么能够实现长达40年的高速增长。

整个国际学术界，在2008年国际金融危机之后，都对经济学理论做了反思，最后发现过去半个世纪的主流经济增长理论，在帮助不同国家，特别是在解释发展中国家的经济增长问题上会显得非常苍白无力。

在这样的背景下，林毅夫立足于中国的实践经验，同时又结合其他发展中国家的经验和教训，提出了新结构经济学，这一学说现在被国际上称为第三代的发展经济学思潮，它主张"有效市场与有为政府"相统一、相结合。第一代的旧结构主义，过度强调市场失灵、政府干预，第二代新自由主义，走到了另外一个极端，过多强调减少政府干预。有效市场与有为政府这个理念的核心观点是说在不同的发展阶段，最适宜的经济结构是不一样的，而且这个结构是内生于发展阶段的。不能像现在很多主流观点一样，时时以发达国家为参照系，与发达国家不一样的地方就认为是错误的、扭曲的、落后的，就马上要改。

新结构经济学主张不同发展阶段应实行相应的政策，而且要考虑相关的结构问题，这也是新结构经济学最重要、最核心的一个学术理念。新结构经济学强调一定要去实践，然后在实践中不断完善理论。在整个学术体系或者是整个新结构经济学的学术理念上，一方面强调要去做学术研究，知道道理，同时又强调要去推行这个政策的实践，把它做成。"知成一体"是新结构经济学的一个重要指导思想。

新结构经济学发展现状如何

新结构经济学在很多领域都有进展，在经济增长方面，特别是关于产业升级和结构转型方面，我们相关的学术研究（包括理论研究和实证研究）比较多。我们非常重视数据工作，包括用微观企业数据或者行业数据来验证新结构经济学所提出的"禀赋驱动"的结构转型理论，以及相关的产业政策研究，包括园区产业政策等；在理论创新方面，一些经济学学术期刊举办过关于新结构经济学的专辑，比如《经济学季刊》《经济评论》《中国农业经济评论》《中国经济评论》等。

在新结构金融学领域，也有相当多的研究进展。所谓新结构金融学，是指在不同的发展阶段最适宜的金融结构是不一样的，而不是说要照搬发达国家的金融结构。

新结构经济学在环境经济学和区域经济学方面都有很大的进展，在这些领域的理论进展，特别是在数据实证方面的进展，我们都非常重视，一方面会利用好现有的丰富的数据资源，另一方面我们新结构经济学研究联盟中的很多机构还会去联合收集数据。我们在国际上有一个全球经济结构转型联盟，在数据资源方面还是比较有优势的。不少从事新结构经济学研究的学者、学生都偏向于做实证研究，理论和实证研究都取得了蛮大的进展。

北大新结构经济学研究院，除了教学和科研，还有专门的国内发展合作部和国际发展合作部，我们还是中宣部首批 25 家高端智库之一，承担了很多政策研究课题。

无论是国内政策还是国际政策，不同城市、不同地方都有不同的特点，有些地方是资源枯竭型城市，有些地方是沿海发达城市，还有些地方是少数民族聚居地，对于这些地方，我们在"十四五"规划以及产业转型方面都给出过很多咨询建议。我们也会给中央一些部委提供政策建议，比如给中央财经委员办公室写过关于国有企业改革的建议，比如为商务部关于中国 WTO 改革方案怎样恢复"不可诉"补贴提供建议，国家发改委的一些产业政策建议也是从新结构经济学视角来做的。国际智库部负责把从中国经验中总结出来的新结构经济学理念传播并应用到其他发展中国家，特别是"一带一路"沿线的国家，向它们提出建议、提供咨询。

新结构经济学研究院和北京大学国家发展研究院的合作很亲

密，与北京大学经济学院也有很多合作，与经济学院联合推出的新结构经济学本科实验班，也叫林毅夫班，获得了教育部的高度重视。前不久在教育部的新文科建设工作会议上，高等教育司吴岩司长专门把新结构经济学作为一个重点样本，向全国进行推广。

林毅夫和张维迎的产业政策之争是国际大辩论，有国际影响力

新结构经济学通常把产业分成五大类：领先型、追赶型、转进型、换道超车型，还有战略型。这是从新结构经济学视角做出的划分，不是现在标准教科书上产业经济学的划分。针对这五大类不同产业，政府所应该采取的各类政策是不一样的，这些产业在每个地区的不同发展阶段也是不一样的。以追赶型产业为例，我国的这类产业与世界前沿水平还有很大的差距，比如高端装备业，我国的很多产业技术还没有达到国际领先，我们还处于技术引进阶段，要在这类产业取得技术进步，我们并不需要重新进行发明创造，而是应该以借鉴为主。有些产业一开始是追赶型，后来变成了领先型，也一有些会变成转进型。

2017年，我在北京大学出版社出版了一本名为《新结构经济学思与辩》的书，书中用了大量篇幅来论述新结构经济学关于产业政策的主张，以及它和已有的产业政策到底有什么不同，其中就涉及新结构经济学提出的有为政府的概念。这个新概念当时受到了争议,并且这和当时产业政策的争论是紧密联系的。新结构经济学讲有为政府,它不是"乱为政府",它也不是"不作为"的政府。新结构经济学在有为政府和有效市场怎样结合方面做了很多的研究,在产业政策研究方面也取得了初步进展。

林毅夫和张维迎两位老师就产业政策产生了争论,我认为他们可能不在同一个频道上,因为他们对于产业政策的定义有所不同。这场产业政策之争的确是国际大辩论,有很大的国际影响。在这场辩论之后,新结构经济学就产业政策问题,在学术细化研究、政策实践方面,包括国内政策实践,国际政策实践的落地等方面,包括有为政府以及它的观念的廓清等更加细致的科研方面都取得了一定程度的进展。

新结构经济学怎样协助国家的科技创新

新结构经济学主张按照不同的产业,不同的发展阶段来看待科技创新。如果我们有一类产业已经是领先型,已经处于世界前沿水平了,已经无人可模仿,无人可学习,我们在这类产业便进入了"无人区"。对于这类产业,我们需要靠自己进行科技创新。一些研究表明,越是符合中国要素禀赋结构比较优势的产业,产业中的创新就越活跃。道理很简单,因为在这类产业中发明出新技术,更有利于充分使用便宜的生产要素,规避昂贵的生产要素,专利的市场价值就更高,这样的创新就能实现更高的市场回报,企业自然就有更大的动力去创新。另外在新能源汽车、

5G 技术、手机技术方面，中国已经实现了换道超车，这类产业有它们自己的特性：人力资本密集、研发周期比较短。大家应该都听说过独角兽企业，独角兽是指那些创立不到 10 年，但市场估值已经超过 10 亿美元的尚未上市的企业，如果估值超过 100 亿美元，就叫超级独角兽企业。我国的独角兽企业主要集中在两个领域：一个是平台经济，一个是生物制药。地理上主要集中在北京、上海、杭州和深圳。新结构经济学对于怎样扶持这类产业也给出了一系列的政策建议，包括怎样吸引人才，怎样帮助这些企业融资，这就涉及新结构经济学中关于最适宜的金融结构的问题，因为这类企业往往需要更多的风投资本介入。

新结构经济学中讲的第五类产业是战略型产业，这类产业涉及国防安全、经济安全等，民营企业不一定愿意涉足其中，这就要求政府必须去做。比如生产战斗机，这是一个生产周期很长，资本很密集的事情。在经济安全方面，我们现在有些产业被"卡脖子"，这样的产业我们应该去做，如果一个产业被卡住了脖子，可能会导致整个产业链瘫痪。解决被"卡脖子"的问题，同样需要经济学的分析和经济学的建议，所以我们在这些方面正在努力地往前推进。我们的研究方向涉及产业政策、科技创新，与科技部、工信部、发改委等多个部门有很多合作，希望新结构经济学能够为国家的科技创新和相关的产业发展提供更多的智力支持。

林老师批改作业，一学期的评语就写了几十万字，他是真正的学者

新结构经济学从它诞生的那一天开始，就有国际基因。因为新结构经济学，其实是在林毅夫老师担任世界银行首席经济学家兼高级副行长期间提出来的，恰巧我那时也在世界银行工作。林毅夫老师是我人生中遇见的贵人，是我的长辈、我的老师，是我的学术的合作者，也是我现在工作的领导，也可以说是生活中的忘年交。大家可能都是从媒体上看到林老师，而我在北京大学做学生时，就与林老师有了比较多的接触。我的成长轨迹一直追随林老师的脚步：林老师在北京大学读研究生，我也在北京大学读研究生；林老师在芝加哥大学读经济学博士，我也在芝加哥大学读经济学博士；林老师在世界银行担任首席经济学家的时候，他给了我一个机会让我也去世界银行当研究员、当顾问；林老师曾经在香港科技大学任教，我也在香港科技大学任教；后来，林老师创立了新结构经济学研究中心，我现在也回到了新结构经济学研究中心。

林老师是一个工作狂，他非常享受工作，因为他总是觉得工作做不完、工作很重要。师母非常支持林老师的工作。我还记得有一年中秋节，我去林老师家，然后师母对林老师说"毅夫，你去厨房切瓜，去切瓜"，然后林老师就抱着瓜去厨房了。师母私下和我说，她是故意让毅夫去做这样的事情的，"我在他身边可以照顾他，但如果有一天我不在他身边了，他也需要自己照顾

自己"。从小事上可以看出师母在林老师背后提供了非常多的支持，支持体现在方方面面，比如，为了给林老师提供更好的家庭支持，她甚至向单位请了一个长假，专门到华盛顿特区支持林老师。所以林老师是一个非常幸运的人，当然和他自己的魅力有关，这都是内生的。

林老师在指导学生方面非常严格，一路走来我一次次地追随林老师的脚步，但我恐怕也是被林老师批评得最多的学生。第一届新结构经济学本科实验班，大概有9个人，林老师很忙，但他每个月都要和班里的学生共进午餐，每个学生作业上都有他密密麻麻的评语，每一个学生的每一次作业，他都亲自在上面做很多评论，而且很多的评论比作业的字数还多，后来整理了一下，发现一个学期的评语竟有几十万字。他认为学生们的问题是具有共性的，并不是只有自己的学生才有这些问题，因此他希望把这些评语整理成一本书，就叫《园丁集》。他对新结构经济学本科实验班的学生寄予厚望。

林毅夫老师对每一个后辈都非常关心。林毅夫小饭桌在我们内部已经很有名气了，因为他比较忙，就经常边吃饭边对我们进行指导，牺牲了很多他自己的休息时间。我在世界银行工作期间，他每周五下午都会留给我一些和他进行讨论研究的时间。

他最关心的就是新结构经济学的学术发展和学生培养问题，他是一个真正的学者。只有通过近距离的接触，才能知道他真正在追求什么，他在尽一个学者和一个真正教育家的责任。新结构经济学研究院的不少老师，包括林毅夫老师，都在南南合作与发展学院讲授新结构经济学的课程，并进行论文指导，我现在就在指导几位南南学院的学生，他们来自埃塞俄比亚、苏丹、乌兹别克斯坦等。我相信这将有助于提升中国的国际软实力，也是我们讲好中国故事，实现国际化的一个努力。

新结构经济学并不是关起门来在中国内部搞，而是要接受全世界经济学同行们的最专业的考验。因为新结构经济学理论的应用不应该局限于中国，它可以帮助中国，也可以帮助其他发展中国家，也包括一些发达国家，它能够帮助这些国家更好地理解各自发展阶段的一些问题，最终帮助我们建设人类命运共同体。

/ 代后记

中华民族的伟大复兴与中国经济学家世纪的到来[①]

中国知识分子历来以天下为己任，你们是鸦片战争以后的第七代知识分子，中华民族伟大复兴会在你们这一代实现。在北京大学上课时，我经常对学生们说，我是鸦片战争以后的第六代知识分子。第一代知识分子是鸦片战争以后推行洋务运动的曾国藩、李鸿章、左宗棠等人。第二代知识分子是甲午战争以后推行戊戌变法和资产阶级革命的康有为、梁启超、孙中山、黄兴等人。第三代知识分子是一战后推行五四运动和新文化运动的李大钊、陈独秀、胡适等人。第四代知识分子是五四运动后进入大学，毕业后投身抗日战争和社会主义革命的人。第五代知识分子是新中国建立以后进入大学，大学毕业后参与社会主义建设的人。第六代知识分子则是改革开放后进入大学，毕业后参加改革开放的人。我就是在改革开放之后进入大学读研究生的。一代人大概是30年，所以从2009年以后进入大学的人，包括各位都属

---

① 本文根据林毅夫讲座视频整理，内容有删节。参见 https://www.nsd.pku.edu.cn/sylm/gd/513825.htm。

于鸦片战争以后为了中华民族伟大复兴而努力的第七代知识分子。你们是最幸运的一代，因为我相信中华民族的伟大复兴会在你们这一代人的努力下，经由你们的贡献而实现。

中国是一个文明古国，2 000多年前，西方是罗马盛世，中国则是汉朝盛世。西方在罗马帝国崩溃以后，进入长达1 000多年的黑暗的中世纪；而中国则继续保持着文明的昌盛，其后1 000多年一直领先于世界。经济是文明的基础，按照历史学家的研究，在1820年时，中国的经济规模占当时世界的1/3，遥遥领先于世界其他国家，但1840年的鸦片战争，让中国在国际上的地位一落千丈，成为"人为刀俎，我为鱼肉"的国家。为了中华民族的复兴，正如我前面谈到的，第一代知识分子曾国藩、李鸿章推进洋务运动，希望让中国富强起来，但他们的努力没能让中国的国际地位停止下滑。1870年，经过30年的洋务运动，中国的经济规模由原来的占世界的1/3进一步下滑到17.1%。经过戊戌变法、辛亥革命、五四运动和社会主义革命以后，虽然我们的知识分子没有放弃努力，但是中华人民共和国成立之时我国的经济规模只占全世界的4.2%，中国的国际地位可以说是江河日下。1978年，我们开始改革开放之时，中国的经济规模占全世界的比重也仅仅提升至4.9%，知识分子仍然没有放弃，到了我们这代，我们离中华民族的伟大复兴越来越近，从1978年到2020年，我国的经济总量取得了年均9.2%的增长，在人类历史上不曾有任何国家、任何地区以如此快的速度持续增长如此长的时间。在这样的高速增长之下，2010年，中国的经济规模超过日本，成为世界第二大经济体，到了 2014 年，按照购买力平价计算，中国超过美国，成为世界第一大经济体。当然，按照市场汇率计算，我们还是第二大经济体。在这样的成绩之下，2016 年 11 月 11 日，在纪念孙中山先生诞辰 150 周年的大会上，习近平总书记发表重要讲话，他指出"我们比历史上任何时期都更接近中华民族伟大复兴的目标"。你们作为第七代知识分子是最幸运的，因为我相信，在前面六代人的努力之下，只要你们继续努力，中华民族的伟大复兴一定可以在你们有生之年实现。

一个国家是否强盛，经济是关键。在 1978 年开始改革开放时，按照当时的汇率，我国的人均 GDP 只有 156 美元。这是什么概念？世界上最贫困的地方是撒哈拉沙漠以南被称为"黑非洲"的地区，在 1978 年时，撒哈拉沙漠以南国家的人均 GDP 的平均数是 490 美元，当时的我们连这些国家的 1/3 都没有达到。经过近 40 年的高速增长后，我国的人均 GDP 已经超过 10 000 美元，变成一个中等偏上的国家。我国按照购买力平价计算规模已经超过美国，但美国的人均 GDP 达到了 65 000 美元，我们还不到美国的 1/6。实现中华民族的伟大复兴，我国现在是最接近实现的阶段，但还没有实现。是否能实现，关键就是中国的经济能否比美国发展得更迅速。作为一名研究经济的学者，我们知道，经济水平的提高主要是收入水平的提高，而收入水平提高的关键是劳动生产率的提高。如何提升劳动生产率水平呢？要在现有的产业基础上经由技术创新提升劳动者的生产力水平，让每个劳动者能够生产出更多更好的产品；或是能够出现新的、附加值更高的产业，这样就可以把劳动力从附加值低的产业配置到附加值更高的产业中。这是让一个国家的收入水平提高的两个最基本的方法。这两个办法对发展中国家和发达国家而言，从本质上来说都是相同的。不同之处在于，发达国家的收入水平高，相应地，其劳动生产率水平也相对较高，发达国家所用的技术是世界上最先进的技术，所在的产业也是世界上附加值最高的产业。但由于其技术、产业已经是最先进的，发达国家若想取得经济的进一步发展，就只能依靠自己的努力来研发新的技术和产业。但这种投资的成本和风险都非常高，如果成功的话，则可以说是一本万利。但绝大多数在前沿技术和产业方面的研发是失败的，为了取得成功，要付出千万倍的代价。依靠自己的发明，发达国家在过去100多年的平均的经济增长是3%左右。而发展中国家在经济发展过程中的技术创新、产业升级上是有优势的，这是因为其目前的劳动生产率水平相对较低，这代表其使用的技术不是世界上最先进的，拥有的产业不是世界上附加值最高的。所谓创新，就是指在下一个阶段使用的技术比目前使用的技术更好；所谓产业升级，就是指下一期的产业比目前的产业的附加值更高。由于发展中国家与发达国家的收入水平的差距，也代表了它们在技术和产业附加值上的差距，发展中国家就有了一个"后来者优势"，即利用与发达国家的产业和技术上的差距，引进、消化、吸收和利用发达国家的先进技术和高附加值的产业，为本国创新提供动力和资源。如果一个发展中国家懂得利用这种"后来者优势"，那么该国的技术创新和产业升级的成本和风险就会比发达国家低，利用好这个优势的发展中国家的经济增长速度就有可能比发达国家快。发达国家过去100多年来的经济增长速度是3%左右，我们国家自改革开放后则连续42年以每年平均9.2%的增长速度实现经济发展，利用的正是这种"后来者优势"。

各位可能会问，我国已经利用这种优势长达42年了，继续利用的空间还有多大呢？这就取决于我国现在和发达国家的技术和产业差距还有多大。衡量这一差距的一项很好的指标就是平均收入水平的差距，因为这个差距代表劳动生产率水平的差距，也代表平均技术和产业附加值的差距。2010年，我国的人均GDP按照购买力水平计算是美国的19.2%，相当于1953年日本和美国人均收入水平的差距，也相当于新加坡在1970年、中国台湾地区在1971年、韩国在1980年与美国人均收入水平的差距。这些东亚经济体在二战以后利用同以美国为代表的发达国家的技术和产业差距来加速它们的经济增长，日本从1953年以后连续20年实现每年平均9.3%的增长，新加坡从1970开始连续20年实现每年平均8.4%的增长，中国台湾地区从1971年开始连续20年实现每年平均8.9%的增长，韩国从1980年开始连续20年实现每年平均8.4%的增长。这些东亚经济体像我国一样利用"后来者优势"实现连续20年平均每年8.4%~9.3%的增长，它们的情况也代表我国有从2010年开始连续20年实现平均每年增长8%的可能性，也就是说，从2020或者2021年开始到2030年，我国经济增长的潜力每年还有8%。

同时，我国较这些经济体还有一个独特的优势，那就是第四次工业革命，这次工业革命催生了许多新兴产业，它们有一个特点，即产品研发周期短，以人力资本投入为主。人力资本主要有两个来源，一个是后天的教育，一个是先天的聪明才智。后天教育指从幼儿园到大学、研究所的教育，这方面我国同发达国家差距很小；而就先天的聪明才智而言，当国家的人数达到一定规模后，人口的聪明才智也会呈现出同样的常态分布，天才的比例是基本相同的。我国是世界人口第一大国，教育条件和发达国家差距不大，人口多，具有发明创造能力的天才也多，在一些以人力资本投入为主的第四次工业革命中的一些产业，如人工智能、数字技术、软件等研发方面，我国有先天的优势。而且我国拥有全世界最完整的产业链，可以为这些发明创造提供相应的硬件支持。在第四次工业革命中，与发达国家相比我国有很大的优势，具体表现在新兴产业中有许多独角兽企业，也就是那些成立不到10年，市场估值已经达到10亿美元的企业。2019年，全世界有494家独角兽企业，中国有206家，美国有203家；2020年，全世界共有586家独角兽企业，中国有227家，美国有233家，中美两国在这方面不相上下。

在传统产业的后来者优势和新兴产业的换道超车优势的共同作用下，我国从2020年到2030年还有每年8%的增长潜力，只要努努力，我国应该可以游刃有余地实现每年6%的增长。2030—2040年，我国应该有每年6%的增长潜力，也应该可以实现每年5%左右的增长；2040—2050年，应该有每年5%的增长潜力，可以实现每年4%左右的经济增长。如果我国把这个增长潜力挖掘出来，实现前述的实际经济增长，那么到 2049 年中华人民共和国成立 100 周年时，我国的人均 GDP 应该可以达到美国的一半，正如今天的韩国和美国的差距一样。但我们的人口是美国的四倍，如果人均 GDP 能够达到美国的一半，经济总量将会是美国的两倍。而且我国京津沪和东部沿海五省加起来总人口有 4 亿多，它们的人均 GDP 能够达到和美国相同的水平，也就是说，我国这一部分经济的技术和产业会和美国在同一水平上，另外，我国中西部还有 10 亿人口，人均 GDP 大约为美国的 1/3，规模和美国相当，我们还有后来者优势，可以比美国增长得更快。到那个时候，中国一定会成为经济规模最大，最有影响力的国家，把中国建设成为现代化强国的目标也一定能够实现。

中华民族的伟大复兴不仅是收入水平的提高，也是文化的全面复兴。当中国变成世界上最大最强的国家时，作为一名经济学家，我相信那时中国也会成为世界经济学研究的中心，中国也会成为引领世界经济学新思潮的大师辈出的国家。关心经济学的朋友一定知道，1776 年亚当·斯密出版《国富论》以后，经济学才从哲学当中分离出来，成为一门独立的社会科学。从亚当·斯密一直到 20 世纪 30 年代的凯恩斯，引领世界经济学理论新思潮的大师基本上不是英国人，就是在英国工作的外国人，比如亚当·斯密、凯恩斯、马歇尔和马克思。从二战以后到现在，世界上的经济学大师，不是美国人，就是在美国工作的外国人，像弗里德曼、科斯、哈耶克等，其他地方虽然也有，但数量极少。

为什么一个时代引领经济学新思潮的大师在时空上会集中分

布在一个国家呢？实际上，这是由经济学作为一种理论体系的本质决定的。任何一个理论都是解释一种现象的因果逻辑，而且逻辑越简单越好。那么，如何判断一个理论的重要性？解释的现象越重要，理论就越重要，提出这个理论的经济学家就是重要的经济学家。发生在重要的国家的现象就是重要的现象，来自最重要的国家的经济学家在解释该国的现象上有近水楼台先得月之便，亚当·斯密出版《国富论》时，英国正在进行工业革命，是世界上最强大的国家，发生在英国的经济现象就是最重要的经济现象，提出理论解释英国经济现象的经济学家不是英国人就是在英国工作的外国人。一战以后，世界经济中心逐渐转移到美国，二战后，美国的经济总量占到世界将近一半，发生在美国的经济现象就成了最重要的经济现象，同样，解释这种现象的经济学家不是美国人就是在美国工作的外国人。当下，世界的经济中心正在逐渐向中国转移，中国未来将变成世界上最重要的经济体，发生在中国的经济现象将会变成世界上最重要的经济现象，这给中国经济学家提出新理论，成为引领世界经济学理论新思潮的大师提供了机遇。这些年来，我在北京大学推动新结构经济学的理论创新，培养根据中国的经济现象和经济问题提出新的理论的人才，就是为了迎接经济学大师在中国辈出的时代的到来。

不只是经济学，所有的社会科学理论都是解释社会现象的简单因果逻辑，解释的现象越重要，理论就越重要，中国学者在提出新理论时同样有近水楼台先得月之便，也就是说，在中华民族伟大复兴实现的时候，所有的社会科学和经济学一样都会迎来大师在中国辈出的时代。

这样的时代也会属于自然科学家，自然科学的理论和社会科学不同，是放诸四海而皆准的，自然科学的研究需要投入大量的经费，发达国家每年用来支持自然科学研究的经费大约占它们GDP的2%~3%，到2049年时我国的GDP总量将达到美国的两倍，如果科研经费占GDP的比例相同，那么自然科学研究经费的绝对量就将是美国的两倍。除了经费，还需要投入人力资本，人才的培养正如我之前谈到的，在后天教育方面，我国的教育水平、设施等与发达国家相差无几，而我国的人口是美国的4倍，天才的数量也应该是美国的4倍。有美国2倍的经费和4倍的人才，我国在自然科学研究上的成果应该远远超过美国和其他国家。就像如今的诺贝尔奖的得主主要来自发达国家一样，在不远的将来，中国获得诺贝尔奖的大师不管在经济学还是自然科学领域都会比其他国家更多。

北京大学成立于1898年，它是戊戌变法的产物，是为中华民族伟大复兴而成立的，各位作为优秀的青年，相信一定会与历来的优秀青年一样，以民族的复兴为己任。我非常欢迎你们到北京大学来，无论你们学的是经济学还是其他自然科学、社会科学，你们作为鸦片战争以来的第七代知识分子应该同前几代人一样，为民族复兴而努力。而且，中华民族的伟大复兴也一定会在你们这一代人年富力强时实现，我相信你们一定不会辜负这个时代，一定会抓住时代的机遇，实现个人的人生价值，也贡献于民族的伟大复兴。